다시,
온작품읽기

아이들과 통한 날

다시,
온작품읽기

전국초등국어교과모임 책과 노니는 교실 지음

북멘토

여는 글

처음에는 가볍게 산책을 떠나는 마음으로 시작했습니다. 그동안 걸어온 길도 되돌아보고 풍경도 구경하면서 도란도란 이야기 나누며 쉬엄쉬엄 걸으면 되겠거니 했습니다. 하지만 한 발짝 내디딜 때마다 질문이 따라옵니다.

우리는 왜 온작품읽기를 하고 있는 거지?

한 번도 진지하게 던지지 못했던 질문을 선생님들과 머리를 맞대고 이야기합니다. 그 과정에서 온작품읽기가 나에게 주는 의미를 새삼 확인합니다. 한 발짝 내디디면 또 다른 질문이 따라옵니다.

내 마음을 뒤흔든 어린이책은 무엇이었을까?

오랫동안 수많은 어린이책을 만났지만 나에게 큰 감동을 남겼던 책을 애써 꼽아 보려 하지는 않았습니다. 아이들과 함께한 수업 사례를 정리하며 다시 뒤적여 본 어린이책은 있었지만 마음에 아로새겨진 어린이책의 발자국을 따라가 보려는 생각은 하지 않았습니다.

'책과 노니는 교실'에서 내 마음에 작거나 큰 돌멩이로 던져진 어린이책 이야기를 나누며 우리는 함께 울고 웃었고 서로를 더 깊이 알아 가게 되었습니다.

"문학은 힘이 세다."라는 말의 의미는 이런 것이 아닐까요? 공기의 진동으로 멀리까지 소리가 전해지듯 한 사람이 품은 마음의 진동이 옆 사람, 또 그 옆 사람에게까지 전해져 모두가 함께 공감하고 소통할 수 있게 되는 것. 아이들과 문학 작품을 읽는 이유도 이와 다르지 않을 것입니다. 형식에 갇히지 않고 마음과 마음이 통하는 수업, 그것이면 충분하지 않을까요?

우리가 만든 책 속에는 아이들과 함께 여행을 떠나듯 시와 그림책과 동화를 읽고 정해진 틀을 벗어나 도전도 하고 좌충우돌 실패하기도 하며 아이들의 아픈 마음을 어루만지려 고군분투하는 우리들의 모습이 담겨 있습니다. 그리고 이 모든 것을 함께 나누고 지지하고 응원해 준 따뜻한 일벗들과 만들어 간 우리들의 시간이 녹아들어 있습니다.

이 책이 독자들에게 작은 제안으로 다가가면 좋겠습니다. 멋들어지게 잘 짜인 수업 사례들의 홍수 속에서 틀 안에 갇히기를 거부하며 끊임없이 고민하고 실천하는 진솔한 자신만의 온작품읽기 수업을 만들어 가자고 말입니다. 그리고 수업을 위한 책 읽기에 그치는 것이 아니라 선생님들 한 명 한 명이 진정한 어린이책의 독자가 되면 좋겠습니다. 선생님들이 즐겁고 행복하게 어린이책을 읽는다면 아이들도 선생님을 따라 즐겁고 행복한 책 읽기를 할 수 있을 것입니다.

21명이 한 권의 책을 만드는 일이 정말 가능했습니다. 힘들고 지칠 때도 있었고 의견이 맞지 않아 서로 충돌할 때도 있었지만 그럴 때마다 서로 등을 다독이며 잡은 손을 끝까지 놓지 않고 여기까지 왔습니다. 앞으로 나아가기 위해서 뒤돌아보는 시간이 우리의 발걸음을 더욱 단단하게 만들어 주었으리라 믿습니다. 진심 어린 마음으로 자유롭게 상상하며 아이들과 함께 '책과 노니는 교실'에서 모두가 행복하면 좋겠습니다.

2019년 초여름
수원 책과 노니는 교실 신수경

차례

여는글 · 04

1장 다시, 들여다보다

우리들의 온작품읽기 · 12
더 깊게, 더 넓게, 온작품읽기 · 18
함께 읽기가 바탕이다 · 24

2장 함께, 읽다

좌충우돌 온작품읽기 · 41
함께 읽기, 내가 먼저! · 42
재미만 있으면 그만? · 49
새로운 교과서를 만들다 · 56
책 한 권이 만병통치약? · 63
책을 덮을 용기 · 71

다복다복 **온작품읽기** · 77

1학년, 우리는 시에 눈뜨다 · 78

계획 없이 읽는 행복한 그림책 · 96

슬픔과 간절함을 통해 단단해지는 아이들 · 107

불량한 읽기 여행, 책에서 '나'를 마주하다 · 122

우리가 빛이다 · 138

다른 빛깔 **온작품읽기** · 153

골라 읽는 즐거움, 모둠 함께 읽기 · 154

교실에 이야기가 퍼지다 · 167

방과 후, 다시 모여 도란도란 책모임 · 180

토닥토닥 **온작품읽기** · 193

꼭 하고 싶은 말 · 194

우리들의 사랑 보고서 · 208

기억을 위하여 · 221

3장 책과 노니는 교실

잠시 쉬어 갈 수 있지만 주저앉지 말고 · 238

차곡차곡 쌓여 가는 이야기 · 252

지금처럼, 우리 함께 · 267

4장 내 인생의 어린이책

그래도 괜찮아 『아름다운 실수』 · 286

시! 재미없어? 『까불고 싶은 날』 · 289

포기하지만 않으면 돼 『불량한 자전거 여행』 · 292

멀쩡하지 않기로 했다 『멀쩡한 이유정』 · 296

나의 신짜 마흔 번째 생일을 기다리며 『엄마의 마흔 번째 생일』 · 299

나의 작은 냄비 『아나톨의 작은 냄비』 · 304

세상에 온기를 더할 용기를 준 어린이책 『해리엇』 · 308

마침내 푸른 개가 이긴다 『푸른 개』 · 313

내 안의 여우 『여우』 · 318

그날, 나의 개 이야기 『어느 개 이야기』 · 321

메리가 나에게 건넨 위로 『메리』 · 326

그 선생님의 사랑법 『나에게도 사랑을 주세요』 · 329

우리 마음속에는 각자의 똥푸맨이 있다 『쿵푸 아니고 똥푸』 · 332

나비를 잡아 주고 싶은 내 안의 아이에게 『나비를 잡는 아버지』 · 336

애벌레와 번데기, 그 사이에서 『꽃들에게 희망을』 · 341

선생님이 동화책을 읽으면 좋겠어요 『100만 번 산 고양이』 · 345

추위를 딛고 새로이 필 목련을 기다리며 『천 개의 바람 천 개의 첼로』 · 348

내 삶의 모든 '모모'에게 『모모』 · 353

어린이책에서 나를 기억하다 『우리 할아버지』 · 356

또 다른 '명혜'들에게 건네는 위로와 응원 『명혜』 · 361

못생겼어? 그래서 어쩌라고! 『빨간 머리 앤』 · 365

함께 읽으면 좋은 책 · 371

1장

다시,
들여다보다

온작품읽기를 했던

처음의 설렘과 가슴 벅참이

이제는 정형화된 틀 안에

갇혀 버린 것은 아닌가 우려됩니다.

온작품읽기를 하는 이유와 의미를

다시, 생각해 봅니다.

우리들의
온작품읽기

그저 수업을 재미있게, 조금은 의미 있게 하고 싶었던 간절한 마음이 온작품읽기의 씨앗이 되었다. 그러다 아이들과 한 호흡이 되어 책을 읽고 마음이 통하는 순간을 만났고, 아이들이 품고 있는 이야기에 귀 기울이게 되었다. 계속 생각을 나누고 듣다 보니 자연스럽게 아이들을 이해하게 되었고, 그만큼 교사인 나도 자랐을 것이다. 나아가 아이들과 함께 세상을 향해 질문하고 고민을 나누며 좋은 세상을 그리듯 그 안의 더 나은 우리를 꿈꿨다. 그렇게 우리는 온작품읽기와 더불어 성장하고 있다.

#길지현

♡ ☐ ▽   ⊓

좋아요 21개

댓글 5개 모두 보기

흠뻑 빠졌어!

권예진   제가 온작품읽기 수업을 하는 이유는 좀 단순한데, 재미있어서요. 교과서로 수업하
            는 것보다 아이들도 저도 빠지게 되는 것 같아요.

나윤주   1학년 아이들이 조용한 순간은 딱 제가 그림책 읽어 주는 순간이에요. 음, 이렇게
            말하면 좀 그렇지만, 저 편하자고? 제가 그렇게 친절한 선생님이 아닌데도 아이들
            이 되게 좋아하고 그런 건, 온작품읽기의 힘이 아닌가 하는 생각이 들어요.

이지은   다른 교과는 교과서를 쓰더라도 조금씩 바꾸면 어떻게든 해결될 수 있는 부분이 있
            는데, 국어 수업은 그 틀 안에서 한계가 너무 많아 시작하게 되었어요. 계속할 수 있
            었던 것은 어린이 문학을 읽으면서 제가 재미있었던 게 가장 큰 것 같아요.

신은영   제가 온작품읽기를 하게 된 것은 교과서가 재미없어서였어요. 교과서 흐름대로 진
            행하기가 너무 어렵더라고요. 그런데 온작품읽기는 각자의 이야기보따리를 마음껏
            풀어놓는 듯한 느낌이 들어요.

권유영   시작은 학습 목표를 좀 더 재미있게 가르치기 위해서였는데 모임을 통해 왜 하는지,
            어떻게 하는지, 이유와 방법을 찾아가고 있는 중이에요.

♡ ○ ◁   ▷

좋아요 22개
댓글 5개 모두 보기

\# 너도 그래? 나도 그래!

신아영   그냥 아무 생각 없이 애들하고 책 한 권을 같이 읽는데, 제가 웃음이 나는 장면에서 아이들도 같이 웃음이 터지는 거예요. 그때 마음이 통하는 느낌이 좋았고 '아, 온작품읽기가 이래서 좋은 건가?'라는 생각이 들었어요.

김현정   나이 들어 가면서 아이들과 왠지 더 거리감이 생기는 듯한 느낌이 들기도 해요. 그럴 때면 책을 매개로 아이들과 내가 좀 더 가까워질 수 있지 않을까 하는 생각이 들어요.

전혜원   우리가 학급 운영을 잘하려는 게 아이들과 교류하고 정서적으로 공감하기 위해서잖아요. 그런데 온작품읽기를 통해 이런 일들이 자연스럽게 된다는 거죠. 그래서 지금뿐만 아니라 앞으로도 해야겠다는 생각이 듭니다.

김진향   예전에는 독서할 시간만 주다가 제가 직접 읽어 주게 되었어요. 그랬더니 그 순간을 함께 공유하는 경험이 좋았어요. 마치 같은 노래를 들을 때처럼요.

이지혜   계속 바쁘게 수업을 하는데 어느 순간 아이들이 낱낱으로 흩어져 하나가 아닌 것 같다는 생각이 들었어요. 낱낱의 아이들을 서로 연결해 주는 연결 고리 같은 느낌을 줘서 온작품읽기를 하고 있어요.

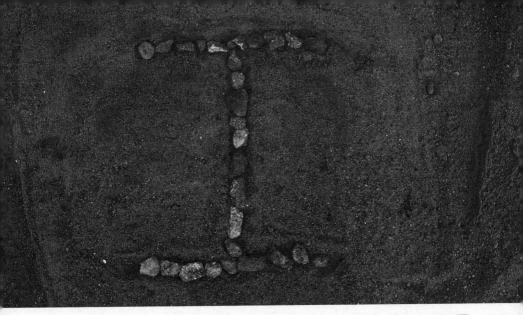

넌 어떤 아이니?

허나겸 아이들이 너무나도 다양한 상황에 처해 있는데 제 부족한 식견으로는 이해할 수 없는 면들이 있어서 책을 통해 좀 더 많이 알고 싶었어요.

신수경 온작품읽기를 하기 전에는 45명이 그냥 한 덩어리로 보였어요. 이후 책에 대한 대화를 나누며 아이들이 개별적으로 보였고, 이해하게 되었어요. 아이들이 들려준 이야기를 통해 저마다 고유한 색이 있음을 알게 되었지요. 아이들과 이렇게 대화를 나눌 수 있어서 좋아요.

권혜민 아이들은 책의 주인공이나 상황에 빗대면 자신들의 이야기를 좀 더 쉽게 하더라고요. 그래서 함께 읽은 책이 늘어 갈수록 공감대가 넓어지고 서로에 대한 이해도 깊어지는 느낌이에요.

이창건 저는 시에서 아이들을 많이 발견했어요. 교과서 속 그럴듯한 작품이 아닌 어린이 시를 통해 자연스레 자신을 밝히고 보듬는 아이들의 모습을 볼 수 있었습니다.

길지현 책에서는 힘없고 소외당하는 아이들의 다양한 모습들을 보여 주잖아요. 그걸 보면서 학급 아이들을 더 많이 이해하게 되었어요.

♡ ♢ ⊲   ⊡

좋아요 15개
댓글 2개 모두 보기

나는 어떤 어른인가?

이유진 특히 어린이책에 나오는 어른의 모습을 통해 저의 모습을 돌아볼 수 있어서 좋았어
요. 어린이책을 읽으면서 좋은 선생님, 좋은 어른이 되고 싶었고, 우리 사회가 좀 더
나은 사회가 되도록 저를 움직이게 만들어 주었어요. 선생님은 네 이야기를 들어주
는 좋은 어른이 되고 싶으니까 좀 더 힘을 내라고 이제는 말할 수 있을 것 같아요.
아이들처럼 저도 성장한 것 같아요.

박미정 온작품읽기를 통해 혼자가 아니라 함께 잘 사는 삶, 절망보다는 희망을 키우는 삶,
남과 비교하기보다 나답게! 멋지게! 사는 삶을 만나요. '나도 좋은 어른이 되고 싶
다', '나도 좋은 사람이 되고 싶다'라고 생각하게 돼요. 아이들이 책과 친구가 되어
'좋은 사람'으로 자라 줄 거라는 기대도 갖게 되고요. 좋은 사람, 좋은 어른으로 가득
한 세상은 얼마나 평화로울까, 얼마나 행복할까. 이런 생각을 하면 참 좋아요.

♡ ◯ ▽   ▢

좋아요 19개
댓글 4개 모두 보기

삶을 나눈다는 것은?

손은주 많은 시간 동안 함께 있어도 정작 아이들의 삶에 대해서는 잘 알지 못해요. 보편화
된 학문을 다루는 수업으로는 부족하고, 그래서 다양한 삶의 모습과 사람들이 살아
숨 쉬는 문학이 필요하더라고요. 온작품읽기를 통해 아이들의 삶을 이야기할 수 있
다는 것은 가슴 뛰는 일이에요.

우미성 이전에는 공감하지 못했거나 직접 얘기할 수 없었던 것을 책을 매개로 공감하고 치
유하면서 삶의 만남이 이루어지는 것 같아요. 이제는 '어떤 이야기를 나누는 게 필
요할까?'라는 것이 더 중요해졌어요.

조연수 진형민 작가님이 아이를 온전하게 키우기 위해서 엄마, 아빠 외에 제3의 인물이 필
요하다고 했거든요. 『불량한 자전거 여행』 속 호진이의 삼촌처럼요. 문학 작품이 삼
촌의 역할을 해 줄 수 있다고 생각해요. 작품이 건네는 이야기가 아이에게 의미 있
게 전해졌을 때 아이들 스스로 판단하고 성장하는 것 같아요.

진현 제게 온작품읽기는 생활이고 자연스러운 것이에요. 각자의 이야기가 내는 목소리
같이 삶의 일부라고 느껴져요. 그래서 모임을 통해 온작품읽기를 함께하고 있는 선
생님들을 만나 좋은 인연을 맺게 되어서 좋아요.

더 깊게, 더 넓게, 온작품읽기

첫 단추 제대로 끼우기

올해 첫선을 보인 '한 학기 한 권 읽기'는 초등학교 3학년부터 고등학교 3학년까지 약 10년 동안 국어 시간에 책 한 권을 온전히 읽고, 생각을 나누고 쓰는 수업을 말한다. 교과서 속의 '한 학기 한 권 읽기'가 교실 안에서는 어떤 모습으로 학생들과 만났을까? 그 궁금증을 해소하기 위하여 실제 '한 학기 한 권 읽기' 수업을 진행한 초등학교 3, 4학년 선생님들을 대상으로 짧은 인터뷰를 했다.

'한 학기 한 권 읽기'의 경우에는 조금 특이한 이력(?)이 있다. 지금까

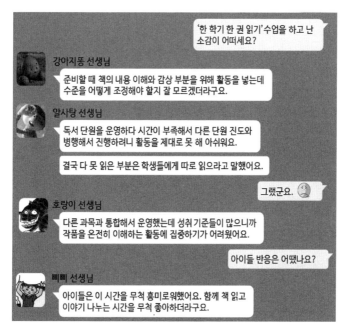

▲ 메신저로 주고받은 선생님들과의 짧은 인터뷰

지의 교육과정은 대부분 국가 주도하에 대학의 교수들을 중심으로 만들어졌고 교사는 가르치라는 대로 가르치기만 했다. 가끔은 '도대체 왜 이런 걸 가르쳐야 하는 거지?'라는 불평불만과 함께 말이다. 그러나 '한 학기 한 권 읽기'는 교사들이 오랫동안 실천해 온 것을 교육부가 받아들여서 교육과정 속으로 들여놓은 것이다. 보기 드물게 아래로부터 만들어진 교육과정이라고 할 수 있겠다.

교육과정 안으로 들어온 '한 학기 한 권 읽기'는 그 탄생 배경에 걸맞은 모습으로 교육 현장 안에 무사히 안착했을까? 물론 "첫술에 배부르랴."라는 속담을 잘 알고 있다. 이제 겨우 걸음마를 뗐을 뿐인데 무사 안착을 논하다니 너무 성급한 것일 수도 있다. 그럼에도 불구하고 혹시 잘못 끼운 첫 단추가 있을지 모르니 다시 한번 살펴보자는 의미이다.

'한 학기 한 권 읽기'는 수업 시간에 학급에서 함께 책을 읽을 수 있는 시간을 확보했다는 점에서 우선 의의를 찾을 수 있다. 운영 시기와 방법도 교사의 자율성이 발휘될 수 있도록 제도적으로 뒷받침하고 있다. 그러나 제도 안으로 들어왔다는 말은 안정적으로 그 일을 수행할 수 있다는 뜻이기도 하지만 자칫하면 틀에 갇혀 버릴 수 있다는 뜻이기도 하다.

'한 학기 한 권 읽기'를 주어진 틀 안에서만 해석하게 되면 한 학기에 한 권의 책을 학생들과 함께 8차시 안에 읽기만 하면 된다. 학생들이 각자 읽고 싶은 책을 갖고 와서 6차시 동안 개별 읽기를 한 후 2차시 동안 독서록을 쓴다고 해도 '한 학기 한 권 읽기'를 했다고 말할 수 있다.

또는 프로젝트 수업처럼 선정한 작품을 중심으로 여러 교과를 통합하여 하나의 단원을 구성하듯 '한 학기 한 권 읽기' 수업을 할 수도 있다. 하지만 지나치게 많은 교과 통합으로 다른 교과의 성취기준을 달성하느라 정작 작품의 내용이나 주제 파악, 작품을 읽으면서 느낀 서로의 생각 나누기 등 꼭 해야 할 중요한 활동들을 놓칠 수도 있다.

'한 학기 한 권 읽기'를 '독서 단원'이라고도 부른다. 그렇다고 해서 교과서의 다른 '단원'과 같은 맥락으로 이해해서는 안 된다. 기존의 단원처럼 '가르칠 시기에 맞춰 가르쳤고 정해진 차시에 맞춰 진도도 다 나갔으니 이제 끝'이라고 생각하는 것 또한 '한 학기 한 권 읽기'를 주어진 틀 안에 갇혀 바라보는 것이다. '한 학기 한 권 읽기'는 한 권의 책을 처음부터 끝까지 꼼꼼히 읽어 나가는 것을 의미하지, '한 학기에 한 권만 읽는다'는 수량의 의미가 아니기 때문이다.

온작품읽기, 수업을 아우르며 문화로!

'한 학기 한 권 읽기'가 마치 온작품읽기의 다른 이름인 것처럼 생각하기 쉽지만 분명 둘은 결이 다르다. 일제고사가 있었을 무렵, 다른 반과 진도를 맞춰 나가야 한다는 부담감을 안고서도 어떻게든 남는 시간을 끌어모아 아이들과 함께 책 읽을 시간을 마련했다. 깊이도 맥락도 알 수 없는 교과서의 텍스트 대신 문학 작품을 읽으며 함께 살아가기 위해 필요한 가치들을 아이들과 자연스럽게 나눌 수 있었다.

'일제고사만 사라진다면, 책을 읽고 함께 나눌 수 있는 시간이 조금이라도 생긴다면 얼마나 좋을까?'라는 바람을 가지고 혼자서든, 뜻 맞는 선생님들끼리 모여서든 온작품읽기를 꾸준히 실천해 왔다. 그러면서 아이들의 삶과 조금이라도 더 가까이에 놓인 문학 작품들을 찾아 읽으려 애썼다.

문제 풀이식 교육이 아닌, 서로의 생각을 나누며 서로 깊어지는 교육을 하려고 노력한 교사들의 실천이 '한 학기 한 권 읽기' 이전에도 존재했었다. 교사의 목소리에 숨죽이며 귀 기울이던 아이들, 주인공이 곤경에 빠지면 함께 아파했고 주인공이 기뻐하면 내 일인 양 같이 웃었으며 가슴 찡한 장면에서는 함께 눈물을 흘리기도 했다. 그럴 때면 마치 한배를 타고 이야기의 바다를 항해하는 운명의 공동체가 된 것 같기도 했다.

어찌 보면 온작품읽기는 단순히 '책을 함께 읽는다'는 의미를 넘어서 '서로의 삶을 나누는 일'에 더 가까웠다. 그렇기에 교사들은 작품 하나를 고를 때도 대강 고를 수가 없었다. 없는 시간을 쪼개어 읽어 주어야 하는 작품이기 때문에 그만큼 좋은 작품을 고르려는 욕심이 생겼다. 그러다 '좋은 작품'이란 아이들뿐 아니라 교사가 읽었을 때도 마음속에 파장을 일으키는 감동과 재미를 지닌 작품이라는 사실도 깨닫게 되었다. 그래서 온작품읽기는 교사를 포함한 교실 안 모든 구성원들이 서로의 삶을 오고 가며 함께 공동체를 이루는 하나의 문화였다고 할 수 있을 것이다.

'한 학기 한 권 읽기'는 교육과정 안에 있고, 온작품읽기는 교육과정 밖에 있었다. 그래서 온작품읽기는 교사의 '질문'에서 시작되었다.

'왜 이렇게 쪼개진 작품을 읽어야 하는 걸까?'

'왜 교과서는 마치 문제집처럼 문학 작품을 읽고 답을 찾으라고 하는 걸까?'

교사들의 이런 질문들이 온작품읽기를 시작하게 했다. 질문이 생기자 답을 찾으려는 고민이 생겼고, 결국 그 고민을 해결하기 위한 교사의 자발적 실천이 뒤따랐다.

교과서 안에 독서 단원이 들어오기 전에도 우리는 아이들과 함께 문학 작품을 읽어 왔다. 한 학기에 한 권이 아니라 여러 권의 작품을 아이들과 함께 읽었다. 수업 시간에도 읽고 수업 시간이 아닌 시간에도 읽었다. 작품을 통해 아이들과 보다 풍성한 수업을 하기도 하고 삶에 대한 이야기를 나누기도 했다. 그렇게 온작품읽기는 교과를 뛰어넘어 학급 구성원을 하나로 묶어 주는 학급 운영의 방법이 될 때도 있었고, 아이들의 마음을 어루만지는 상담자의 역할을 하기도 했으며, 재미있는 놀이가 되기도 했다.

군이 '한 학기 한 권 읽기'라는 좁은 틀 안에 온작품읽기를 억지로 욱여넣을 필요는 없다. 교과서 속 '한 학기 한 권 읽기'를 뛰어넘어 10년을 바라보는 안목으로 온작품읽기를 실천하면 좋겠다. 교사들끼리 어린이문학을 함께 읽고 그것을 아이들과 함께 나누며 서로의 삶을 어루만지고 보듬을 수 있는, 그래서 서로의 삶을 변화시킬 수 있는 활동들이 일상적으로 교실 안에서 펼쳐지면 좋겠다. 온작품읽기의 큰 물결이 '한 학기 한 권 읽기'를 아우르며 끊이지 않고 계속 흘러가기를 바란다.

#신수경

함께 읽기가
바탕이다

이번 시간은 국어 시간이다. 우리 반은 개별 읽기 방법을 하기로 했다. 내가 마음에 드는 책을 선택할 수 있어서 좋을 것 같다. 우리는 학교 도서관에 갔다. 평상시에 만화책만 읽는 나는 어떤 책을 읽어야 할지 몰라 망설이다 선생님께 추천을 받아 『최기봉을 찾아라』를 읽었다. 최기봉 선생님 도장을 훔쳐 간 범인을 찾는 재미있는 이야기였다. 다른 아이들도 조용히 앉아서 책을 읽고 있었다. 다음 시간에는 각자 읽은 책에 대한 독서 감상문을 쓰기로 했다. 책을 다 읽지 못한 친구는 숙제로 해 와야 한다. 책은 재미있게 읽었는데 감상문은 어떻게 써야 할지 잘 몰라서 다음 국어 시간이 조금 걱정된다.

윤빈이는 좋아하는 책을 선택하는 일을 어려워했다. 독서 경험이 아이마다 달라서 윤빈이처럼 자기에게 알맞은 책을 잘 고르지 못하기도 한다. 아이들에게 재미있고 감동적인 책을 알아서 고르게 하는 것이 당연한지를 생각해 보아야 한다. 개별 읽기의 과정을 살펴보자. 혼자 조용히 읽고 느낌과 생각을 떠올리며 독서 감상문을 쓴다. 교사에게 확인받고 아이들과 독서 감상문을 돌아가며 읽고 생각과 느낌을 나눈다. 이러한 개별 읽기 방법을 통해 독서의 즐거움과 감동을 느끼게 해 평생 독자로 기른다는 목표가 학교 교육에서 과연 가능할지 의문이 든다.

그러면 이와 같은 개별 읽기 방법을 하지 말라는 것인가? 그렇지 않다. 다만 아이들이 평생 독자가 될 수 있도록 하는 개별 읽기는 읽기 '방법'이 아닌 '지향점'을 알려 주어야 한다. 책을 스스로 선택해서 즐기는 평생 독자가 되기 위해서는 반드시 필요한 과정이 있다. 좋은 작품을 만나는 것이다. 좋은 작품의 감동을 아이들 스스로 느껴 보는 경험을 통해 책 읽는 즐거움을 알아 가야 한다. 좋은 작품을 만나는 즐거움과 감동을 수업 시간을 통해 흠뻑 느낄 수 있다면 아이들이 평생 독자에 한 걸음 다가갈 수 있지 않을까?

온작품읽기에서 함께 읽기를 '방법'이 아닌 '지향점'의 의미로 접근하는 것은 그래서 더욱 당연하다. 보통 초등학교 1학년 아이들은 한글을 미리 공부해 온다. 한글의 한 글자 한 글자의 아름다움과 배우는 즐거움을 모른 채 글자를 읽고, 맞춤법과 띄어쓰기에 매달린다. 이처럼 단순히 글자를 읽는 데에 급급하다 보니 개별 읽기의 방법으로는 책 읽기의 즐거움과 좋은 작품의 감동을 성공적으로 얻을 가능성이 희박하다.

그렇다면 함께 읽기로는 가능할까? 함께 읽기의 의미를 생각해 보면 가능하다. 좋은 작품을 온전한 꼴로 함께 읽을 때 책 읽기의 즐거움과 문학이 주는 감동을 제대로 느낄 수 있기 때문이다. 즐거움과 감동은 혼자보다는 여럿이 함께 느꼈을 때 훨씬 커진다. 나와 다른 이해와 해석은 각자 읽을 때는 제대로 나누지 못한다. 그러나 함께 읽고 함께 이야기를 나누는 온작품읽기 수업은 책 읽기의 즐거움과 좋은 작품의 감동을 자신의 배움으로 연결할 수 있다. 그리하여 즐거운 온작품읽기 경험이 진심으로 독서를 즐기는 평생 독자의 꿈에 한 걸음씩 다가가게 할 것이다. 우리가 서로 소통하고 협력하고 배움을 나누는 수업을 지향하는 이유도 함께 읽기와 그 결을 같이한다.

3학년 2반 윤설이 이야기

선생님이 작은 책 다섯 권을 칠판 앞에 놓으셨다. 시집이었다. 『쉬는 시간 언제 오냐』, 『쉬는 시간에 똥 싸기 싫어』, 『글자동물원』, 『팝콘 교실』, 『초록 토끼를 만났다』이다. 제목이 참 신기했다. 나는 『팝콘 교실』을 골랐다. 나랑 똑같이 고른 친구들이 6명이었다. 우리는 모여 앉아 각자 시집을 읽으며 마음에 드는 시를 골라 예쁜 종이에 옮겨 적었다. 그리고 내가 고른 시를 소리 내어 모둠 친구들에게 읽어 주었다. 목소리가 떨렸다. 왜 고르게 되었는지도 이야기했다. 친구들이 고른 시도 들어 보았다. 나랑 똑같은 시를 고른 친구가 있었다. 평상시에는 잘 놀지 않아서 낯설었던 그 친구가 나와 똑같은 시를 고르다니. 이유도 비슷했다. 신기했다. 왠지 그 친구가 조금은 가깝게 느껴졌다. 다음 시간에는 어떤 시집을 읽어 볼까? 다음 국어 시간이 기대된다.

함께 읽기는 함께 이야기를 나누는 것이다

'함께 읽기'는 '함께 이야기하기'와 짝꿍이다. 함께 읽었기 때문에 함께 이야기할 수 있다. 혼자서는 그 의미가 부족하다. 교과서의 글을 돌아가며 읽었다고, 교과서의 동시를 모두 함께 낭송했다고 해서 함께 읽기가 되는 것은 아니다. 또, 교사가 한 권의 책을 모두 혼자 소리 내어 읽어 준다고, 다른 시집을 읽고 다른 시를 낭송한다고 해서 함께 읽기가 아니라고 할 수도 없다. 왜냐하면 함께 읽기만큼 중요한 함께 이야기 나누기가 있기 때문이다.

3학년 2반 교실 이야기에서 시집을 읽는 6명의 친구들은 각각 다른 시를 낭송했다. 개별 읽기와 같은 모습이다. 그런데 중요한 점은 왜 그 시가 자신의 마음에 와닿았는지를 함께 이야기했다는 것이다. 「비밀번호」라는 시를 읽으면서 우리들의 할머니 이야기를 하고, 「벽지 가게」라는 시를 읽으면서 학교와 학원, 집이라는 똑같은 무늬의 삶을 이야기했다. 그리고 그 이야기는 아이들의 마음에서 서로 부딪혔다.

비단 아이들만의 상황은 아니다. 선생님들과 해 본 함께 읽기에서도 함께 이야기 나누기가 빠질 수 없다. 어떤 선생님은 「비밀번호」를 낭송하면서 눈물을 흘리기도 한다. 시를 읽을 때는 '콩' 하고 살짝 부딪혔던 마음이 함께 이야기할 때는 '쿵' 하고 더 세게 떨어진다. 아이들과 온작품읽기를 할 때마다 항상 이런 순간이 찾아온다. 때로는 가벼운 노랑으로, 재미있는 초록으로, 슬픈 파랑으로, 먹먹한 회색으로 함께 읽고 함께 이야기하는 모든 시간을 물들인다. 그렇게 물들여진 시간들이 우리의 마음으로, 삶으로 깃든다. 좋은 작품을 함께 읽은 교실은 마음과 마음이, 사람과 사람이, 삶과 삶이 만난다.

함께 읽기는 온작품읽기의 바탕이다

온작품읽기를 하는 의미를 생각해 보자. 온작품읽기를 통해 아이들과 공감하고 소통하기를 바란다면, 즐겁고 재미있는 국어 수업을 하고 싶다면, 삶을 바라보고 세상을 나누는 배움이 일어나기를 기대한다면 함께 읽기를 시작해야 한다. 각자가 책을 읽을 때는 나누지 못하는 마음이 함께 읽기를 통해 나누어진다. 간절함, 슬픔, 외로움, 즐거움, 기쁨, 신남이 파도가 되어 끊임없이 서로의 마음을 친다. 좋은 작품을 만나면 그 파도는 마음을 넘어 삶에 영향을 준다.

온작품읽기의 바탕이 되기 위한 함께 읽기를 어떻게 실현해야 할까? 정답이 정해져 있지는 않지만 우리가 좋은 작품을 함께 읽었던 그동안의 경험과 이야기를 통해 다음과 같이 정리해 본다.

함께 읽기의 첫 번째, '멈춤 그리고 유의미한 질문'

국어 교과서를 살펴보면 "글을 다시 읽고 인물의 말이나 행동에 대한 자신의 생각이나 느낌을 정리해 봅시다." 또는 "글을 다시 읽고 일어난 일에 대해 자신의 의견을 정리해 봅시다."라는 형식의 질문들이 단원마다 제시되고 있다. 대부분의 단원에 읽기 후 활동으로 제시되는 비슷한 질문들은 아이들이 글을 읽어 가는 순간을 묻어 버린다. 결국 질문에 답하기 위한 읽기 후에는 그 글은 지나간 기억이 되어 버린다. 분명히 한 교실에서 다 같이 읽었는데 말이다. 무엇이 사라진 것일까? 온작품읽기의 '함께 읽기'라면 어떻게 그 순간들을 살릴 수 있을까?

『푸른 사자 와니니』를 읽어 주었을 때다. 2장 마지막 문장이 이렇게 끝났다. "암사자로 태어나서 참 다행이었다." 책을 덮으며 열세 살 아이들에게 '참 다행인 것'은 무엇인지 물었다. 가족이 있다는 것, 친구들이 있다는 것, 큐브를 맞출 수 있다는 것, 걸을 수 있다는 것 등 아이들의 다행인 것들이 넘쳐났다. 쓸 게 너무 많아서 시간을 더 달라는 아이도 있었다. 암사자로 태어나 다행이라는 '와니니'의 그 순간을 살려 교실 속 우리 아이들도 '자신의 삶 속 다행인 것'을 다시 생각해 보고 그 삶을 함께 나눌 수 있게 되었다.

만약 이 작품을 모두 읽고 나서 "글을 다시 읽고 와니니의 말에 대한 자신의 생각이나 느낌을 정리해 봅시다."라고 했으면 아이들의 다행거리가 이렇게 넘쳐날 수 있었을까? 읽는 것을 멈추고 질문을 던지지 않았더라면 아이들과 작품 속 순간을 나눌 수 있었을까? 결국 함께 읽기의 바탕이 있었기 때문에 멈출 수 있었고 질문할 수 있었다. 물론 함께 멈추기 위해서는 한 작품을 동시에 함께 읽는 과정이 필요하다.

한 작품을 동시에 읽지 않는 함께 읽기(돌려 읽기, 모둠별로 읽기 등의 또 다른 함께 읽기의 방법들)에서는 동시에 멈출 수 없는데 이럴 땐 어떻게 할 수 있을까? 멈춤이 없더라도 작품 속 순간을 함께 읽고 함께 나눌 수 있다. 이때 필요한 일이 작품에 대한 유의미한 질문을 찾고 그 질문에 대해 함께 이야기를 나누는 것이다.

그런데 교과서에 제시된 '글을 읽고 사실을 확인하고 정답을 맞히는 질문'을 통해 작품 속 세상을 바라볼 수 있을까? 아이들에게는 작품 속 세상을 가리키는 손가락이 필요하다. 교사의 손가락이 무엇을 가리키느냐, 어디를 가리키느냐에 따라 아이들이 만나는 작품의 세상은 달라질 것이다. 교사가 던지는 유의미한 질문을 통해 그냥 지나치기 쉬운 작품의 뜻과 가치를 찾고, 나와 우리의 세상을 깊게 바라볼 수 있을 것이다. 때로는 작품을, 세상을 아이들이 손가락으로 가리킬 수도 있겠다. 아이들의 손가락이 가리키는 방향을 함께 보는 일도 중요하다. 교사가 찾지 못한 낯선 세상을 우리 아이들 덕분에 만날 수 있을지도 모른다. 다만 유의미한 질문이란 무엇인지, 어떤 질문인지는 작품에 대한 공부와 해석에 따라 달라질 수 있다. 그래서 더욱더 온작품읽기 수업을 하는 교사들의 고민과 노력이 필요하다.

함께 읽기의 첫 번째는 작품 속 의미 있는 순간에 잠시 멈추고 나와 우리를 향해 질문을 던지는 것이다. 그리고 그 질문은 유의미해야 한다.

유의미한 질문은 교사들의 고민과 노력 속에서, 아이들의 자유로운 상상 속에서 작품 속 세상을 바라보게 하는 창이 된다. 작품 속 세상에서 살아 숨 쉬는 나의 삶 또한 바라보게 한다.

함께 읽기의 두 번째, '서로 다름, 해석의 공동체'

온작품을 함께 읽다 보면 서로 '이렇게 다르구나!' 하고 느끼는 순간이 참 많다. 혼자서 책을 읽고 독후 활동을 할 때는 나만의 생각과 느낌이 전부였다. 이미 정해져 버린 나의 생각과 느낌에 뒤늦게 변화가 찾아오기란 어렵다. 그러나 책을 함께 읽고 이야기하다 보면 작품을 서로 다르게 해석할 수 있다. 서로 다른 해석을 통해 나의 생각과 느낌에 변화가 찾아오기도 하고, 서로 다름이 당연하게 느껴지기도 한다.

『최기봉을 찾아라』를 읽으며 당연히 드는 생각은 '누가 도장을 훔쳐 갔을까?'였다. 함께 책을 읽은 우리는 작품 속에 나오는 여러 명의 인물이 도장을 가져갔을 만한 그럴듯한 이유를 각자 찾아 나섰다. 아이들은 용의자와 그럴듯한 근거를 서로 다르게 내놓았다. 네 말도 맞고 내 말도 맞을 것 같은 오묘함이 교실을 가득 채웠다. 처음에 생각했던 용의자가 친구의 말을 들으니 바뀌기도 했다. 함께 읽고 이야기하기에 쉽게 일어날 수 있는 일이다. 함께 읽어 나가는 과정에서 서로 다른 해석은 모두 다 정답이었고, 작품을 다 읽은 후 서로 다른 해석은 작품에 대한 깊이 있는 이해의 토대가 되었다.

동화 속 인물들에 대한 평가도 서로 다른 해석의 단골 메뉴가 된다.

▲ 아이들이 각자 와니니의 행복과 불행을 점수로 표시하고 이유를 써 붙였다.

『푸른 사자 와니니』에서 와니니의 삶을 인생 곡선으로 나타내는 활동을 했다. 장별로 읽는 중에 와니니의 삶에서 행복과 불행을 해석하여 +5점에서 −5점까지 표시했다. 비슷하게 나온 부분도 있었지만 같은 장면을 읽었는데도 어떤 아이는 와니니가 친구들과 같이 있으니 그래도 행복하다며 +2점을 주기도 하고, 또 어떤 아이는 친구들과 같이 있지만 먹을 것도 없고 고생만 하는데 뭐가 행복하냐며 −2점을 주기도 했다. 이러니 30명의 아이들이 있으면 30개의 해석이 나올 수밖에. 가끔은 비슷한 경험과 처지를 통해 비슷한 해석이 나오기도 하지만 말이다.

함께 읽기의 두 번째는 삶의 경험, 공감의 정도와 종류에 따라 서로 다른 해석이 드러나는 것이다. 이렇게 서로 다른 해석이 드러날 수 있는 순간을 만들어야 한다. 그래야 서로의 생각을 볼 수 있고 나눌 수 있다. 서로 다름을 통해 작품 속 세상을 낯설게 보게 되고, 우리 모두의 생각이 서로 다름을 자연스럽게 인정할 수 있게 된다. 너도 맞고, 나도 맞고, 모두의 답이 맞는 교실. 이렇게 교실은 서로 다름을 바탕으로 하는 해석의 공동체가 된다.

함께 읽기의 세 번째, '같은 결의 감동'

시집 『팝콘 교실』로 온작품읽기 수업을 했다. 11월, 중학교 원서를 쓰는 시기였다. 사춘기의 불안과 중학생이 되는 것에 대한 걱정으로 교실 안은 미세먼지만큼이나 답답했다. 시집을 펼치고 마음에 와닿은 시를 고르는 한 시간 동안 그래도 조금씩 맑아지는 교실. 「쩔어」라는 멋진 시를 고르며 킥킥대는 아이들에게서 즐거움이 느껴졌다. 고른 시를 정성껏 옮겨 적고 빙 둘러앉아 낭송을 시작했다. 좋아하리라 생각했던 시들이 골라졌고 아이들의 목소리로 살아났다. 그런데 우리 반, 아니 우리 6학년 아이들 100명이 제일 많이 고른 시는 교사의 예상과는 달리 「학교 옥상」이었다.

"「학교 옥상」 고른 사람?"

16명이 손을 들었다. 그 순간 아이들은 서로의 얼굴을 마주 보았다.

"요샌 하늘을 본 적이 없는 것 같아요."

"학교 옥상에 올라가 보고 싶어요. 한 번도 못 올라가 봤어요."

"옥상 위 아이가 나라면 좋겠어요. 하지만 우린 교실 안에 있어요."

"선생님, 우리 한번 가 봐요."

나머지 아이들 눈빛까지도 나를 향했다. 똘똘 뭉친 아이들의 바람은

학교 옥상

옥상 철문이 열려 있어
몰래 올라갔다.

몰랐다.
교실 위에
이렇게 파란 하늘이 있었는지.

이미 옥상 계단을 올라가고 있었다. 마침 우리 교실은 5층이었고 올라가면 옥상과 같은 야외 공간이 있었다. 문은 항상 자물쇠로 잠겨 있었다. 30명 아이들의 간절함은 나에게 그 문을 열게 했고 그동안 있는지도 몰랐던 파란 하늘을 바라보게 했다. 그렇게 우리는 동시 속으로 걸어 들어가 파란 하늘을 함께 보고, 답답한 오늘을 함께 날려 보내고, 새로운 내일을 함께 기다렸다. 함께 읽을 때 우리는 종종 바라보는 방향이 같을 때가 있다. 바라보는 방향이 같으니 아름다움도, 즐거움도 함께 느낀다.

함께 읽기의 세 번째는 작품을 읽는 도중이나 읽은 후에 자연스럽게 같은 결의 느낌, 감동을 함께하는 것이다. 긴장과 떨림, 흥분과 즐거움, 불안과 설렘이라는 감정이 동시에 비슷한 색깔로, 혹은 순식간에 전혀 다른 색깔로 마음에 스며들기도 하고 마음을 흔들어 놓기도 한다. 밥상에 둘러앉아 음식을 함께 먹으며 식구가 되어 가듯이 말이다. 그렇게 함께 온작품을 읽으며 느낌을 표현하고 연습하고 같은 결의 감동을 엮어 간다. 서로가 사람임을 느끼며 사람에 대해 이해하게 되고, 좀 더 가까워지고 친해진다.

함께 읽기의 네 번째, '작품과 삶 그리고 삶과 삶의 연결'

온작품읽기 수업을 하면 항상 되풀이되는 기분 좋은 후유증이 있다. 작품 속 인물과 사건, 소재나 배경, 장면 등 함께 읽었던 각 순간을 아이들이 작품이 아닌 현실에서 자연스럽게 떠올리고 이야기한다는 것이다. 6학년 1학기에 『푸른 사자 와니니』를 함께 읽고 '와니니는 와니니답게, 나는 나답게'라는 질문에 답을 찾아 함께 이야기를 나누었다. 몇 달이 지난 9월의 어느 날 에버랜드로 체험학습을 떠났다. 놀이공원에 갔으니 얼마나 신났을까. 놀이기구를 향해 달려가는 열세 살 아이들의 뒷모습이 마냥 행복해 보였다. 얼마 안 있어 띠리링 울린 메신저에는 사자의 사진이 도착해 있었다.

"선생님, 와니니를 찾았어요. 와니니와 마디바, 무투도요. 걔네들 안 싸우고 평화롭게 자고 있던데요."

물론 그 사자가 와니니가 아니라는 걸 나도 알고 그 아이도 알았지만, 그래도 우린 통했다. 『푸른 사자 와니니』를 함께 읽은 우리들의 삶에도 항상 우리들의 와니니, 마디바, 무투가 있다는 것을.

작품 속 삶의 모습은 작품 속에만 남아 있지 않고 현실의 세상이 된다. 그렇게 작품 속 인물과, 멈춤의 시간과, 교사의 유의미한 질문이 아이들에게 귀를 기울여 준다. 그러면 아이들은 그동안 자기 안에 있었는지도 몰랐던 자신의 마음을 만난다. 자신의 삶을 만난다. 그 마음은 불편하기도 하고 흥분되기도 하고 슬프기도 하다. 그렇게 자기 마음을 맞닥뜨리는 순간, 그것은 아이의 입을 빌려 이야기가 되고, 손끝으로 스며 나와 글이 된다. 그리고 교실 속 우리 모두와 함께 나눌 수 있게 된다. 지나가 버려서 기억으로만 남을 수 있었던 아이들의 삶의 경험이 작품과 만나 살아 있는 시간으로, 의미 있는 추억으로 남을 수 있게 되는 것이다. 마음을 두드린 한 편의 시를 소리 내어 읽으면 그 소리는 교실 속 30명의 마음을 울린다. 그 시가 자신에게 어떤 의미인지를 이야기하는 친구의 삶은 함께 읽는 나의 삶과 맺어진다. 친구가 고른 그 시는 친구의 삶이다. 이렇게 연결된 우리 반 30명의 삶은 함께 읽기의 시간을 통해 우리 모두의 삶이 되고 세상이 된다.

함께 읽기의 네 번째는 작품과 아이들의 삶이 만날 수 있도록 함께 읽는 아이들의 삶과 삶을 어우르는 것이다. 작품과 삶은 말과 글을 통해 이야기판이 되고, 이야기판은 아이들의 삶의 이야기를 통해 삶판이 된다. 그러기 위해서는 충분히 이야기판, 삶판이 벌어질 수 있는 시간(수업)과 거리(온작품)가 필요하다. 아이들의 삶의 이야기가 흘러나올 수 있도록 말이다. 무엇을 읽고 무엇을 이야기했느냐에 따라 그 삶은 다르게 묻든다. 함께 읽고 함께 이야기 나누는 온작품읽기의 모든 시간은 우리의 삶이며 우리 마음속에 깃든다. 그렇게 교실 속 살아 있는 이야기판, 삶판 속 한 알 한 알의 시간과 삶이 연결되어 세상을 넘어 우주가 될 것이다.

#전혜원

온작품읽기의 바탕은 함께 읽기다.
함께 읽기는 함께 이야기할 때 살아난다.
함께 읽기는 유의미한 이야기 속에서 돋아나
서로 다름의 길을 지나
같은 결의 감동으로 맺어져
작품과 삶, 우리들의 삶과 삶으로 만난다.

2장

함께, 읽다

단순히 책을 함께 읽는 것만이 아니라
서로의 삶을 나누는 온작품읽기,
함께 교감하고 각자의 삶을 변화시키는
온작품읽기의 의미와 감동을
하나하나 살펴봅니다.

좌충우돌
온작품읽기

책 읽어 주는 선생님과 경청하는 아이들,
넘치는 의욕으로 시작한 수업.
하지만 이상과는 다른 현실을 마주합니다.

'왜 우리 반은 안 되는 걸까?'
'내가 잘못하고 있는 걸까?'

온작품읽기를 실천하면서 겪은 실패와 어려움,
그리고 희망의 이야기를 나눕니다.

함께 읽기,
내가 먼저!

작년부터 온작품읽기를 만나 아이들과 즐겁게 이야기꽃을 피우며 교실을 일구어 가고 있다. 아이들이 초롱초롱한 눈으로 집중하고 자신의 이야기를 쏟아낼 때면 어느 때보다 보람을 느낀다. 그렇지만 항상 그렇게 평화로운 것만은 아니다. 준비한 수업이 산으로 갈 때도 있고, 아이들이 떠드는 통에 책을 읽어 주다 목소리가 쉬기도 한다. 무엇이 이렇게 다른 풍경을 만드는 것일까? 여러 가지 이유가 있겠지만 먼저 나에게 돌이켜 볼 부분이 있다는 생각이 들었다.

소 잃기 직전에 고친 외양간들

　주변에는 신규 때부터 훌륭한 선생님들도 많이 계시지만 모두 그럴 수 있는 것은 아니다. 불과 얼마 전까지 아침 9시까지 쿨쿨 자다 겨우 수업을 들으러 갔던 내가 교사가 된 것이다. 매일매일 출근을 하고 처음 하는 일들에 치이다 보니 열정은커녕 하루하루 살아남기도 바빴다. 여러 가지 업무를 처리하다 보면 수업 직전에야 수업 준비를 마칠 때도 많았고, 순간순간 임기응변으로 보낸 시간들도 있었다. 정신없이 하루를 보내고 나면 내가 무엇을 했는지, 무엇을 하고 있는지 모르겠다는 생각이 들었다. '어떤 교사로 살 것인가?' 하는 고민이 생겼다. 그때 책교실 선생님들을 만났고, 온작품읽기를 만났다. 모임에서 나는 그동안은 존재조차 몰랐던 재미있는 그림책과 동시집, 동화들을 접할 수 있었다. 선생님들의 교실 이야기를 들으면 '적당히 웃기고 별문제 없던' 우리 반이 부끄러워졌다. 그리고 나도 온작품읽기로 아이들과 함께해야겠다는 생각이 들었다.

　마음은 충분했다. 하지만 마음만큼 따라와 주지 않는 몸이 문제였다. 아이들과 함께 이야기책을 읽으려면 내가 먼저 그 책을 읽어야 했다. 그래야 우리 반 아이들과 맞는 책인지, 어디까지 읽을 것인지 알 수 있으니까. 그렇지만 이런저런 핑계를 대며 미루다 수업 직전에서야 체할 듯 급히 읽고선 아이들과 함께 읽을 때가 많았다. 그래도, 그렇게라도 봐서 참 다행이었던 적이 많았다.

　「라면 한 줄」을 읽기 전에 나는 분명 라면에 관한 내용이라고 생각

했다. 잠깐이라도 책을 들추어 보지 않았더라면, 나는 읽기 전 활동으로 라면 먹어 본 경험을 나눌 뻔했다. 이 이야기는 "내 이름은 '라면 한 줄'이야."라고 시작하는데 말이다. 이런 경험은 여기서 끝나지 않았다. 『뺑이오, 뺑』을 읽을 때는 첫 번째 부분만 읽었는데도 결론이 난 것 같아서 단편 동화로 착각할 뻔했다. 조금 더 읽고 가슴을 쓸어내렸다. 하마터면 아이들에게 거기에서 이야기가 끝난다고 할 뻔했다. 이외에도 좋다는 소문만 듣고 곧바로 읽어 주었다면 곤란했을 책들도 많았다. 평이 좋아 펼쳐 보지도 않고 샀다가 성역할에 대한 고정관념을 심어 줄 뻔한 적도 있다. 다른 내용은 참 좋아도 사소한 부분에서 우리 반 아이들의 상황이나 사정과 맞지 않아 읽지 않은 책들도 많다. 후다닥 읽으며 실수할 뻔한 책들을 떠올리면 지금도 아찔하다.

그럼에도 불구하고 잃은 소들

그렇지만 급히 먹은 밥이 체한다고, 미리 읽지 않거나 대충 훑어보고 아이들과 읽으면서 실수를 한 적도 많다. 특히 '믿고 보는 그림책들'이 그랬다. 책교실 선생님들께서 읽어 주셨거나 정말 유명하고 좋다고 소문난 책들은 내가 읽었다고 착각하기도 했다. 그래서 당연히 아이들이 좋아하겠거니 생각하며 읽어 주었다. 그러다 보니 한껏 밝고 낭랑한 아이 목소리로 읽었는데, "~라고 할머니가 말씀하셨다."로 끝나는 부끄러운 일이 자주 일어났다. 『겁보 만보』를 읽을 때는 대수롭지 않게 읽었다가 충청도 사투리인 것을 알고 다시 읽어 주기도 했다. 내가 잘못 읽어서 "미안해, 선생님이 잘못 읽었어. 다시."라고 말할 때마다 아이들의 주의가 흐트러지고 산만해지는 소리가 들렸다.

그림책 프로젝트와 동시 프로젝트를 연결하려고 『프레드릭』이라는 그림책을 읽어 준 적이 있다. 내용 중에 "동그마니 앉아 풀밭을 내려다보고 있는 프레드릭"이라는 문장이 나온다. 프레드릭은 정말 미리 읽었다. 그런데 직접 소리 내어 읽어 보지 않고 눈으로 읽다 보니 '동그마니'라는 단어를 놓친 것이다. 아이들은 어김없이 이 단어의 뜻을 물어보았고, 나는 '동그라미'로 착각하여 "'동그랗게'라는 뜻이야."라는 황당한 대답을 하고 말았다. 나중에 찝찝한 마음에 찾아보니, '동그마니'란 '외따로 오뚝하게'라는 뜻을 가진 단어였다.

『뺑이오, 뺑』은 미리 읽어 보니 내용이 재미있고 신선해서 아이들과 함께 읽게 되었다. 책도 얇고 글자도 커서 눈으로 쓱쓱 빠르게 읽어 나갔다. '재미있네. 같이 읽어야지.'라고 쉽게 생각하고 여러 번에 걸쳐 책을 읽어 주었다. 눈으로 읽기는 했지만, 아이들과 같이 읽을 때 어디까지 읽을 것인지에 대한 고민을 하지는 않았다. 그래서 이야기의 흐름상 끊고 다음에 계속 읽는 것이 나았을 부분을 지나치는 일들이 자주 일어났다. 그럴 때면 아이들의 집중력은 서서히 흐트러지고 나의 목소리는 점점 커졌다. 다른 때에 읽어 주었다면 잘 들었을 재미있는 내용을 아쉽게 흘려보낸 순간들이었다.

실수 연발의 왕초보 온작품읽기 수업이지만, 그래도 기억에 남는 아름다운 순간들은 있다. 특히나 폭발적인 반응을 보이며 아이들이 모두 이야기에 푹 빠져 즐겁게 읽고 자신의 경험을 다양하게 나누었던 책들은 잊히지 않는다. 작년에 5학년 아이들과 함께 읽은 『불량한 자전거 여행』과 올해에 2학년 아이들과 함께 읽은 『멍청한 두덕 씨와 왕도둑』이 그랬다. 물론 이 책들이 반 아이들의 흥미에 맞는 좋은 작품이라는 점도 한몫했을 것이다. 하지만 그보다는 내가 시간을 들여 먼저 즐겁게 읽어 보았다는 점이 다른 때와 달랐다. 내가 먼저 이야기에 푹 빠져 즐겁게 읽다 보면 아이들과 이야기를 나누고 싶은 지점들이 생긴다. 따로 활동지를 준비하지 않아도 이 부분에서 무엇을 해야겠다고 간단히 메모해 놓기만 해도 수업이 풍성해진다. 『멍청한 두덕 씨와 왕도둑』은 굳이 수업 시간을 따로 떼어 내어 성취기준을 달성하려고 읽은 책이 아니었다. 아이들과 즐겁게 이야기를 나누고 싶어서 남는 시간을 활용하여 읽었다. 하지만 어느 국어 수업보다도 아이들은 인물의 마음을 잘 이해했고, 시키지 않아도 이어질 내용을 다양하게 예상했으며, 내가 발견하지 못했던 그림 속의 단서들까지도 찾아냈다.

『불량한 자전거 여행』의 경우 꽤 두꺼운 장편 동화이다. 이야기가 너무 길어 아이들이 지루해할 것 같다는 불안감에 도전하기 쉽지 않았다. 하지만 책교실 선생님들과 미리 읽어 보며 이야기를 나눈 것이 크게 도움이 되었다. 우리나라 지도를 나누어 주고 지도를 따라가며 함께 읽었더니 아이들은 마지막 장을 덮는 순간까지도 이야기에 몰입했다. 몇몇 아이들은 책을 사기도 했고, 국어 시간을 보내기 힘들어했던 아이들도 빨리 책을 읽어 달라고 쉬는 시간마다 졸랐다. 장편 동화라 처음엔 '학교에서 이 긴 글을 다 읽을 수 있을까?' 하고 의심했다. 미리 읽어 보지 않았더라면 수업 시간에 이 책을 펼치는 일은 아마 없었을 것이다.

몇 차례의 경험을 통해 내가 먼저 꼼꼼히 책을 읽고 나눌 이야기를 준비하는 일이 가장 중요하다는 생각을 하게 되었다. 하지만 그 사실을 알았다고 해서 느리고 게으르던 나의 성품이 하루아침에 바뀔 리가 없었다. 침대에서 '읽어야 하는데, 읽어야 하는데…….' 하며 잠들기 일쑤였다. 이렇게 미리 읽기를 귀찮아하는 내가 유일하게 푹 빠져서 책을 읽고 아이들과도 함께 읽고 싶은 열정이 생기는 순간이 있다. 바로 다른 사람들과 함께 읽을 때다. 무슨 어른이 책을 같이 읽나 싶겠지만, 함께 읽으면 더 재미있어지는 책들이 많이 있다. 어린이책은 더 그런 것 같다. 혼자 읽을 때는 보지 못했던 부분을 보게 되고, 다양한 해석을 공유하며 이해의 폭이 넓어진다. 나누어 먹으면 더 맛있는 음식처럼 이야기도 함께 나누면 즐거움이 배가된다. 책교실 선생님들과 함께 책을 읽다 보면 다른 선생님들은 교실에서 어떻게 이야기를 읽어 주시는지 엿볼 수 있었다. 그리고 어떤 활동을 하면 좋을지, 어떤 질문을 나눌 수 있을지 의견을 나눌 수 있었다. 여러 이야기를 모으면 어느덧 좋은 수업이 꾸려졌다.

바쁜 일상 속에서 어린이책을 찾아 읽기란 쉽지 않다. 하지만 짬을 내어 함께 읽으면 마음의 짐이었던 수업 준비가 한바탕 웃고 때로 위로를 받는 소중한 시간이 된다. 요즘은 이 즐거움을 같은 학년 선생님들과도 나누고 싶다. 재미있는 책을 들고 옆 반 문을 두드려 보아야겠다.

#이지은

재미만 있으면 그만?

나는 온작품읽기에 대한 부담과 거부감이 컸다. 들어 보긴 했지만 제대로 알지 못했고, 한번 해 볼까 하고 시도할 때마다 씁쓸한 기분만 얻었기 때문이다. 그림책을 읽어 준 적이 있었는데 잘해야 한다는 부담감에 계속하지 못했다. 왠지 읽을 때도 꼭 구연동화처럼 읽어야만 할 것 같고 전문가만 할 수 있는 일이라는 생각이 들었다. 오히려 아침 시간에 학부모님들께서 읽어 주시는 것이 나보다 훨씬 더 숙달되어 보였다. 빽빽하게 짜인 워크북은 감탄은 나오지만 할 엄두는 나지 않았다. 그러다 보니 온작품읽기가 좋다는 주변의 말이나 연수를 들어도 나와 다른 세상 이야기라고 생각하고 실천하지 않았다. 그러다 3학년을 맡게 되면서 온작품읽기를 꾸역꾸역 시작했다. 억지로 하다가 이왕 하는 거 이번에는 좀 제대로 알고 해 보자 싶어서 책교실에도 들어갔다.

함께 웃음이 터지던 순간

책을 읽는 것이 아이들의 삶을 풍부하게 한다는 데 무척 동의한다. 그래서 독서 교육이 필요하다고 생각해 왔다. 하지만 수업 시간에 함께 읽기를 하는 데는 의문이 들었다. 모든 아이가 책을 좋아해야 하는 것도 아닌데 왜 함께 읽어야 할까? 나는 그 이유를 즐겁게 읽는 경험을 공유하기 위해서라고 생각했다. 그러니 수업 시간에 함께 읽는다면 재미있는 작품을 읽어야 한다고 생각했다.

이 생각은 『멀쩡한 이유정』을 읽으면서 더 강해졌다. 첫 번째 이야기 「할아버지 숙제」를 읽기 시작했다. '아이들이 작가의 의도를 이해할 수 있을까?' 하고 신경을 쓰면서 억지로 질문하며 읽었다. 하지만 아이들은 어려워하기만 하고 별 반응이 없었다. 두 번째 이야기인 「그냥」도 마찬가지였다. 「그냥」은 내용도 함축적이라 아이들이 이해하기에 조금 어렵기도 했다. 아이들은 지루해했고 나는 어쩌지 싶어 마음이 무거웠다.

그러다 「새우가 없는 마을」에서 기철이가 할아버지와 진짜 왕새우 대신 새우깡으로 코 파는 연습을 하는 장면을 읽을 때였다. 여기저기서 웃음이 터져 나왔다. 아이들은 무척 즐거워했고 그 장면에 빠져들었다. 마지막 이야기인 「눈」에서도 마찬가지였다. 주인공이 눈 위에 쓰인 '바보 똥개'를 보고 킬킬 웃는 장면에서 나도 아이들과 함께 웃음이 터졌고, 그 순간 '아, 이래서 함께 읽기를 하는구나.' 싶었다. 아이들과 함께 웃음을 나누는 순간이 좋았다. 아이들은 너도나도 '바보 똥개'를 언제 주로 쓰는지, '에이, 씨!'라는 말은 몇 번이나 하는지 신이 나서 이야기했다.

나는 이때 아이들과 함께 마음을 나눌 수 있었던 이유가 그 부분이 아이들에게 재미있었기 때문이라고 생각했다. 그리고 「할아버지 숙제」나 「그냥」에서 별 반응이 없었던 이유는 내용도 어렵고 굳이 목적을 가지고 읽으려 했기 때문이라고 생각했다. 더욱이 성취기준에 책을 맞춰야 하는지는 의문이었다. 그저 즐겁게 읽는 경험만 공유하면 되는 것이 아닐까? 그래서 나중에 책을 가까이하는 아이들로 키울 수 있다면 그것만으로 충분하다고 생각했다. 그런 나에게 읽기 전·중·후 활동은 또 하나의 숙제 같았고 워크북을 만드는 일 역시 거부감만 들었다. 사실 제대로 해 보지도 않은 채 생각만으로 필요 없다고 단정해 버린 것이다. 그리고 이렇게 생각했다. '아무 활동도 안 하고 재미있게 읽기만 하자. 재미만 있으면 그만 아닌가?'

놓쳐 버린 아이들의 이야기

책교실에서 소개받은 책 중에 재미있는 책을 한 권 골랐다. 내가 선택한 책은 『쿵푸 아니고 똥푸』였다. 나도 깔깔 웃으며 볼 정도로 정말 재미있는 이야기였다. '아이들이

재미있게 듣겠지?' 하는 기대감에 부풀었다. 책을 재미있게 느꼈으면 하는 마음으로 읽기를 시작했다. 하지만 쑥스러움에 나는 정말 무미건조하게 책을 읽어 주었다. 심지어 선생님과 아이의 목소리가 똑같다고 생각될 정도였다. 그런데도 아이들은 눈을 반짝거리며 들었다.

'아, 이것이 재미있는 책의 힘이구나.'

나는 그렇게 생각하며 혼자 뿌듯해했다. 그러나 곧 아이들은 자기 이야기를 하고 싶어 했다. 누군가가 탄이에게 "나 같으면 똥을 쌌다고 그렇게 울지 않을 텐데."라고 말하니 여기저기서 이야기가 터져 나왔다. 아이들은 각자 자신이 울고 싶었던 때에 대해 말하기 시작했다. 궁금한 것도 많았다.

"악당이 정말 똥을 싸요?"

"탄이 엄마가 왜 가고 싶을 때 가지 못해요?"

"똥 색깔은 정말 똑같아요?"

"주문은 왜 이렇게 길어요?"

하지만 나는 읽어 주는 데 마음이 급해서 아이들의 이야기에 귀를 기울이지 못했다. 아이들이 재미있어하는지에만 신경 쓰다 보니 시끌벅적한 질문 포화는 집중하지 못하는 것으로 느껴졌다. 초조해진 나는 아이들에게 주의를 주고 나서 남은 책을 마저 읽었다.

많은 아이가 탄이 엄마의 피부색이 어두운 것이 어떤 의미인지 잘 이해하지 못했다. 아이들마다 인물을 바라보고 이해하는 정도는 너무나 달랐다. 그리고 그런 것들은 함께 읽지 않고서는 알 수 없었다. 나는 얼버무리며 그 부분을 넘어갔다. 말 그대로 책만 읽고 끝낸 것이다.

'이게 무슨 의미가 있지? 우리 반 아이들에게 이 책을 읽어 주는 일이 과연 필요했을까?'라는 생각이 뒤늦게 들었다. 책을 통해 즐거움을 느끼고 공유하는 경험은 정말 좋았다. 하지만 뭔가가 부족했다. 내가 읽어 주고 나서 몇몇 아이들이 도서관에서 『쿵푸 아니고 똥푸』를 빌려 읽었다. 그리고 몇 명은 나에게 다가와서 아까 하지 못한 이야기를 재잘거렸다.

나는 책을 읽느라 듣지 못했던 아이들의 이야기를 들었다. 결국 남은 것은 아이들과 주문을 외쳐 본 장면이 아니라 아이들이 책을 통해서 하고 싶어 한 이야기였다. 주영이가 "저도 화장실에서 혼자 운 적 있어요."라고 했는데, 왜 그렇게 말했을까? 함께 책을 읽는 일을 통해 아이들 한 명 한 명을 알아갈 수도 있는 거였다. 그제야 나는 책을 읽고 이야기를 나누는 일이 중요하다는 사실을 알았다. 제대로 이야기를 나누려면 내가 아이들과 어떤 이야기를 나눌지 고민해야 했다. 질문이 이래서 필요한 거라는 깨달음이 연달아 생겼다. 억지로 교훈을 주려고 얽매여서도 안 되지만 내가 고민 없이 읽어서 정작 아이들의 이야기를 제대로 듣지 못했다는 생각에 부끄러웠다. 아이들에게 책이 즐거운 경험이 되려면 아이들을 생각하며 책을 골라야 한다는 점도 뒤늦게 알게 되었다.

조금씩 알아 가도 괜찮다

온작품읽기가 무엇인지 이제 조금씩 알아 가고 있다. 문학을 통해 아이들과 소통하고 아이들의 삶 속 이야기를 들을 수 있다는 것은 정말 멋진 일이다. 온작품읽기를 통해 삶에 닿는다는 말이 무엇인지 어렴풋이 알 것 같았다. 『바느질 소녀』를 읽기 시작했다. 『바느질 소녀』를 아이들이 어렵게 느끼지 않을까 걱정이 되었지만, 동물을 좋아하는 아이들이 많아서 함께 읽어 보고 싶었다. 아이들은 다행히 걱정했던 것보다 잘 읽었다.

『멀쩡한 이유정』속 「눈」이나 「새우가 없는 마을」에서 함께 웃음을 터뜨렸던 장면은 사실 무척 슬픈 내용이다. 할아버지는 자식의 빚을 대신 갚느라 평생 일한 이발소를 팔았고 손자를 돌보기 위해 병을 줍는다. 그렇게 간신히 모은 돈으로 새우를 사 먹이려고 함께 버스에 탄 것이다. 그리고 새우깡으로 연습해 본다는 손자의 말에 과자 봉지도 안겨 주었다. 작가가 웃음으로 표현해 더 슬픈 장면인 것을 나는 아이들과 제대로 나누지 못했다. 그저 순간 터져 나온 웃음만 함께 나누었을 뿐 진짜 이야기는 나누지 못한 것이다.

『바느질 소녀』는 『멀쩡한 이유정』처럼 읽고만 끝내기 싫어 다 읽고 편지 쓰기를 해 보았다. 아이들이 누구에게 편지를 쓸지 궁금했다. 아이들은 각자 쓰고 싶은 상대를 골랐는데 제각기 이유가 있었다. 어떤 아이는 한태가 너무 얄미워서 혼내 주고 싶어 했고, 어떤 아이는 마을 사람에게 화가 났으며, 또 어떤 아이는 바느질 소녀에게 비법을 물어보고 싶어 하는 등 각자 나름의 이유가 재미있었다. 아이들은 편지에서 질문을 많이 했다.

"넌 언제부터 동물들을 고쳐 주었니?"

"경찰한테 잡혀갔을 때 어떻게 나왔어?"

"수목이랑은 어떻게 다니고 있어?"

그리고 자신의 이야기를 했다.

"나도 너 같은 친구가 필요해."

"넌 어려운 일이 있어도 항상 헤쳐 나가서 부러워."

나는 평소 아이들의 이야기를 잘 들어주지 못했다. 그래서 책을 통해 아이들의 이야기를 듣는 시간이 더 소중하고 필요한 것 같다. 나는 아직도 많이 서툴다. 무슨 이야기를 해야 할지 고민이 되고 작품을 제대로 읽어 낼 자신도 없다. 여전히 잘한다고 말할 수는 없지만, 서툴러도 온작품읽기를 계속할 것이라는 생각이 든다. 책을 통해 아이들과 어떤 이야기를 나누고 들을 수 있을지 기대가 된다.

#신아영

새로운
교과서를 만들다

올해에는 처음으로 6학년 담임을 맡게 되었다. 최고 학년인 6학년을 맡았다는 부담도 있었지만, 그래서 더 깊이 있는 이야기와 여러 활동을 할 수 있겠구나 하는 기대감에 부풀었다. 1학기는 문학 관련 단원을 모두 수석 선생님이 맡은 까닭에 아쉬움을 뒤로한 채 그림책 위주로 함께 읽고 이야기 나누는 간단한 활동 위주의 수업을 했다.

"선생님이 책 읽어 주신다!"

6학년인데도 서로 앞자리를 차지하려고 다투기도 하고 집중하며 이야기에 빠져드는 아이들의 모습이 귀여웠다. 그런 아이들을 보며 더 큰 기대를 품고 2학기에는 어떤 온작품읽기를 해 볼까 즐거운 고민에 빠졌었다.

고군분투 홀로서기

그렇게 1학기가 흘러 2학기가 되고 '혼자서라도 해 보리라.'라는 굳은 다짐과 함께 '어떤 온작품읽기 수업을 해 볼까?' 하는 고민이 시작되었다. 하지만 3월의 열정과 달리 빡빡한 6학년 교육과정에 치이고 다른 과목들을 재구성하여 진행되는 학년 프로젝트를 준비하다 보니 진도를 나가기에도 빠듯해 시작도 하기 전에 지쳐 버린 기분이었다. 책교실에서 함께 만든 수업을 해 볼까 싶기도 했지만, 그것마저 혼자 시도하기에는 너무 큰 프로젝트인 것 같았다. 그것을 내 수업으로 바꾸는 일도, 장편 동화로 수업을 준비하는 과정이며 시간도 걱정되었다.

게다가 지금껏 같은 학년 선생님과 함께할 때는 몰랐는데 혼자서 준비하려다 보니 옆 반과의 진도도 생각해야 하고 책 선정, 단원 선정, 수업 흐름 정하기 등 할 일이 너무 많았다. 그리고 교과서를 모두 가르치지 않아도 된다는 점은 알고 있었지만 교직 3년 차로 교육과정을 재구성해 본 경험이 부족한 나로서는 차시의 증감을 고민하는 일에도, 과감하게 필요 없는 부분을 확 들어내고 필요한 부분만 집중적으로 수업을 하는 일에도 서툴렀다.

그러다 보니 제일 먼저 한 일은 국어과 지도서를 펴 놓고 문학 단원들을 살펴보는 것이었다. 온작품읽기를 해 보고 싶은 단원은 두 개였다.

단원	1. 인물의 삶을 찾아서	5. 이야기 바꾸어 쓰기
학습 목표	이야기에서 인물이 추구하는 삶을 이해하고, 자신의 삶과 관련지어 말할 수 있다.	이야기의 구성 요소를 고려하여 이야기를 바꾸어 쓸 수 있다.

잠깐 고민하다가 교과서를 들여다본 후 1단원으로 정했다. 그 이유는 1단원이 더 재미없기 때문이었다. 지문도 지루하고, 계속 같은 활동들이 겹쳐서 책을 읽어 주며 차시를 단순화해도 괜찮을 것 같았다.

이렇게 얼렁뚱땅 단원을 정하고 나니 가장 중요한 책 선정이 남았다. 계속 중학년을 맡아서 고학년 동화는 잘 읽지 않았을뿐더러 고학년 동화들은 글이 길었다. 장편 동화는 내가 부담스럽고, 얇은 책으로 하자니 중학년 수준이라 유치하다고 여길 것 같았다. 그러던 중 떠오른 책이 얼마 전 책교실에서 읽었던 『신호등 특공대』였다. 나도 선생님들도 깔깔대면서 읽었던 책이라 아이들에게 읽어 주고 싶었고, 등장인물들도 제각각 매력적이어서 등장인물이 추구하는 삶을 찾아보고 이야기 나누는 것도 재미있을 것 같았다. 최근에 읽어서 내용도 잘 기억나고 책교실 선생님들과 활동 이야기도 나눈 터라 더 편하기도 했다. 걱정되는 건 한 가지, '2단계. 초등학교 3~4학년 이상 권장'이라는 문구였다.

새로운 교과서를 만들다

걱정 반 기대 반으로 책을 정하고 수업을 짜려고 하니 무엇부터 해야 하나 부담스러웠다. 그래서 나의 수업을 도와줄 친구, 워크북을 만들었다. 혹시라도 빠뜨리는 성취기준이 있을까 하여 교과서를 열심히 뒤적거리며 활동들을 점검했다.

"선생님, 그 책 뭐예요? 우리 읽어 줄 거예요?"

"그럼 교과서는 안 하는 거예요? 집어넣어도 돼요?"

수업은 순조로웠다. '유치하다고 생각하면 어떡하지? 재미없어하는 거 아니야?' 했던 걱정은 괜한 기우였다. 아이들은 우선 교과서 대신 책으로 공부한다는 점에서 너무나 즐거워했고, 선생님이 책을 읽어 준다고 굉장히 좋아했다. 내가 워크북을 나누어 주기 전까지는.

"아, 역시! 선생님이 그냥 책만 읽어 주실 리 없지."

"그럴 줄 알았어."

"그럼 교과서 다시 펼까?"

"아니요오! 와아, 너어무 재밌겠다."

"그치? 그래도 우리, 공부는 해야지."

약간의 장난스러운 엄포와 함께 책을 읽고 수업을 진행했다. 평소보다 더 집중해서 즐겁게 수업하는 아이들을 보며 '역시 하길 잘했다.'는 생각에 뿌듯했다. 하지만 뿌듯함도 잠시, 교사로서 그냥 넘어갈 수 없는 상황이 포착되었다. 책 읽어 주고 이야기 나누고 활동하기에 몰입하다 보니 워크북을 순전히 아이들에게 맡겨 놓았던 것이다. 워크북을 정리하는 시간을 주며 중간 점검을 하던 나는 울컥할 수밖에 없었다. 엉망진창이었다. 글씨는 날아가다 못해 승천하고 있었고, 뭐라도 쓴 아이는 그나마 다행이었다. 하얗고 깨끗하게 날것 그대로 비어 있는 워크북을 보고 나는 충격에 휩싸였다.

'아, 이거 성취기준에 도달하지 못하는 거 아니야? 교과서를 다시 해야 하나? 이렇게 열심히 준비하고 수업하는데 이것들이 워크북도 제대로 안 하고. 이럴 거면 그냥 교과서 할걸. 진도 어떻게 되려나? 수업을 잘못 짰나?'

차오르는 배신감과 절망감을 이기지 못하고 결국 잔소리를 늘어놓기 시작했다.

"얘들아, 우리가 교과서 대신 워크북을 하는데, 하얗게 비워 둔 친구는 뭐지? 심지어 선생님이 한번 중간 점검 하면서 짚어 준 것도 안 쓴 친구는 뭐야? 숙제로 다 해 오려는 건가? 다음 시간까지 워크북 걷어서 제대로 안 되어 있는 친구들은 교과서를 숙제로 해 오게 시킬 거야."

"아, 안 돼요. 아, 집에 가서 다 채워야겠다."

"선생님, 그 책 도서관에 있어요?"

"학급 문고에 둘게. 필요한 사람은 가져갔다가 알아서 가져오자."

이렇게 아이들에게 잔소리를 늘어놓자, 그다음 수업부터는 아이들이 워크북을 열심히 적었다. 모두가 머리를 숙이고 열심히 워크북을 작성하는 사각사각 소리. 굉장히 만족스러운 모습이었다. 그런데 이상한 느낌이 들었다. 그전보다 아이들이 수업에 집중하지 못하는 것 같았다.

책에 대한 흥미도 없고 참여와 발표도 줄어든 것 같았다. 몇 번 더 수업을 해 보니 그것은 느낌이 아니라 사실이었다. 워크북에 얽매인 아이들은 워크북을 작성하느라 책에 흥미를 잃었고, 이야기의 중간에 끼어드는 말도 질문도 줄어들었다. 『신호등 특공대』와 함께하던 수업 내내 끊이질 않던 웃음도 줄어들었다. 아이들과 더 즐겁고 재미있게 수업을 하기 위해 덮은 교과서였건만, 나는 그렇게 새로운 교과서를 만들어 버렸다.

정말로 중요한 것

워크북을 열심히 채우는 일이 아이들에게 정말로 중요했을까? 워크북을 채우지 않은 아이는 성취기준에 도달하지 못한 아이였을까? 계속 나에게 질문을 던지다 보니 다른 모습들이 떠오르기 시작했다. 워크북을 검사하고 엄포를 놓기 전 아이들은 이야기 속 주인공들을 걱정하기도 하고 응원하기도 하며 이야기에 푹 빠져 있었다.

"나는 상구다, 비상구. 가장 빠른 길을 찾지. 나를 따라와라."

"고고! 무조건 고고~"

아이들은 책 속 등장인물을 따라 하며 놀기도 하고 자신이 등장인물이었다면 어떻게 행동했을까 함께 고민도 했다. 등장인물의 말과 행동을 바탕으로 인물의 성격과 추구하는 삶을 찾는 활동을 하다가 힘에 부칠 때는 모둠 친구들과 머리를 맞대고 상의했다. 또 자신과 가장 비슷하다고 생각하는 등장인물을 골라 자신과 등장인물의 공통점과 차이점도 즐겁게 이야기했다. 그 인물이 되어 인터뷰를 나누는 핫시팅(hot seating) 활동에서는 "새끼들이 중요하긴 하지만 '고고'와 '꼼짝마'에게 거짓말을 하면서까지 불편을 끼치는 건 잘못됐다고 생각하지 않아?"라는 질문에 '꼬리반반'이 되어 "물론 나도 '고고'와 '꼼짝마'에게는 정말 미안하게 생각해. 하지만 나는 엄마이고 새끼들을 위해서는 뭐든지 할 수 있어. 나도 내가 할 수 있는 건 모두 다 해 봤어. 하지만 나 혼자만의 힘으로는 해결할 수 없었어. 나는 다시 그 상황이 와도 그렇게 행동할 거야."라고 답하기도 했다. 참신하고 재미있는 질문과 그 질문에 대한 대답이 이어지며 즐겁게 참여했다.

왜 워크북에 그렇게 매달렸을까? 성취기준도, 진도도 중요하지만 아이들이 새로운 인물이 되어 그들의 삶을 체험하고 책을 통해 새로운 세상을 경험하는 일이야말로 정말로 중요한 것 아니었을까? 나는 교과서에서 벗어나 보고자 했지만 새로운 교과서를 만들어 그 안에 나도 아이들도 가두었다. 이제는 새로운 교과서에서도 벗어나 아이들과 함께 경험하고 싶은 더 새롭고 즐거운 세상으로 안내하는 수업을 하고 싶다.

#권유영

책 한 권이
만병통치약?

　책 한 권이면 모든 교과를 아우르고 수업을 멋지게 해낼 수 있다는 오만함을 가졌던 때가 있었다. 긴 육아휴직 끝에 만난 아이들은 내가 읽어 주는 책보다 컴퓨터가 읽어 주는 그림책을 좋아했다. "아, 난 감을 잃었어." 하고 절망하던 시기에 만난 것이 슬로리딩이었다. 연수를 받고 오신 선생님께 일본에서 왔다는 독서지도법에 대한 이야기를 들었다. 그 후 여러 책과 EBS 방송에서 슬로리딩의 방법과 효과에 관한 내용을 찾아보면서 정말 놀랐다.

　"우아, 이런 신세계가 있었구나! 책 한 권으로 모든 교과, 모든 수업이 가능하다니."

2016년 6월부터 옆 반 선생님과 '천천히 읽기'라는 이름으로 1학년 여름과 국어를 연결해서 수업했다. 책은 윌리엄 스타이그의 『생쥐와 고래』로 선정했다. 바다에 관심이 많은 생쥐 아모스가 여행을 설계하고 준비하는 이야기를 이용하여 1학년 아이들의 여름휴가를 계획하는 것으로 수업을 준비했다. 또 책 속에 나오는 사소한 부분도 놓치지 않고 찾아보고 공부하는 시간을 가졌다. 책에 나온 조약돌은 어떤 돌인지 실제로 만져 보기도 하고 인터넷으로 찾아보기도 했다. 생쥐 아모스가 밀물일 때 배를 밀어 바다 여행을 시작했다는 부분을 살피며 밀물이 무엇인지, 왜 하필 밀물 때 배를 바다에 띄웠는지 이야기했다. 아모스와 보리스가 어려움에 처한 서로를 도와주는 과정을 살피면서 우정에 대해 이야기 나누었고, 친구와 어떻게 하면 더 잘 지낼 수 있을지 생각해 보고 내 짝꿍의 장점 찾기도 해 보았다. 생각할 거리를 다양하게 담고 있는 책이라 수학을 제외한 거의 모든 교과를 이 책 한 권으로 엮어 수업을 할 수 있었다. 1학년에게는 좀 어려운 내용이었지만 아이들의 노력과 주변 선생님들의 도움으로 수업을 할 수 있었다.

한번 해 보고 나니 고학년을 데리고 수업을 한다면 좀 더 그럴듯한 수업을 할 수 있을 것 같았다. 그래서 5학년 아이들과 함께하는 슬로리딩 수업을 박완서 선생님의 「자전거 도둑」으로 준비했다. 「자전거 도둑」은 국어의 다양한 언어적 특징을 느낄 수 있는 작품이라 국어 수업과 자연스럽게 연결될 것 같았고, 우리나라 경제 성장기의 역사적인 사실도 담아내고 있어 사회 교과와의 연결도 가능할 것이라 생각했다. 또 수남이라는 아이의 내적 갈등과 성장이 담겨 있는 책이라 5학년 아이들의 갈등, 성장과 교차하는 지점이 있을 것 같았다. 솔직히 유명한 작가의 작품이라는 점이 매력적이기도 했다.

얘들아, 너희를 위해 준비했어

흐름 1	**★ 책 읽기(11~14쪽)**
	• 책 읽기를 다양한 방법으로 할 것이라고 안내하기
	  - 선생님이 읽어 주기, 한 줄씩 돌아가면서 읽기, 짝 읽기, 분단별로 읽기
	  - 소리 내서 읽기, 모르는 단어에 연필로 밑줄 그으면서 읽기
	• 오늘 읽은 부분에서 다의어 찾아보기(다의어와 동음이의어의 차이 안내하기)
	• 어려운 낱말 찾아보기(낱말을 학습지에 적고 사전에서 의미를 찾아 적기)
	• 책 읽는 과정에서 질문 만들기 - 동화책에 끼적이기, 밑줄 긋기

흐름 2	**★ 애정 표시** • 14쪽 가게 손님들이 수남이에 대한 애정 표시로 알밤을 먹이는 장면을 보고 자신의 경험 나누기 - 자신은 이런 경험이 있었는지 자기 경험을 생각해 보기, 그때의 자기감정을 이야기하기 • 애정의 표현이라고 생각한 이러한 행동은 옳은 것인가?
흐름 3	**★ 말의 힘** • 말의 힘에 대해 살펴보고 수남이에게 주변 사람들이 한 말 중에서 힘을 주는 말은 어떤 말이 있을지 살펴보기 - 나에게 힘을 주는 말을 적어 보기
흐름 4	**★ 생활에 유용한 식물(실과)** • 고향의 청보리밭을 떠올리는 수남이 - 청보리 풍경 사진 자료

흐름 5	★ 국어(가) 5. 매체로 의사소통해요. [5~6차시] 인터넷에서 적절한 까닭이나 근거를 들며 상대와 토론하기(국126~129쪽) [독서 토론] 신사 아저씨가 돈을 요구하는 것은 정당한 것인가? (봐줘야 한다 vs 받아야 한다)
흐름 6	★ 도둑질을 한 주인공에 관한 다른 책 　⑩ 『장발장』 『울어도 괜찮아』 『막스와 릴리가 사탕을 훔쳤어요』 • '의적 홍길동'이라는 말을 사용하는데, 의로운 도둑이라는 말을 어떻게 생각하는가?
흐름 7	★ 인물이 처한 상황을 사회 교과와 연계 - 사회 계층 간 균형 있는 경제 발전 • 1970년대는 경제 개발 시기. 부도덕하고 이기적이고 물질적인 가치만 중시. 인정, 양심 등을 잃은 현대인의 삭막한 환경 　- 주인 영감과 양복 신사에 대한 생각을 정리해 본다.
흐름 8	★ 미술 교과와 연계 - 인상적인 장면을 매직 그림으로 표현하기 • 책 속의 인상적인 장면을 다른 형식으로 표현해 보는 활동

　동화책을 함께 읽는 것을 계획했기 때문에 워드 작업 후 복사를 하여 작은 책을 만들었다. 책이 준비되자 「자전거 도둑」 한 편을 다양한 방법으로 읽기 시작했다. 교사가 읽어 주기, 교사와 학생이 번갈아 읽기, 한 줄 읽기, 짝 읽기, 혼자 읽기 등의 방법으로 아침 시간과 수업 시간을 이용하여 읽었다. 그 짧은 단편을 읽고 또 읽었다. 읽을 때마다 언제 어디까지 읽었는지 학습지에 기록하게 했다. 읽으면서 궁금한 점이 있으면 밑줄을 긋고 질문도 만들게 했다.

　나는 동화책 한 권을 하나하나 꼼꼼히 뜯어 보고 분석하면서 하나하나의 활동이 교과와 연결되고 철저하게 성취기준에 맞추어진 수업을 꿈

꾸고 있었다. 그리고 그 과정에서 '동화책으로 수업을 하니까 교과서가 아니라고 아이들이 좋아할 거야.'라고 착각하고 있었던 것이다. 매일매일 혼자서 허겁지겁 학습지를 만들면서 '이 부분에서는 어떤 활동을 하지?', '이 부분은 어떤 교과의 내용을 연결하면 될까?' 하고 고민하고 있었다.

멈추면 비로소 보이는 아이들

폭주 기관차처럼 동화책 한 권 속에 여러 교과를 담아내고자 무리수를 두고 있던 나에게 우리 반 혜원이가 충격적인 말을 던졌다.

"선생님, 선생님이랑 읽은 책 중에서 「자전거 도둑」이 제일 재미없었어요."

「자전거 도둑」을 읽고 있는 중간중간 다른 동화책을 읽고 있었기에 생각이 많아졌다. 재미없는 「자전거 도둑」과 재미있는 다른 책들 사이에 어떤 차이가 있는지 생각해 보게 되었다.

'나는 왜 아이들과 함께 동화책을 읽는 걸까?' 또 '동화책을 읽고 아이들과 함께 어떤 이야기를 나누고 싶은 걸까?'라는 근본적인 질문을 다시 하게 되었다. 「자전거 도둑」이라는 책의 문제가 아니었다. 「자전거 도둑」을 읽어 주던 내 마음이 가장 큰 문제였다. 아이들과 책을 읽고 즐거움과 감동을 나누고 싶은 선생님이 아니라 교과서 대신 동화책을 이용하여 교육과정을 끼워 맞추려 한 선생님이었던 것이다. 그것은 굳이 동화책이 아니었어도 됐다는 이야기였다.

우리 교실의 책 읽기에 대한 근본적인 회의와 고민 과정에서 책교실 모임과 온작품읽기를 만났다. 이후 우리 교실의 책 읽기는 달라지기 시작했다. 책을 읽고 활동과 학습지를 만드는 선생님에서 그냥 책 읽어 주는 선생님이 되기로 했다. 책 읽는 시간을 만들기 위해 자투리 시간을 활용하기도 하고, 좀 더 적극적으로 교과를 재구성하여 버릴 것은 버렸다. 교육과정의 재구성이 진짜로 필요해지는 순간이었다. 책이 주는 재미를 마음껏 느낄 수 있게 하고 싶었다. 아이들이 각자 책을 준비하지 못하면 그냥 그런 채로 삽화를 보여 주며 교실을 돌아다녔다. 책이 재미있으니 아이들이 각자 자기 책을 구해 오기도 했다.

형식을 하나하나 버리니 책 읽는 환경이나 분위기도 변화했다. 편안한 자세로 바닥에 눕기도 하고, 책상에 엎드리기도 하고, 눈을 감고 듣기도 했다. 순수하게 책 자체에 집중할 수 있었다. 다른 선생님들이 자신의 학급에서 했던 발문들이나 읽기 중 활동들도 우리 반 아이들의 성향이나 책 읽는 분위기에 맞지 않으면 하지 않았다. 그냥 책을 읽으며 우리의 이야기를 나누었다.

힘겹게 학습지와 활동을 준비하지 않아도 함께 책을 읽은 아이들이 읽고 나서 자신들이 하고 싶은 것을 하나둘 꺼내 놓으며 자신의 이야기를 풀어놓았다. 또 그러는 동안 자연스럽게 교육과정 속에 동화책이 들어와 있었다. 내가 억지로 담아내지 않아도 이미 동화책은 교육과정을 품고 있었던 것이다. 5학년 아이들의 이야기가 담긴 단편 동화「꼴뚜기」를 읽으며 아이들 현실 속 삶과 연결하여 이야기를 나누기도 했다.

"선생님, 저 주말에 해윤이랑 구청 벼룩시장에 갔었어요. 길이찬과 구주호처럼 안 쓰는 물건들을 가지고요. 2만 3천 원 벌었어요. 그 돈으로 꼭 갖고 싶었던 스피너를 샀어요. 문구점에서 파는 싸구려 말고 짱 비싼 걸로요. 형이 인터넷에서 시켜 줬어요."

길이찬의 벼룩시장 이야기를 읽고 나더니 평소 자기 이야기를 잘 하지 않던 재영이가 이런 이야기를 했다. 자신의 말로 쏟아 내는 동화는 아이들의 삶의 이야기였다. 동화를 통해 아이들의 입에서 자신들의 이야기가 술술 나왔다.

"오늘은 여기까지 읽을 거야."라는 말을 할 때 들리는 "아!" 하는 아이들의 탄식 소리가 책 읽어 주는 목소리에 힘을 실어 주었다. "애들아, 너희들이 길이찬의 상황이라면 어떻게 했겠니?" 하고 책 읽는 중간에 잠깐 멈춰 이야기라도 하려고 하면 "아, 선생님, 끊지 말고 조금만 더 읽어 주세요. 한 장만 더요, 네?" 하고 재촉하는 소리도 들렸다. 그렇게 우리는 이야기가 꽃피는 교실의 맛을 보았다. 나도 아이들도 어설프지만 함께 읽기의 맛을 보고 나니 책을 교과와 억지스럽게 연결해서 활동을 하고 학습지를 하려는 생각을 버리게 됐다.

나의 온작품읽기는 현재 진행형이다. 여전히 나는 책을 고르는 일도 어렵고, 내가 고른 동화책이 교과의 성취기준과 엮이지 않으면 불안하다. 책을 함께 읽으면서 뭔가 활동을 해야 할 것 같다. 하지만 이제는 책 한 권이 만병통치약이 될 수 없음을 안다. 함께 책을 읽고, 같이 읽은 책으로 아이들과 내가 이야기를 나눌 수 있는 자리가 마련되는 것만으로도 작은 성공이다.

온작품읽기를 만났으나 아직 실천할 용기가 없는 선생님들에게 감히 자신 있게 말하고 싶다. 내가 부족한 부분은 이야기의 힘이 채울 것이다. 그래도 부족한 부분은 아이들의 순수한 마음이 채울 것이다. 그러므로 일단 시작하시라고 말이다.

#김현정

책을 덮을
용기

몇 번의 온작품읽기 수업을 성공적으로 마치자 자신감이 생겼다. 책을 읽고, 활동을 하고, 감상을 나누면 끝! 좋은 책만 있으면 어떤 수업이든 해낼 수 있을 것 같았다. 책교실 선생님들이 소개하고 읽어 주시는 책들, 수업 사례나 서평을 찾아보면서 어린이책을 많이 알게 되자 욕심이 났다. 세상에는 좋은 책이 너무나도 많았고, 나는 책에 담긴 가치를 어떻게 해서든 아이들에게 보여 주고 싶었다. 3학년 아이들과 수업을 할 때 내 욕심만 챙기다가 결국 실수를 하고 말았다. 눈앞의 아이들을 놓친 것이다.

책 읽기도 힘이 든다

하고 싶은 말이 많았는지, 쉬는 시간 종이 치기 무섭게 다가와 재잘 대던 한 아이가 교사용 책상 위에 놓인 책을 힐끔 보더니 조심스레 말 했다.

"선생님, 우리 이 책 읽어요?"

"왜?"

"……다음 국어 시간엔 그냥 교과서 하면 안 돼요?"

청천벽력처럼 들리는 말이었다. 혹시 이전 온작품읽기 수업에서 내 가 잘못한 것이 있었을까? 이 작품에 문제가 있나? 얼마나 책 읽기가 싫었으면 이 아이가 교과서를 다 찾을까? 놀라서 이것저것 두서없이 캐 묻자 아이가 머뭇거리며 말을 이었다.

"재미있는데 힘들어요……."

이게 무슨 말이지? 책 읽는 게 뭐가 힘들다고. 혼란스러운 중에 다른 아이들의 동조가 이어졌다.

"맞아요. 힘들어요."

"지쳐요. 전처럼 그림책 보면 안 돼요?"

하려던 수업을 잠깐 미루고, 반 아 이들이 모두 모였을 때 물어보니 지친 다는 의견이 대다수였다. 도대체 무엇 이 아이들을 지치게 만드는 걸까?

돌이켜보니 2학기가 시작하자마자

두 개의 장편 동화를 연달아 읽은 뒤였다. 1학기에 이어 또 한 권의 책 『최기봉을 찾아라』를 프로젝트 수업으로 함께 읽고, 과학 교과와 연계하여 『나는 3학년 2반 7번 애벌레』를 읽었다. 읽기만 한 날만 헤아려 보아도 한두 달에 가까운 긴 시간이었다. 천하제일의 진미라도 매끼 같은 것만 먹고 살 수는 없는 건데 아이들이 질릴 만했다. 반성하고, 아이들의 의견을 받아들여 장편 동화 읽기는 잠시 쉬기로 했다. 대신 국어 수업의 시작과 끝에 전래 동화나 해외 토픽 같은 재미있는 이야기를 들려주거나 반 친구들과 함께 읽고 싶은 작품을 추천받아 짧은 그림책이나 동시를 감상했다. 그리고 발표 형식을 갖추지 않은 채 그냥 두런두런 이야기하거나 돌아가며 한 줄씩 감상을 말하며 공감대를 쌓았다. 쉬어 가는 시간이었다.

콩밭에 흩어진 마음을 주우려 하지 말고

'다른 사람들에게 인기가 있으니까.'

'내가 재미있게 읽은 책이니 아이들도 재미있어하겠지?'

'당연히 이런 걸 좋아하지 않을까?'

작품을 고를 때, 아이들이 좋아하고 흥미 있어 하는 것들(교우 관계, 연애, 모험, 운동 등)을 소재로 한 책이면 당연히 좋아하고 재미있어할 것이라 단정지었다. 그렇게 시작한 책 읽어 주기의 결과는 처참했다. 책을 읽어 주는 시간에는 언제나 조용히 앉아 초롱초롱한 눈망울을 보여 주어 나를 흡족하게 했던 아이들이 마구 흐트러지기 시작했다. 몸을 이리

저리 비틀고, 돌아다니고, 친구와 떠들며 쉬는 시간에 무엇을 하고 놀지 약속을 잡고……. 책상에 엎어지는 녀석은 그나마 나았다. 이야기를 듣지 않고 사이사이에 끼어들거나 큰 소리로 떠드니 집중하라고 수차례 아이들을 지적하고 다그쳐 가며 책을 읽었다. 여러 번 책에서 눈을 떼니 내가 읽던 부분을 놓치기도 하고, 반복되는 상황에 떠드는 목소리와 화내는 목소리가 점점 커져 난장판이 되었다. 그래도 수업을 진행하려고 애를 썼는데, 결국 맥이 탁 풀리는 순간이 찾아왔다.

"이다음 이야기는 어떻게 이어질까?"

"안물안궁."

정면에서 무시를 당하고서야 그동안 함께 읽기로 쌓아 온 나와 아이들의 관계가 흔들리고 있음을 눈치챘다. 아이들의 무절제한 태도를 내가 참아 가며 읽기를 한다고 생각했는데, 이야기를 참아 내고 있었던 건 아이들이었다. 관심 없는 이야기를 계속 듣고 있는 일은 누구에게나 곤욕이다. 장편 동화라 몇 차시에 걸쳐 책을 읽는데, 그 긴 시간 동안 선생님이 자기 얘기를 들어주지 않고 무작정 책만 읽어 주니 아이들은 책 읽기가 고통스러웠을 것이다. 온작품읽기가 학생 개인의 선호와 의사는 상관없이 선생님이 고른 한 권의 책을 다 같이 읽도록 강요하는 수업이라고 비판받는다는 이야기를 들었는데, 아마 이런 상황을 말하는 게 아니었을까? 아이들 마음이 콩밭에 가 있다면서, 그 주저하며 질질 끄는 발걸음을 무시한 채 억지로 끌고 나오려고 하는 게 아니었다. 내 마음도 아이들의 콩밭으로 보냈어야 했다.

이야기를 마중하기

"사람들이 모두 잠든 야심한 밤에, 낯선 사람이 몰래 우리 집에 찾아올 거야."

이 말만을 들었을 때 어떤 생각이 떠오를까? 밤까지 기다렸다가 위험을 무릅쓰고 낯선 이와 마주하기보다는 그저 도망가고 싶을 것이다. 내가 했던 책 읽어 주기가 그랬다. 큰 준비 없이 바로 책을 읽어 나가서 아이들은 이야기와 쉽게 친해지지 못했다. 울며 겨자 먹기로 하는 수업이었다. 수업 시간에 읽는 책, '공부'라는 두려움과 선입견을 없애려면 읽기를 시작하기 전에 책을 충분히 소개하고 궁금증을 불러일으켜 책과 만날 준비를 하는 과정이 필요했음에도 이를 간과했다. 내가 아이들과 만나게 해 주고 싶었던 것은 선물 보따리를 한껏 짊어진 산타클로스 같은 이야기였는데, 아이들에겐 이야기가 흉악한 무단 침입자와 다름없었을 것이다. 그런데도 그냥 읽다 보면 좋아하겠거니 하고 나 혼자 착각 속에 빠져 있었으니 아이들이 죄다 도망칠 수밖에.

그럴 수도 있지

펼쳤던 책을 무조건 다 읽어야 한다는 법은 없는데 내 교실에서는 이 법이 존재하는 것만 같았다. '중간에 그만둘까?' 하는 마음이 들 때, 책 읽기 수업에서 성취기준에 도달하지 못했으니 다시 교과서로 돌아가 진도를 나가야 한다는 막막함이 책 읽기를 멈추기 어렵게 했다. 책을 덮게 되면 그간의 과정들이 모두 배움이 아닌 시간 낭비가 되니까. 끝까지 버티면 어쩌다 성공적인 수업이 될 수도 있지만, 포기하면 그냥 실패한 수업이 되니까. 아이들이 내뱉는 '재미없다', '지루하다'는 말이 나에게 하는 비난처럼 느껴져 더욱 오기가 생겼던 것 같기도 하다. 어떻게 해서든 마지막 장을 넘기려고 나와 아이들 모두를 힘들게 했다. 그렇게 상처투성이로 엉망진창 책 읽기를 이어 가다가 큰마음을 먹고 책을 덮었다. 그러고 나서 다시 아이들과 관계를 다진 후에야 조심스레 다른 책을 펼쳤다.

"이번에 읽은 책 어땠니?"

"솔직히 좀 어렵고 재미는 없었는데 나쁘진 않았어요."

"재미있지 않아서 실망했겠네."

"그럴 수도 있죠. 근데 책 읽어 주시는 거 좋아요. 다음에는 재미있는 거 읽어 주세요."

꼭 읽기에 국한하지 않더라도, 언제든 길이 막히면 돌아가야 한다. 당연한 걸 잊고 있었다. 뭐, 그럴 수도 있지. 다행히 이제는 책을 읽는 일도, 도중에 덮어 버리는 일도 두렵지 않다.

#신은영

다복다복
온작품읽기

우리가 하려는 온작품읽기는
책을 잘 읽는 것, 그 이상의 모습입니다.

함께 이야기 나누며
책 속의 숨은 뜻과 의미를 찾고
우리 아이들의 삶을 깊이 들여다보는 시간입니다.

1학년,
우리는 시에 눈뜨다

3월의 1학년 아이들을 떠올리면 웃음부터 난다. 몇 번을 이야기해 주어도 교과서를 서랍에 넣으라고 하면 반 아이 중 서너 명은 일어나서 사물함으로 뛰어가곤 했다. 한글은 물론이고 내 말을 알아듣는 것도 서툰이 아이들과 함께 국어 수업을 한다는 것이 만만치 않은 여정이 될 것 같았다. 하지만 일단 시작해 보기로 했다. 그간 책교실에서 함께 읽어 온 그림책과 시집은 아이들과 함께 긴 여정을 떠나는 데 맛나고 든든한 도시락과 간식이 되어 줄 것이다. 말의 맛을 잘 살린 그림책과 시는 1학년들에게 애써 설명하지 않아도 귀로, 눈으로, 그리고 온몸으로 아름다움과 즐거움을 느끼게 한다. 그림책이 훌륭한 한 편의 시로 느껴진 적도 있었고, 짧은 시 한 편의 이야기에 푹 빠져 보기도 했다. 수업을 함께 계획하고 서로의 수업을 나누는 선생님들이 있었기에 시 함께 읽기는 더욱 풍성해졌다. 계획한 수업을 해 보다가 잘 안 될 때는 다른 선생님의 수업 사례를 참고하기도 하며 1학년 아이들과 시 수업을 1년간 진행했다.

냠냠, 나누어 먹는 시 수업

1학년에서 함께할 시 수업은 쉽고 자유롭게 시를 맛보고 내용과 관련된 활동이 있으면 부담 없이 해 보는 정도면 충분하다고 여겼다.

시는 한 편, 한 편이 짧지만 그 하나가 온전한 작품이다. 우리는 한글 교육과 병행하기로 하고 3월 초부터 시를 만났다. 1학기에는 '수요일은

▲ '수요일은 시요일' 시 공책

시요일'이라는 시 공책을 만들었다. 수요일마다 최승호 시인의 『말놀이 동시집1~5』에 있는 시 한 편을 골라 복사해 붙이고 함께 읽었다. 그 주에 배웠던 자음자나 모음자가 들어간 시를 골랐다. 될 수 있으면 짧고 재미있고 쉬운 시를 골랐다. 시를 듣고 따라 낭송하면서 말의 맛을 느끼기를 바랐다. 베껴 쓰기는 하지 않았다. 아이들이 처음부터 시가 싫어지는 것은 원하지 않았기 때문이다. 시에 곡을 붙인 『말놀이 동요집 1~2』에 나와 있는 시들은 노래로 불렀다. 아이들은 학기 말에 거의 모든 시를 외우고 불렀다. 가끔 행사가 있거나 공휴일이 겹쳐 못 하게 되면 왜 이번 주는 '수요일은 시요일' 안 하냐며 아쉬워할 만큼 이 과정을 즐거워했다. 덕분에 교실놀이를 할 때 부를 노래가 마르지 않았고 시가 노래가 될 수 있음을 아이들은 자연스럽게 몸으로 터득해 갔다. 『말놀이 동요집』에서 배운 노래로 봄에는 학급별 노래 발표회를 했고, 가을에는 학교 축제 때 부모님들 앞에서 공연도 했다. 1학년과 함께 노래하며 읽을 시집을 더 찾아보고 있다. 『께롱께롱 놀이노래』, 『복숭아 한번 실컷 먹고 싶다』, 『딱지 따먹기』 등도 좋을 것 같다.

2학기에 들어서는 다양한 시를 그날의 상황에 맞게 들려주고 '시 제목 맞히기'를 했다. 아이들이 더 집중해서 시를 들었으면 하는 마음에서였다. (시를 한 번 더 읽어 달라는 친구도 꽤 생겼다.) 또 나중에 시를 지을 때 제목을 적절하게 지을 줄 알게 되기를 바랐다. 아이들은 시 제목 맞히기를 몇 번 하더니 이렇게 말했다.

"아하! 선생님, 시에서 제일 많이 나온 말이 제목이 되네요. 얘들아!

제일 많이 나온 말을 찾아!"

그러면 그런 시들을 좀 더 찾아 함께 읽었다. 시 속에 제목이 나오지 않지만 시의 주제가 제목이 되는 시도 골라 함께 문제를 냈다. 시의 제목은 어떻게 지어지는지에 대해 이야기를 나누었다. 시를 읽어 주다 보면 아이들이 원래 시의 제목보다 더 어울리는 제목을 찾아내기도 했다. 시 제목 맞히기에서 시 제목 지어 주기 활동까지 아이들은 스스로 배움의 크기를 키워 나갔다. 시를 쓴 사람의 마음, 시 속의 이야기를 함께 나누며 우리는 시 속으로 천천히 걸어 들어갔다.

또 1학년 선생님들과 의논하여 『쉬는 시간 언제 오냐』라는 시집 한 권을 선정하여 모두 구입하고 시집 함께 읽기를 진행했다. 어린이 시를 함께 읽다 보면 "선생님, 이거 바로 제 이야기예요!"라는 말을 많이 한

▲ 『쉬는 시간 언제 오냐』 표지와 아이들이 시집에서 뽑아 직접 꾸민 시화
▶ 시집과 아이들 시가 있는 교실 환경

다. 날마다 한두 편씩 꾸준히 소리 내어 읽고 아이들과 시에 대해 찬찬히 이야기를 나누었다. 한글이 서툴러 더듬더듬 읽기도 하고 맛깔나게 낭송하지 못하더라도 말이다. 또 아이들이 자연스럽게 교실에서 시를 만났으면 하는 마음에 시집 표지를 크게 뽑아 교실 뒤에 붙여 놓았다. 시집에서 가장 마음에 드는 시를 한 편씩 골라 적게 하고 붙여 두었다. 아이들은 오며 가며 『쉬는 시간 언제 오냐』 속의 시들을 읽었다. 또 내가 가지고 있는 어린이 시집과 동시집을 잘 보이는 곳에 놓아두었다.

시를 대하는 마음이 더 말랑말랑해지기를 바라며 시 속에서 꺼내 할 만한 활동들도 함께해 보았다. 「귤」은 나누어 먹기 쉬워서 좋다며 주머니 양쪽에 귤을 하나씩 넣고 학교에 등교하는 아이의 따뜻한 마음이 잘 드러난 시이다. 이 수업을 위해 귤 한 봉지를 샀다. 귤을 한 모둠에 두 개씩 주고 나누어 먹게 했다. 시에 어울리는 그림은 시를 더 반짝이게 한다고 이야기해 주고 시 옆에 그림도 그려 보라고 했다. 귤 향기를 맡아 보는 아이, 까 놓은 귤을 보고 그리는 아이도 있고, 나누어 먹을 귤의 개수로 의견을 모으지 못해 시끄러운 모둠도 보였다. 귤을 먹으며 「귤」을 함께 읽는 것이 즐거운 것인지, 귤을 먹은 것만 즐거운 것인지 모를 국어 시간이 휙 지나가고 귤이 몇 개 남았다. 수수께끼를 내고 답을 맞힌 네 명의 아이가 가져갔는데, 혼자 그 귤을 다 먹은 아이는 한 명도 없었다. 「귤」에서처럼 우리 반 모두와 귤을 조각조각 나누어 먹는 모습을 보며 우리가 시를 함께 읽는 이유는 이렇게 함께 웃고 즐기는 데 있는 게 아닌가 하는 생각이 들었다.

귤

유희윤

귤은 작아도 여러 쪽

(……)

칼이 없어도 나눌 수 있으니

얼마나 좋아

- 『참, 엄마도 참』(문학과지성사, 2007)

진짜 너의 시를 쓰렴

가끔 아이들의 말이 시처럼 느껴질 때가 있다. 특히 1학년들은 느낀 감정을 그대로 토해 내어 그 솔직한 표현을 그냥 듣고 지나치기 아까울 때가 많다. 하루는 한 아이가 바닥 먼지를 쓸다가 먼지가 많다고 속상해하며 이렇게 말했다.

"선생님, 우리 반에는 먼지 귀신이 사는 것 같아요. 자꾸자꾸 쓸어도 먼지가 나타나잖아요. 먼지 귀신이 우리 가고 나면 먼지를 뿌리는 거 아니에요?"

이처럼 아이들이 마치 언어의 마술사라도 된 듯 시를 쏟아 낼 것 같은 나의 기대와 달리 첫 시 쓰기 수업은 실패였다. 하늘도 파란 적당한 가을날, 시의 글감을 모아 주려고 반 아이들과 학교를 한 바퀴 산책하고 와서 시를 쓰자고 했다. 아이들은 '바람이 씽씽', '낙엽이 바스락바스락', '방울토마토가 대롱대롱' 등 하나같이 흉내 내는 말만 가득 채운 시, 감동도 없고 교과서 시 흉내만 낸 것 같은 시를 써서 가지고 나왔다. 거의 모든 아이의 시가 비슷했고, 마치 한 아이가 쓴 시처럼 각자의 빛깔을 찾을 수 없었다. 뭐가 잘못된 걸까? 내가 시 쓰기 수업의 시작을 잘못 열어 준 것 같아 속상했다.

흉내 내는 말 단원을 끝내고 시를 쓰기 시작한 것이 아이들에게 득이 아니라 독이 된 것 같기도 했다. 충분히 많은 시를 함께 나누었다고 생각했지만 1학년 아이들의 수준에 맞는 조금 더 자세하고 친절한 시 쓰기 안내가 필요하다는 판단이 들었다. 그래서 다시 궁리했다. 어린이 시집을 왕창 끌어모아 책상에 올려 두고 다시 아이들에게 읽어 줄 시부터 골랐다.

고양이 두 마리를 키우고 있는 나는 가끔 수업을 하다가 아이들이 지루해하면 우리 집 고양이 이야기를 들려주곤 했다. 선생님 때문에 아이가 집에 오면 고양이를 사 달라고 졸라서 곤란한 적이 한두 번이 아니라는 학부모들의 말이 떠올랐다. 나는 국어 시간에 고양이에 대한 시를 골라 들려주었다.

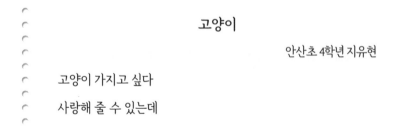

고양이

안산초 4학년 지유현

고양이 가지고 싶다
사랑해 줄 수 있는데

예뻐해 줄 수 있는데

놀아 줄 수 있는데

쓰다듬 해 줄 수 있는데

씻겨 줄 수 있는데

밥 줄 수 있는데

꼭 안아 줄 수 있는데

죽음을 맞이했을 때

슬퍼해 줄 수 있는데

고양이가 너무 좋다

가지고 싶다

엄마가 날 믿어 주면 좋겠다

-『지금이 딱 좋아』(순무 엮음, 삶말, 2018)

시를 읽어 주자 실제로 몇몇 아이들의 눈빛이 흔들렸다.

"이 이야기를 공감하는 친구는 정말로 이런 마음이 든 적이 있기 때문이야. 좋은 시는 멋진 말이 가득 들어가 있는 시가 아니야. 내 마음이 솔직하게 들어 있어서 다른 사람이 '나도 그런 적 있는데.'라는 생각이 드는 시야. 너희들이 시집 『쉬는 시간 언제 오냐』에서 골랐던 '내 마음에 드는 시'는 그 시가 꼭 내 이야기 같아서 반가워 고른 시이거나 깔깔깔 웃음이 날 만큼 재미있게 사물을 관찰해 쓴 시들이지? 그렇게 자기 이야기를 자기 말로 쓰는 시가 진짜 너의 시가 되는 거란다."

그제야 아이들은 자신의 이야기를 조금씩 꺼내 놓았다.

게임을 못 했다

최민채★

드디어 끝난 공부

게임 하려고

뛰어간다.

드디어 핸드폰을 잡았다.

이제 핸드폰을 켜는 순간

또 들려오는

엄마의 잔소리

"밥 먹어라."

밥을 다 먹었다.

진짜 핸드폰을 켜려고 간다.

엄마의 잔소리

"빨리 씻어."

빨리 씻었다.

아, 그리고 나는 잠을 자 버렸다.

★ 본문에 나오는 어린이 시는 수원 선행초등학교 1학년 아이들이 쓴 시입니다.

공포의 검은 색연필

김지환

내가 처음으로 검은 색연필로

멋지게 한다고 했는데

망쳐서 먹칠이 됐어.

귀신 같은 걸 그렸어.

너무 무서워서

이불을 뒤집어썼어.

그때 문이 '끼이익' 열렸어.

너무너무 무서워서 웅크렸어.

엄마가 들어와서

스케치북을 봤어.

"다 썼네. 버려야겠다."

침대에서 내려와서

"안 돼~~!!"라고 말했어.

때로는 아이들이 무엇을 써야 할지 글감을 잘 찾지 못하거나 막막해할 때 교실에서 함께 겪은 일을 소재로 선생님이 그 반의 시를 아이들과 함께 지어 보아도 좋다.

나의 첫 시 쓰기 수업이 잘되지 않았을 때 고민을 나누자 옆 반 선생님이 자기 반의 첫 시 쓰기 수업 이야기를 들려주셨다. 시 수업을 시작하려는데 갑자기 방귀 냄새가 나서 그것을 소재로 아이들과 함께 시를 쓰게 되었다는 재미있는 이야기였다. 수업 중에 한 아이가 방귀를 뀌었다. 냄새가 나서 누가 뀌었느냐고 소동이 났는데, 그 아이가 무안할까봐 선생님이 뀌었다고 하셨단다. 그리고 즐겁게 방귀 시를 지어 보자고 해서 방귀 시 1호가 탄생했다. 현장학습에서 돌아오는 길에 같은 아이가 또 방귀를 뀌어 모두 웃으며 버스 안에서 함께 방귀 시 2호를 탄생시켰다.

방귀 1

1-4 아이들

누가 방귀 냄새가 난다고 했다.

네가 뀐 거야?
네가 뀐 거야?

내가 뀌었어.
선생님은 어른 스컹크.

방귀 2

버스 안에서 누가 방귀 냄새가 난다고 했다.

네가 뀐 거야?
네가 뀐 거야?

별이가 뀐 거 아니야?

네가 뀌었어?
또?
별이는 아기 스컹크.

또 아이들이 교실에서 갑자기 한 말이나 행동을 선생님이 다시 상기시켜 주며 이런 것도 시의 소재가 될 수 있다고 알려 주어도 좋다. 옆 반 아이들이 시를 쓰고 있는데 한 아이가 얼굴이 벌게져서는 나오며 선생님께 도움을 요청했단다.

"선생님, 스카프 좀 풀어 주세요."

어머니가 스카프 매듭을 너무 단단히 매 놓아 답답했나 보다.

"준우가 스카프 감옥에 갇혔어! 얘들아, 이걸로 시를 한번 써 볼래?"

이렇게 말하자 아이들이 연필을 들고 이 상황을 시로 쓰기 시작했다.

스카프 감옥

허윤교

준우가 갑자기 선생님한테
스카프를 풀어 달라고 말했다.
안 풀어져서 스카프 감옥에 갇혔네.

애들은 "깔깔"

스카프 감옥

신효주

스카프 감옥에
갇힌 날
무서운 날

얘들아, 살려 줘!

나 죽는다.
깨꼬닭!

  몇 편의 시를 쓰는 동안에도 시를 쓰는 것을 어려워하는 친구들이 있었다. 자신의 이야기를 꺼내어 자기 언어로 글을 쓰는 일은 어른인 나조차도 쉽지 않다. 1학년들에게 본격적으로 시 쓰기 전 활동으로 시집에서 같은 제목의 다른 시 쓰기, 바꾸어 쓰고 싶은 부분만 바꾸어 쓰기 등으로 도움을 줄 수 있다. 아이들이 기존의 시의 일부분을 다르게 바꾸어 쓰는 활동이 모두 형식적이거나 틀에 박힌 활동이라고는 생각하지 않는다. 실제로 우리 반 한 아이는 마트에서 비싼 우산을 사 주지 않는 엄마에 대한 섭섭함이 담긴 시를 여러 번이나 다르게 써 왔다. 그 아이의 시를 읽고 부모님이 비싸다며 원하는 것을 사 주지 않았을 때 느꼈을 아이의 섭섭함에 깊이 공감하여 그 아이를 위로해 주었다. 시를 바꾸어 쓰면서도, 마음에 드는 시를 따라 쓰면서도, 아이들은 자신의 마음을 드러내는 것이다.

재미가 의무로 돌변하지 않도록

10월 학교 축제에 시화전이 계획되어 있었다. 1학년 선생님들은 시화전을 위해 아이들의 시를 고르고 가다듬는 과정에서 '아이들이 시를 싫어하게 되면 어쩌지?' 하는 걱정과 반성을 많이 했다. 재미가 의무로 돌변하는 순간 모든 배움의 동력은 사라지게 되기 때문이다. 시화전을 준비하면서 비뚤비뚤 써 온 아이의 글씨에 대해 잔소리하고 시를 골라 다시 써 오라고 재촉하는 일도 있었다. 행사와 학부모님들이 신경 쓰였던 것이다. 아직 연과 행을 모르는 1학년 아이들은 시를 줄글처럼 쓰는데, 그 글을 행과 연으로 나누어 주는 과정에서 아이가 처음 써 온 시의 맛을 살리지 못해 엉뚱한 시가 되어 버리기도 했다. 시화전 내내 마음이 편하지 않았다. 시화전 전에 충분히 자신의 이야기를 끌어내어 쓴 친구도 있었지만 시 한 편 쓰는 일조차 힘들어한 친구도 있었다. "지금 잘하지 않아도 괜찮아."라고 그 아이에게 말해 주지 못하고 교사의 조급함으로 밀어붙인 점이 끝끝내 마음에 걸린다.

아이의 시를 감상하며 부모들이 아이들의 마음을 있는 그대로 바라보고 이야기꽃을 피우기를 바랐다. 설사 「엄마는 잔소리 여왕」, 「엄마가 폭발했다!」라는 시가 부끄럽고 낯 뜨거워도 말이다. "네가 엄마를 두 번 죽이는구나! 그래도 너무 실감 난다."라며 칭찬하고 웃어 주는 어머니를 목격하기도 했다. 아이가 어떤 생각을 하고 무엇에 관심이 있는지 알게 되었다는 어머니, 퇴근 후 지쳐 누워 있는 자신을 위해 힘내라고 쓴 시가 정말 고마웠다는 어머니의 이야기도 들려왔다.

▲ 시화전에서 친구들의 시를
읽어 보는 아이들

전시가 끝나자 나도 조금 더 여유롭게 아이들의 시를 읽고 웃어 줄 수 있게 되었다. 시를 함께 읽은 아이들은 자기를 시로 더 드러내고 싶어 했다. 살아 있는 시가 꿈틀거리며 나오고 있었다. 아이들은 서로의 시를 읽으면서 더 가까워졌다. 한 아이는 「줄넘기 대회」라는 시를 읽고 내게 달려와 친구가 어떻게 그렇게 잘 표현했는지 모르겠다고 말하기도 했다. 친구들이 쓴 시를 읽어 보고 간단히 느낌을 적어 보자고 했더니 시를 읽고 또 읽으며 자신의 느낌을 솔직하게 드러냈다.

「잠자리」 시를 읽고, 나도 아빠가 잠자리를 잡아 줬는데 불쌍해서 놔준 게 생각났습니다. (서진)

「시 쓰기」 시를 읽고, 처음 시를 적을 때는 쉬웠는데 점점 어려워지는 것에 '나도'라고 생각했습니다. (하윤)

「풍선껌」 시를 읽고, 지안이가 진짜 풍선껌을 씹으면서 시를 쓰고 있는 것 같았습니다. (서인)

시를 만나는 순간이 더해지기를

시와 같은 말을 하고 살아 움직이는 표현을 하는 1학년이 쓴 시는 반갑다. 평소에 장난꾸러기인 유찬이가 노을 진 하늘을 보고 거침없이 멋지게 시를 써 왔다.

노을

박유찬

노을은 세 줄

노랑
주황
빨강
삼 층 아파트
같다.

현준이는 3월이 한참 지나고도 학교에 등교하거나 의자에 오래 앉아 있는 것을 힘들어하던 여리고 여린 아이였다. 색종이 접기나 어려운 글씨 쓰기처럼 힘에 겨운 과제가 주어지면 눈물부터 흘리던 아이는 어느덧 훌쩍 자라 솔직한 이야기를 시로 써 왔다. 나는 학교 가기가 두렵고 싫은 감정을 눈물이 아닌 시로 표현한 아이가 대견스러웠다. 그래, 그렇게 드러내면 된다. 배우고 자라는 속도는 다르지만 이렇게 자라고 있으니 안심이다.

일요일에 잘 때

김현준

벌써 일요일이네.
10시네.
자야지.
쿨, 쿨, 쿨,,,

세 시간 후
'벌떡'

일요일에 잘 때는
꼭 이렇다.
한 시간 후
또 '벌떡'

아, 금요일에는

'벌떡' 안 하는데

일요일만 이렇다.

이러한 경험들이 우리가 함께 시를 나눌 때 느낄 수 있는 공감이고 감동일 것이다. 어린이 시를 선생님들과 나누다 보면 아이의 삶으로 이야기는 늘 번져 갔다. 아이들의 생생한 이야기가 담긴 시들을 읽고 그전에는 몰랐던 아픈 마음, 두근거리고 설레는 마음, 안타까운 마음들을 만났다.

시 쓰기는 학년 말까지 '시요일'마다 해 보려고 한다. 아이들의 시 한 편씩을 골라 엮어 1학년 시집을 내 볼 생각이다. 하지만 재미가 의무로 돌변하지 않도록 좀 더 찬찬히 세심히 해 보려고 한다. 시 쓰기보다 중요한 일은 그 속에 들어 있는 아이들의 마음을 만나는 것이다. 올해에는 시의 맛을 보았으니 앞으로 자기 마음에 꼭 맞는 시를 만나 위로받고 감동하는 순간이 더해지기를 바란다.

#나윤주

계획 없이 읽는
행복한 그림책

『알사탕』(백희나, 책읽는곰, 2017)

시작은 미세먼지

그날, 원래 일정은 이랬다. 그동안 체육 시간에 틈틈이 연습한 발야구로 5학년 5반과 친선 경기를 하기로 했다. 바쁜 일정으로 미루어 둔것을 더 추워지기 전에 하자며 부랴부랴 경기 일정을 잡았다. 아이들은 아침 일찍부터 연습을 하겠다고 운동장에 모여들었다. 하지만 그날의 미세먼지는 '최악'의 상태. 운동장을 서성이는 아이들을 불러 모아 교실로 데리고 들어갔다. 교실에 들어온 아이들은 툴툴거리며 오늘 발야구 경기를 할 수 있는지 물었다. 그건 하늘만이 아는 일이라며 미세먼지 상태를 봐서 결정해야 할 것 같다고 말했다. 아이들은 미세먼지가 사라져 주기를 간절히 기도했다.

하지만 우리의 바람을 무시하고 경기를 하기로 했던 5, 6교시에도 미세먼지는 최악의 상태를 벗어나지 못했다. 점심시간부터 아이들은 5, 6교시에 무엇을 할 거냐며 나를 압박하기 시작했다. "설마 수학 공부를 하는 건 아니겠지?"라며 나 들으라는 듯 자기들끼리 큰 소리로 이야기하기도 했다. 그런 아이들이 귀엽기도 하고 안쓰럽기도 했다. 물끄러미 창밖을 바라보니 색색으로 물든 단풍이 아름다웠다. 색색의 단풍들이 "안녕, 안녕." 하고 미리 작별의 인사를 하는 듯 느껴졌다. 그러다 불현듯 백희나 작가의 『알사탕』이 생각났다.

'그래, 결정했어!'

발야구 경기 대신 『알사탕』을 함께 읽기로 말이다.

그림책 속으로

책을 읽기 전에 아이들에게 질문을 던진다.

"너희, 알사탕 먹어 본 적 있니?"

"네, 있어요. 슈퍼에서 팔아요."

"봉지에 포장된 알사탕 말고 볼이 불룩해질 만큼 큰 사탕 말이야."

"네, 있어요. 할머니 집 냉장고 안에 있어서 꺼내 먹은 적 있어요."

"그거 되게 딱딱해요."

"맞아요. 되게 달아요."

신기하게도 알사탕을 먹어 본 아이들이 많다.

"오늘 5, 6교시에 발야구도 못 하고 속상하지? 선생님도 그래. 그래서 재미있는 그림책을 함께 읽으려고 하는데, 어때?"

나는 『알사탕』 책을 꺼내 든다. 책 표지를 보자마자 남자아이들 몇몇이 키득거리며 웃는다.

"와, 쟤 콧구멍 진짜 크다."

아이들 말을 듣고 표지를 다시 보니 동동이 콧구멍이 크게 보이기는 한다. 민서가 한마디 거든다.

"어, 저 그림 『장수탕 선녀님』 그림이랑 비슷해요."

참 기특한 어린이다.

"맞아. 이 그림책을 그린 백희나 작가가 『장수탕 선녀님』도 그렸어. 그리고 너희들이 잘 아는 『구름빵』도 그린 작가님이셔."

"구름빵, 그거 빵 먹으면 하늘을 막 날아다니는 거죠?"

동균이가 아는 척을 한다.

"아, 아이가 손에 들고 있는 게 알사탕이에요."

"근데 알사탕을 바라보는 아이의 표정을 보니 어떤 것 같아?"

"뭔가 신기해하는 것 같아요."

"깜짝 놀란 것 같아요."

"그렇지? 왠지 보통 알사탕이 아닌 것 같아. 그럼 한번 읽어 볼까?"

아이들에게 그림을 볼 수 있도록 앞에 나와 앉자고 말한다. 하경이가 실물 화상기로 보여 주면 안 되냐고 묻는다. 나는 실물 화상기로 보면 불빛이 반사되어 그림의 색을 예쁘게 볼 수 없으니 직접 나와서 보자고 한다. 귀찮아하는 아이들도 몇몇 보였지만 모두 앞으로 나와 옹기종기 모여 앉는다.

아무도 없는 놀이터 그림이 그려진 면지를 지나 제목이 쓰인 페이지로 넘어간다. 삼각형 안에 들어 있는 구슬들을 보며 동균이가 아는 척을 한다.

"저거 구슬 따먹기 하는 건데. 삼각형 안에 있는 구슬을 맞혀서 바깥으로 내보내면 가지는 거야."

웅성웅성 구슬 따먹기에 대해 각자가 알고 있는 것들을 이야기한다.

나는 혼자 논다.

첫 문장을 읽자 이야기 나누던 아이들이 말을 뚝 멈춘다. 구슬을 사러 가는 동동이의 모습을 보며 아이들이 말한다.

"아, 불쌍해."

"강아지도 기운이 없는 것 같아."

"어, 저기 축구 하는 아이들이 있는데? 같이 하자고 하지."

구슬 대신 알사탕을 사 먹은 동동이의 표정을 보며 아이들이 웃는다.

"눈이 튀어나올 것 같아."

소파의 이야기를 들으며 아이들이 무척 재미있어한다. 동동이가 다음번에 먹으려고 집어 든 알사탕을 보며 "아, 알겠다. 저거 강아지 목소리다.” 하고 짐작도 해 본다.

구슬이와 동동이의 이야기를 들으며 아이들이 갑자기 조용해진다.

아빠가 나타나 폭풍 잔소리를 하는 장면에서는 아이들이 빠르게 읽어 달라고 주문을 한다. 빠르게 읽으려 애를 썼지만 생각만큼 빠르게 읽기가 어렵다. 동동이가 복수를 결심하고 사탕을 먹고 자려는 장면에서 아이들도 회심의 미소를 지어 보인다.

그러다 “사랑해.” 소리가 아빠의 마음속에서 울려 나오는 장면을 보고 아이들의 웃음도 사라진다. 할머니와 이야기를 나누는 장면, 나뭇잎들이 “안녕.”이라고 말하는 장면을 지나 투명한 사탕을 먹은 동동이가 친구에게 “나랑 같이 놀래?”라고 말하며 함께 놀이터를 지나가는 장면에서는 “여자친구였으면 좋겠다.”, “여자친구일 수도 있지. 머리 짧은 여자들도 있잖아.”, “오늘부터 1일? 크크크.” 하며 갑자기 연애를 시작하는 동동이로 만들어 버린다. 뒤표지에 나란히 놓여 있는 동동이와 친구의 탈것을 보고 아이들도 안심하는 표정이다.

알사탕을 타고 온 이야기

그림책을 다 읽었다. 장난기 가득했던 표정들이 자못 진지해졌다.

“그림책을 읽고 난 소감을 말해 볼까요?”

“나도 알사탕을 갖고 싶어요. 우리 몽이랑 이야기해 보고 싶어요.”

“할머니 사탕 있잖아요, 그거 우리 할머니한테 선물하고 싶어요. 몇 년 전에 할아버지가 돌아가셨는데 할머니가 그 알사탕 먹고 할아버지랑

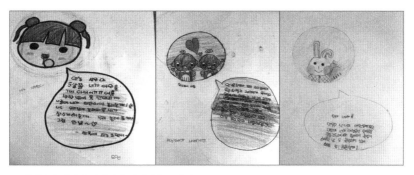

▲ 아이들이 저마다 자신만의 알사탕을 그렸다.

대화하면 좋겠어요."

"저는 투명한 사탕이 먹고 싶어요. 어떨 땐 기분이 너무 좋다가도 어떨 땐 너무 화가 나고 내 기분을 잘 모르겠어요. 그 사탕 먹고 나랑 이야기해 보고 싶어요."

아이들의 이야기를 듣다가 나도 내 이야기가 하고 싶어졌다.

"선생님도 10년 전에 아버지가 돌아가셨는데 아버지가 돌아가실 때 선생님이 옆에 없었거든. 그래서 아버지 목소리를 들어 보고 싶어. 선생님한테 꼭 하고 싶었던 말이 있었는지 궁금해."

소감을 나누다 보니 각자 듣고 싶은 누군가의 목소리가 있었고 미처 전하지 못한 말들도 있었다. 그리운 누군가의 목소리를 전해 줄, 또는 차마 전하지 못한 내 마음의 소리를 전해 줄 알사탕을 그려 보기로 했다.

야! 너 때문에 지금 우리가 오늘 발야구 시합도 못 했어. 너 때문에 우

리가 체육을 못 한 게 어디 한두 번이냐? 그리고 지금 너 1급 발암 물질인 건 알고 있냐? 좀 사라져 줄래? (양윤상)

할머니, 저 지혜예요. 전 할머니의 얼굴을 실제로 못 봤지만 아빠가 졸업했을 때 할머니랑 같이 찍은 사진을 보여 주셨어요. 저는 지금 엄마, 아빠와 행복하게 지내고 있으니까 걱정 마세요. 할머니는 돌아가셨어도 항상 저의 할머니예요.

안녕, 지혜야. 나는 너의 할머니야. 너의 얼굴도 못 보고 가서 서운하네. 할머니는 하늘나라에서 너를 계속 보고 있단다. 할머니는 지혜가 아주 작은 아기일 때 너를 봤단다. 지금 지혜가 계속 크고 나이도 들 텐데 그때까지 같이 못 있어 줘서 미안하단다. 그래도 할머니는 지혜를 믿어. 나중에 멋진 사람이 될 거라는 걸. (오지혜)

다음 날 아침, 아이들에게 사탕 한 개씩을 나누어 주었다. 물론 이 사탕을 먹으면 안 들리던 자연의 소리, 마음의 소리가 들린다고 하면서 말이다. 5학년이라 너무 유치하다고 비웃으면 어쩌나 걱정했는데 아이들은 "우아!" 하고 소리를 지르며 헤벌쭉 웃는 얼굴로 사탕을 하나씩 받아 갔다. 점심시간이 끝날 때까지 주변의 소리를 들어 보자고 했다.

선생님께서 3교시에 마법의 썬○스트 사탕을 주셨다. 사탕 이름을 밝히면 다른 사람들이 막 쓸 것 같아 말 안 한다. 어쨌든 나는 그 마법의 사탕을 입에 쏙 넣었다. 레몬 맛! 레몬 맛이었다. 우선 맛은 있었다. 급식을 다 먹고 바람이 세게 부는데 "으아악!" 소리를 지르는 누군가의 목소리가 들렸다. '뭐지?' 하고 낙엽을 밟았다. "악!" '응?' 깜짝 놀랐다. 두리번거리다 밟고 있는 낙엽을 본 순간, "발······좀······떼······어 줘."라는 소리에 깜짝 놀랐다. 우선 발을 뗐다. "고마워······우어억······." '뭐, 뭐야?' 낙엽이 날아갔다. 그 순간 사탕 때문이라는 것을 알았다. 게다가 "악", "윽", "억", "차지 마악!" 소리가 들려 또 놀라 발밑을 봤지만 아무것도 없었다. "아악!" 또 소리가 들려 그쪽으로 가 보았다. 운동장이었다. 아, 축구공이었다. 축구공이 발에 차이는 그 잔인한 현장을 차마 보지 못하고 도망가 버렸다. 많이 미안하다. '미안해, 축구공아.' 그 순간, 뻥! "악!" 내 쪽으로 축구공이 날아왔다. 미안한 마음은 즉시 증발하고 축구공을 다시 풀 파워로 뻥 차서 주인에게 주었다. (이서하)

나는 마음의 소리를 들었다. 내가 소리를 들은 것은 길 가는 새들이다. 새들이 날아가며 나에게 "너도 올라와. 같이 놀자." 하며 말을 걸었다. 나는 올라가고 싶었지만 올라가지 못하고 올려다보기만 했다. 새들이 재미있게 친구들하고 노는 모습을 보고 있었다. 나도 놀고 싶었지만 날개가 없어 올라가지 못한다고 말했다. (김우빈)

아이들이 쓴 글을 읽으니 피식피식 웃음이 났다. 그러다 우빈이가 쓴 글을 보고는 마음 한구석이 아려 왔다. 쉬는 시간에 혼자 앉아서 카프라로 쌓기 놀이를 하는 우빈이는 자기표현을 잘 안 하는 친구이다. 일주일에 한 편씩 쓰는 글쓰기도 안 할 때가 많다. 몸도 약한 편이라 밖에서 뛰어놀기보다 혼자 앉아 있는 경우가 더 많다. 함께 놀자고 하는 새들한테 놀고 싶지만 날개가 없어서 올라가지 못한다고 말한 우빈이의 대답이 찌릿한 통증으로 다가왔다. 나도 알사탕을 먹은 까닭일까? 우빈이의 마음의 소리가 들리는 것 같다.

아이들 마음속 알사탕의 이야기를 들어 보고 나니 동동이가 궁금해졌다. 알사탕들이 동동이에게 건넨 말들을 유추해서 동동이에 대해 알아보기로 했다. 가장 논란이 되었던 것은 동동이에게 엄마가 있느냐 없느냐였다. 엄마, 아빠가 이혼했을 거라는 추측도 있었지만 엄마가 멀리 출장을 갔다는 이야기도 있었고 야근을 하느라 일찍 들어오지 못한다는 의견도 있었다. 분홍색 사탕을 먹기 전 동동이가 '내 주변엔 분홍색이라곤 없는데, 누구 목소리가 들릴까?' 하고 생각하는 장면이 있다. 엄마의 부재를 암시하는 문장이겠지만 아이들은 어떻게 해서든 동동이에게 엄마가 있으면 좋겠다고 생각하는 것 같았다. 그래서 우리가 내린 결론은 '동동이 엄마는 집에 없다.'였다.

아이들이 말하는 동동이는 '친구가 없고, 엄마가 집에 없고, 할머니는 돌아가셨지만 매우 친하게 지냈고, 강아지랑도 오래 살았고, 츤데레 아빠와 살고 있다.' 정도로 요약할 수 있을 것 같다.

우리는 동동이가 되어 동동이의 마음으로 동동이의 어느 날 일기를 써 보기로 했다. 과거의 동동이도 좋고 현재의 동동이, 미래의 동동이가 되어도 좋을 것이다. 동동이에게 감정 이입을 하는 아이들의 표정이 살짝 어둡다. 아이들이 쓴 글을 읽으니 동동이의 아픔을 어루만져 주고 싶은 마음이 느껴졌다. 우리의 바람처럼 동동이가 친구도 많이 사귀고 가끔 할머니나 엄마랑 이야기도 나누며 외롭지 않게 지냈으면 좋겠다.

나는 오늘 둥둥이(동동이의 친구)와 놀이터에서 놀고 있었다. 지옥 탈출도 하고 술래잡기와 구슬치기도 하며 놀았다. 5시쯤 되니 둥둥이의 엄마가 둥둥이를 데리러 왔다. 둥둥이와 작별 인사를 하니 왠지 모르게 슬펐다. 둥둥이도 엄마가 있구나……. 둥둥이가 부러워졌다. 집으로 돌아오니 눈물이 날 것 같았다. 엄마가 보고 싶었다. 사실 우리 엄마는 내가 아주 어릴 때 아빠랑 이혼하셨다. 어디에 사는지, 무엇을 하는지도 모른다. 어느새 내 눈에서는 눈물이 흐르고 있었다. 엄마 알사탕을 먹고 싶어졌다. 그런 알사탕이 있으면 좋겠다는 마음으로 알사탕을 사러 갔다. 하지만 그렇게 보이는 알사탕은 없었다. 혹시 모르는 마음에 저번에 할머니와 대화를 할 수 있었던 알사탕과 풍선껌을 사 와서 먹었다. 알사탕을 먹고 껌을 씹어 풍선을 불어 보냈다. 풍선이 와서 터졌다. "어? 동동아!" 엄마였다. 엄마의 목소리를 들으니 눈물이 났다. 여러 대화를 나누고 할머니 껌 옆에 붙여 놓았다. 이제 엄마의 목소리를 언제나 들을 수 있다는 생각에 하늘을 날 듯이 기뻤다. (양윤상)

나는 오늘 학교를 갔다 와서 바로 놀이터로 뛰어갔다. 역시나 친구가 먼저 와 있었다. 내 친구의 이름은 '알사탕'이다. 성이 '알'이고 이름이 '사탕'이다. 이름이 좀 웃기긴 하지만 난 놀라웠다. 그 투명색 알사탕이 해 준 말은 바로 '친구'인 것 같았다. 나는 지금 사탕이와 정말 재미있게 잘 지내고 있다. 덕분에 사탕이뿐만 아니라 다른 친구들에게 다가갈 용기가 생겨서 오늘 다들 만나서 박물관에 가기로 했다. 친구들이 다 모이고 우리는 박물관 안으로 들어갔다. 박물관에는 아주 큰 그림이 있었는데 그 그림에는 여섯 명의 친구들이 손을 잡고 서 있었다. 그러고 보니 내 곁에도 (나를 뺀) 다섯 명의 친구들이 있었다. 나에게 이런 큰 선

물을 준 알사탕이 고마웠다. (장진서)

계획되지 않은 여행처럼

미리 계획된 수업은 아니었다. 책을 읽고 어떤 활동을 할 것인지 미리 정하지도 않았다. 미세먼지 때문에 시작된 책 읽기가 아이들의 생각과 말을 타고 이렇게 흘러왔다. 칠판 앞에 올려놓은 『알사탕』 책을 쉬는 시간마다 뒤적이며 보는 아이들이 많았다. 자신의 집에서 키우는 강아지와 고양이에 관한 이야기도 열심히 나누었다. 『알사탕』 덕분에 아이들의 속마음을 들여다볼 수 있었다.

아이들과 그림책을 읽으면서, 이해하지 못했던 누군가의 마음을 이해하는 일, 전하지 못했던 마음속 이야기를 전하는 일이 우리에게도 필요하다는 사실을 알았다. 어딘가에 알사탕을 파는 문구점이 있다면 당장이라도 찾아가서 사 오고 싶지만 학교 근처에는 이제 문구점도 사라지고 없다. 어쩔 수 없이 우리는 서로가 서로에게 달콤한 알사탕 같은 존재가 되어 주어야겠다. 귀 기울여 주고 관심 가져 주고 사랑한다고 말해 주는 우리들은 알사탕처럼 녹아 없어지지 않고 오랫동안 함께할 수 있을 테니 말이다.

#신수경

슬픔과 간절함을 통해
단단해지는 아이들

「오, 미지의 택배」(차영아, 『쿵푸 아니고 똥푸』, 문학동네어린이, 2017)

마음이 움직이는 이야기를 찾아

교과서의 '문학이 주는 감동' 단원에 실린 「선물」이라는 이야기가 있다. 서커스 공연을 보기 위해 나선 '나'와 아버지는 매표소 앞에서 아이가 여덟이나 있는 가족을 만난다. 입장료 가격을 듣고 얼굴이 어두워진 가족의 아버지를 보고, '나'의 아버지는 돈을 슬쩍 떨어뜨려 준다. 그 가족에게 선물을 했기에 조금도 서운해하지 않고 그냥 집으로 돌아왔다는 이야기이다. 도대체 이런 이야기를 통해 아이들은 어떤 감동을 느낄 수 있을까? 남을 배려하고 도덕적으로 살아야 한다고 억지스럽게 강요하는 것처럼 느껴지는 이런 이야기들을 읽고 '감동'을 나누자고 하니, 화가 날 지경이다.

"감동(感動) : 크게 느끼어 마음이 움직임."

전혀 마음이 움직이지 않을 이야기를 실어 놓고서, 교과서는 "감동받은 부분을 찾아보고 그 까닭을 생각해 보자."라는 활동을 하게 한다. "작품과 관련하여 자신의 경험을 떠올리며 상상을 하면 감동이 더 크게 느껴질 수 있다."라고 덧붙여 가르치기까지 한다. 감동적이지 않은 이야기에서 감동을 느낄 수 있게 가르치는 건 교사의 몫인가? 빈칸을 채워 넣는 활동은 억지로라도 할 수 있다. 하지만 마음은 억지로 움직이게 할 수 없다.

어린이라고 하여 마음의 움직임이나 감정의 크기가 작을 리 없다. 아니, 오히려 더욱 크고 확실하다. 기쁘고, 두근거리고, 설레고, 즐겁고, 때로는 걱정되고, 외롭고, 슬프고, 간절한 마음들을 온전히 느끼는 존재들, 좋은 이야기는 크게 느껴 온 마음이 움직이는 존재들이 아니던가.

교과서 작품을 과감히 덮고 다른 이야기를 찾았다. 이번에는 기쁘고 즐거운 이야기보다 간절하고 슬픈 이야기를 나누고 싶었다. 그래서 고른 동화는 동화집『쿵푸 아니고 똥푸』의 세 이야기 중 두 번째 이야기인「오, 미지의 택배」이다. 반려견 '봉자'를 하늘나라로 떠나보낸 '미지'가 하늘에서 온 택배 상자 속 운동화를 신고 천국에서 봉자를 다시 만나고 돌아온다. 다시 돌아온 미지는 이제 'ㅂ' 자만 들어도 눈물 단추가 터지는 아이가 아니다. 봉자의 선물 덕분에 벚꽃에게도, 지렁이에게도, 미지가 만날 수많은 사람들에게도 "사랑해."라고 속삭일 수 있는 아이로 단단해졌다. 원고지 30매 남짓한 짧은 이야기에 아홉 살 여자아이가 주인공인 이야기이지만, 5학년 아이들의 마음도 충분히 움직일 수 있으리라 생각했다. 먹먹한 마음, 슬프고 애틋한 마음, 간절한 마음을 나눌 수 있는 '우리'가 되기를 기대하며 말이다.

움직이는 마음은 나누면서 더욱 커지고

짧은 이야기, 간결하고 유쾌한 문체, 그러면서도 다음 장면이 궁금하게 하는 속도감 있는 이야기 전개. 책교실 선생님들과 소리 내어 읽었을 때, 말맛이 더욱 났다. 내가 읽어 주면서 "다음은?", "그다음은?" 하고 물어보며 함께 읽어 나가면 이야기에 더욱 빠져들 것 같았다. 그런데 첫 문장만큼은 그냥 지나치고 싶지 않았다.

언제부터가 어른인 걸까? (35쪽)

이 문장은 무슨 의미일까? "너희들은 언제부터가 어른이라고 생각해?"라고 묻고 이야기 나누다 보면 "나도 그런 생각을 한 적 있는데."라고 공감하게 되겠지, 그냥 그 정도로 그쳐도 괜찮지 싶었다. 그런데 이 문장이 왜 첫 문장이 되었는지 자꾸만 자꾸만 생각하게 되었다. 자세히 나오지 않았지만, 미지는 봉자를 잃은 슬픔이 아주 커서 점점 내성적으로, 점점 자기 속으로 들어갔을 아이다. 그런 미지가 세상의 모든 존재에게 "사랑해."를 외칠 만큼 단단해지게 된 때, 그때가 바로 어른에 다가서는 순간이 아닐까 싶었다. 그래서 '언제부터가 어른인 걸까?'는 '나는 지금 얼마나 단단한가?'와 닿아 있는 질문인지 모른다.

우리 반 아이들과도 그런 이야기를 나누게 된다면 얼마나 좋을까? 하지만 역시 아이들의 사고는 자유로웠다. 처음에는 "주민등록증이 나올 때.", "대학교에 갈 때.", "술 마실 수 있게 될 때."라고 이야기를 하더니, 누군가가 "자식을 낳아야 진짜 어른이 된다."라는 말을 꺼냈다.

밤 10시 이후에 PC방에 있을 수 있을 때. (정엽)

혼자 음식점에 가서 음식을 시켜 먹고 계산까지 끝냈을 때. (승현)

부모님께 물어보지 않고 자신이 혼자 판단 내릴 수 있을 때. (연우)

혼자 경제 활동을 할 수 있을 때. (진우)

그렇지만 아이들은 어른이 되고 싶다고도 하고, 되고 싶지 않다고도 했다. 일하기도 싫고, 군대에도 가기 싫고, 늙는 것 같아서 싫단다. 어른은 자유롭게 무언가를 할 수도 있지만, 어쩐지 외롭기도 한 것 같다고. 영원히 철들지 않고 살고 싶다는 형찬이 말에 여럿이 고개를 끄덕였다. 마냥 어른이 되기를 기대하고 있을 거라 생각했는데 의외였다. 미지의 질문에 열두 살 아이들은 "나는 어른이야."라고 선뜻 대답하지 못했다. 그래서 우리는 이렇게 시작하는 이 이야기가 우리를 어떻게 끌고 갈지 자못 궁금해졌다.

한참을 이야기하고 나서 그제야 자세히 본 표지. 하늘에서 택배 차가 내려온다. 그리고 택배 상자가 떨어진다. 우스갯소리를 잘하는 민석이가 하늘에서 온 택배라면 '귀인을 데려온 택배'라며 호들갑을 떨었다. 몇몇 여자 친구들이 그런 것 치고는 하늘 색깔이 너무 파랗고 밝다며 삼천포로 빠지려던 이야기를 잡아 주었다.

본격적으로 이야기가 시작되었다. 아이들은 처음엔 웃었다. 아홉 살 미지가 말한 조건들이 귀엽기도 하고, 이미 자기 이름으로 온 택배를 받아 본 적 있는 열두 살의 여유 같기도 했다. 그러다 "보낸 이의 이름은 얼룩지고 너덜너덜 찢겨 있어서 한 글자도 알아볼 수가 없다."라는 부분에서 "오, 그러니까 오미지에게 온 미지의 택배네."라며 제목의 뜻에 감탄하더니 택배 상자 속에 어떤 것이 들었을지 궁금해하기 시작했다. 제품 설명서 부분에서는 웃음이 터져 나왔다. 사용 방법을 읽어 주니 "그렇게 계속 달려서 죽으라는 거 아냐?"라는 반응까지 나왔다. '띠오오옹?'(이건 미지의 눈 커지는 소리이다.) TV 예능 프로그램의 자막 같은 글에 아이들은 킥킥대더니 한순간에 킥킥거림이 사라졌다. 미지의 눈물 단추 'ㅂ'의 시작을 알리는 "봉자야" 부분에서 말이다.

"강아지다!"

누군가가 외쳤다. 누군가는 외쳤고, 또 다른 누군가들은 속으로만 생각했고, 또 다른 누군가들은 '정말?'이라는 생각이 오가는 그 순간. 조금씩은 다 달랐겠지만 아이들의 마음은 강아지(사실 봉자는 강아지가 아니라 늙은 개였을 테지만)에게 모두 열렸다. 정민이는 할아버지네 집에서 키우던 개 이야기를 꺼냈다. 민준이는 집에 있는 '순이'를, 민정이는 '연두'를 떠올렸다. 암에 걸려 아파하는 봉자를 '보내 주자.'는 엄마의 말에 마지막 인사를 나누는 미지의 이야기에 이르러서는 교실 전체가 고요해졌다.

갑자기 손전등만 한 빛 하나가 달려들더니 순식간에 태양만큼 커졌다. 미지는 눈을 감아 버렸다. (43쪽)

드디어 하늘나라? 하늘나라는 어떤 모습일까? 구름이 있고, 하얗고, 막 다 하얀색일 것 같단다. 천국 이야기에 고요했던 마음들이 움직였다. 생각만으로도 좋은 곳, 상상은 해 보지만 상상 이상의 곳일 것만 같은 곳. 하지만,

다시 눈을 떴을 때 미지는 미지네 집 앞 공원에 서 있었다.
"이상하다. 하늘나라로 간다고 했는데, 여긴……." (43쪽)

'미지네 집 앞 공원'이라니. 하늘나라가 고작 공원이라니. 실망할 사이도 없이 "자기가 좋아하던 곳, 거기가 천국이었구나!"라는 이야기가 들려왔다. 정확히 짐작하고 있었다. 개한테는 공원만큼 좋은 곳이 없을 거란다. 역시 개를 키우는 정민이가 또 들떠서 이야기했다. 가장 행복했던 곳이 자신의 마을이라 공원 이름이 봉자 마을이란다. 게임을 좋아하는 정엽이는? PC방! 짠 것처럼 한목소리로 대답하는 아이들.

"정말? 다른 사람들은 어때?"

"에버랜드요."

"우리 집 침대 위요."

이야기에 마음이 널뛰기를 하듯 올라갔다 내려갔다 했다. 그리고 이야기의 마지막 부분, 봉자가 미지에게 가만히 들려주는 이야기에 우리도 다 같이 귀를 기울였다. 다시 헤어지는 장면이 찾아왔다. 봉자가 세상으로 다시 돌아갈 미지에게 해 주는 말. 그리고 봉자의 마음을 이해하는 미지가 봉자에게 하는 약속.

"미지야, 나 곧 다시 세상에 태어날 거야."

(······)

"그럼······ 우리 어떻게 만나?"

미지 눈에서 눈물이 방울방울 떨어졌다.

"음······ 그래! 새로 핀 벚꽃한테 사랑한다고 해 줘."

"응?"

"내가 벚꽃으로 태어날지도 모르잖아."

"으응····· 사앙하······하도 말할게."

눈물 때문에 미지의 목소리가 번졌다.

(······)

"빗방울한테도······ 개미한테도 마항······거야. 너일지 모르니까." (53쪽)

봉자가 계속 미지에게 누구에게, 누구에게 사랑한다고 하는 게 아니라 마지막에는 미지가 먼저 말하는 장면에 이르자 교실은 숨소리도 들리지 않았다. 다음 날 아침, 학교에 가려고 나온 미지.

미지가 갑자기 멈춰 섰다. 뒷걸음으로 슬슬 되돌아가서 위를 올려다보았다. (55쪽)

조용한 침묵을 깨뜨리고 올려다본 게 무엇인지 물었다. 아이들은 하나같이 모두 '벚꽃'이라 했다. 아이들의 예상처럼 '몽글몽글 피어' 있는, '올해 들어 처음 보는 벚꽃'을 보고 "사랑해."라고 인사하는 미지. 지렁이에게도 "사랑해."를 속삭이는 미지. 그리고 드디어 찾아온 마지막 문장.

미지는 학교를 향해 뛰어갔다. 학교에도 사랑해야 할 게 많이 있었다. (56쪽)

일부러 마지막 문장을 한 단어씩 끊어 천천히 읽었다. 몇 초의 침묵을 깨고, 몇몇 아이들이 이게 끝이냐고 물었다. 그렇다고 고개를 끄덕이니, 봉자의 환생이 왜 안 나오냐고 했다. 그래서 이렇게 끝나는 게 별로냐고 물으니, 물었던 아이들은 대꾸가 없었고, 묻지 않은 더 많은 아이들은 그렇지 않은 듯 고개를 저었다. 뭔가 남은 이야기가 있을 것 같은, 그러나 마무리된 그런 여운이 좋았다. 그래서 잠깐이지만 그 여운을 느꼈다. 마지막 문장에 울컥해진 내 마음도 가라앉혔다. 읽어 준 20분 정도의 시간 동안 아이들 마음이 올라갔다 내려갔다 한 것 같았다. 혼자 읽었어도 물론 좋았을 테지만, 함께 읽으니 더욱 그랬던 것 같다.

나의 마음도 가만히 들여다보니

감동의 크기를 별 다섯 개로 표현한다면 몇 개를 주겠냐고 물었다. 아홉 살 미지의 이야기였지만, 열두 살 아이들의 마음에도 들었는지 궁금했다. 별 네 개를 주겠다는 아이들이 5명, 별 다섯 개를 주겠다는 아이들이 25명이었다. 내 생각보다도 더 크게 마음이 움직였구나 싶어서 놀랐다.

"선생님 기대보다도 별점을 훨씬 높게 줬네. 이유를 말해 줄 사람?"

"죽은 강아지와 미지가 다시 만나서 서로 막 안아 주고 생각해 주는 게 슬프면서도 좋았어요."

"읽으면서 언젠가 순이도 봉자처럼 하늘나라로 갈 거라는 생각이 계속 나서 너무 슬펐어요."

"누구에게나 '사랑해.'라고 말할 수 있게 봉자가 마지막으로 미지에게 선물을 준 것 같아요."

몇몇 친구들 말에 많은 아이들이 고개를 끄덕이며 공감했다.

내가 읽어 주었기 때문에 놓친 표현도 있었을 터라 이번에는 혼자 다시 읽으며 감동적인 표현을 찾아 밑줄 그으며 읽기로 했다. '제품 설명서'는 읽어 줄 때도 엄청 웃더니, 혼자 읽을 때도 여기저기서 웃음이 터져 나왔다. 그러다 잠시 후에는 조용히 밑줄 긋는 소리만 났다.

아이들이 어떤 표현을 찾았고 어떻게 느꼈을지 궁금했다. 모든 친구가 돌아가면서 어떤 부분에서 감동했는지 이야기를 나누기로 했다.

> 모든 것들에게 사랑한다고 말하겠다는 장면. 친구가 없는 미지에게 친구를 만들어 주려고 시키는 것 같아서, 또 그런 봉자의 마음을 알고 그러겠다고 하는 미지의 마음이 잘 느껴져서 좋았다. "빗방울한테도⋯⋯ 개미한테도 마항⋯⋯거야. 너일지도 모르니까."라고 말할 때 정말 슬펐다. 우느라 "말할 거야"가 "마항⋯⋯거야"라고 나온 것이다. (강민)
>
> 조금이라도 더 보려는 마음에 뒤로 가는 운동화를 신고 있는 미지에게 달려와 계속 따라오면서 봉자가 말할 때, 너무 가슴 뭉클했다. (정민)
>
> 나는 "정신을 차렸을 때는 이미 운동화를 신고 폴짝폴짝 세 번 뛰고 있었다."라는 부분이 제일 감동적이었다. 미지가 제품 설명서를 읽고 봉자를 만나야겠다고 머릿속으로 생각하기도 전에 몸이 마음을 먼저 알아서 봉자를 외쳤던 것이다. (이안)

놀랍게도 아이들은 글에서 작가가 숨겨 놓은, 설명할 필요가 없는 부분들과 의도를 알아차리고 있었다. 특히 평소 무뚝뚝하다고 생각했던 이안이가 자신이 밑줄 그은 부분과 왜 그 부분이 감동적이었는지 말할 때, 우리는 모두 "오~" 하고 끄덕거렸다. 모두의 이야기를 들은 다음에 우리는 봉자가 되어, 또 미지가 되어 서로에게 편지를 쓰기로 했다. 미지와 봉자에게 들려주고 싶은 시도 골라 보았다.

▶ 1년 후의 인물에게 편지 쓰기

그리운 봉자에게.

봉자야, 나 미지야.

나는 드디어 3학년이 되었어. 그때 너를 만난 이후로 나는 용기가 났어. 친구들도 많이 사귀었고, 열심히 운동도 해서 힘도 세졌어. 달리기도 빨라져서 이제 내가 우리 반 여자 중에서 여덟 번째로 빨리 달리게 되었다고.

나는 혹시 너일지 몰라, 만나는 모든 생명에게 "사랑해."라는 말을 하는 버릇이 생겼어. 봉자야, 나는 너와 함께 만든 추억들을 아직도 기억하고 있어. 네 덕분에 편안하게 잠들었고, 강물에 빠져서 허우적대고 있을 때 네가 와서 구해 줬고, 또 혼나고 있을 때 엄마와 아빠에게 컹컹 짖어 주기도 했잖아. 마지막으로 '봉자 마을'에서 네가 달려와 내게 안긴 일까지 다 기억해. 그때 너무 고마웠어.

나는 그 뒤로도 운동화를 신고 계속 뛰어 봤지만, 소용없었어. 그때마다 너를 생각하면서 엉엉 울어 보기도 했어. 너를 잊을 수 없으니까. 나는 네가 너무 그리워. 너는 무엇으로 다시 태어났을까? 만약 네가 걸어 다닐 수 있는 생명으로 태어났다면 우리 집에 놀러와 줘. 들어올 때는 두 발을 올리고 혀를 내밀어 준다면 참 좋겠다. 다시 만나게 되기를 바라며, 안녕!

– 너를 꼭 다시 만나고 싶은 미지가

(김지호)

미지에게

미지야, 안녕? 잘 지내고 있어? 계속 미지가 보고 싶네. 나는 어떻게 내가 다시 태어날지 모르겠어. 미지의 동생이거나 미지의 친구로 태어난다면 얼마나 좋을까? 미지야! 지금은 친구들이랑 잘 놀고 있지? 나 없다고 아직까지도 집에만 있는 건 아니겠지? 미지는 착하니까 친구가 많이 생길 거라 믿어.

아, 미지야. 기쁜 소식이 왔어. 방금 들은 거야. 내가 사람으로 다시 태어날 거래. 난 사람으로 태어나면 꼭 다시 미지에게 갈 거야. 그러니 그때까지 날 기다려 줘. 저번에 내가 "사랑해."라고 말해 달라고 했지? 이제는 내가 미지를 보면 먼저 "사랑해."라고 말해 줄 거야. 꼭! 기다려 줘. 그때까지 친구들이랑 잘 지내야 해. 내가 빨리 갈게.

- 미지를 백만 번이나 핥아 주고 싶은 봉자가

(홍세린)

▶ **인물에게 들려주고 싶은 시 고르기**

거짓말

송찬호

우리 집 개, 돌이가

고삐를 풀고

집을 나갔다가

사흘 만에 돌아와 죽었다.

누구한테 맞았나?

밖에서 나쁜 걸 먹었나?

아빠는 이제 개똥을 치우지 않아 좋다 하고

엄마는 시끄럽게 짖는 소리 듣지 않아 좋다 하고

나는 개밥 당번을 하지 않아 좋다.

다 거짓말이다.

- 『저녁별』(문학동네어린이, 2011)

이 시를 고른 이유

미지도 그랬다. 봉자에게 씩씩하게 잘 지낸다고 거짓말했다. 그리고 누가 물으면 이제 안 보고 싶다고 거짓말을 할 것 같다. (김민정)

사랑

임복순

예쁜 옷 차려입고
가만히 서 있던 바람개비

저쪽에서 다가온 바람을 보더니
빙그르르
빙그르르
그쪽으로만 고개 돌아갑니다.

오직 바람 앞에서만

기뻐 빛나는 얼굴

춤추는 날개

봤어요?

나도 눈치챘어요.

- 『몸무게는 설탕 두 숟갈』(창비, 2016)

이 시를 고른 이유

미지에게 봉자가 무엇으로 태어나든, 바람개비가 바람을 사랑하듯 봉

자도 미지를 계속 사랑할 거라고 위로해 주고 싶다. 미지야, 너도 바람

개비처럼 바람 같은 봉자를 사랑하고 있지? (신연우)

우리의 마음이 조금은 단단해진 것 같다

미지가 봉자를 만나고 온 30분간의 짧은 여행, 어느 날 하늘에서 날

아온 택배 상자 속 선물 같은 이야기. 굳이 어려운 말로 작품의 정서를

가르치지 않아도 아이들은 분위기를 기가 막히게 알아차린다. 그래서

함께 이야기를 읽고 분위기를 느끼는 일은 의미가 있다. 두 시간의 짧

은 수업 시간 동안 재미있는 장면에서는 같이 웃고, 슬프고 간절한 장

면에서는 충분히 그 느낌을 공유했다. 책을 읽으며 분위기를 함께 공유

한 것만으로도 나는 참 좋았다.

언제부터가 어른인 걸까?

다시 첫 문장을 읽어 본다. 우리 아이들은 아직 어른이 아니고, 앞으로도 한참 동안은 어른이 아닐 것이다. 하지만 미지와 봉자의 이야기를 통해 어른이 된다는 것은 슬픔 앞에서 조금은 용기를 내야 하는 일임을 느꼈을지 모른다. 그리고 그러한 용기를 내기 위해서는 '사랑'이 필요하다는 것을 조금이나마 깨달았을 것이다. 엄청난 만큼은 아닐지 모르지만, 이 이야기에 함께 웃고 울었던 공감의 시간은 아이들 마음 어딘가에 분명 남았을 거라 믿는다.

"고통을 통해 성숙한다."라는 세상의 말에는 쉽게 동의할 수 없다. 연대하고 함께 아파하기보다는 고통을 당하는 당사자를 객관화하고 타자화하는 말처럼 들린다. 그 속에서 사랑도 애정도 느낄 수 없이 건조하다. 하지만 이 이야기로 미지와 봉자의 사랑을 함께 공감하다 보니 우리 모두 조금 더 성장하고 단단해진 느낌이 든다. 아홉 살 미지와 봉자에게 우리 다 같이 마음이 움직일 수 있어 좋았고, 그 마음으로 우리가 연대한 것 같아 든든했다. 덧붙여 '천국에서는 개에게도 봉자 마을 같은 공간을 마련해 줄 수 있다.'라는 작가의 기발한 상상이 선생인 내게 '아이도, 개도 우리 모두 하나의 우주겠구나.'라는 깨달음으로 이어졌다. 우리 모두에게 아주, 고마운 시간이었다.

#이유진

불량한 읽기 여행,
책에서 '나'를 마주하다

『불량한 자전거 여행』(김남중, 창비, 2009)

닮은 듯 다른 내 안의 '호진'을 만났다

작년에 만난 6학년 아이들은 평소 책과는 거리가 멀고 에너지는 넘치는 아이들이었다. 그 친구들과 함께 처음으로 온작품읽기 수업을 했다. 어린이책에 무지했던 나는 책교실 선생님들과 어린이책을 읽었다. 키득키득 함께 웃기도 했고 울컥하며 눈물을 흘리기도 했다. 지나간 내 과거의 모습을 직면해야 하는 불편한 순간도 있었다. 그러는 동안 '그래서 너는 어떻게 생각해?' 하고 나 자신에게 물어보는 질문이 생겼다. 그런 물음들이 내 삶을 돌아보거나 삶을 바라보는 눈을 조금은 깊게 해 주었다. 그래서 나는 그 아이들에게 어린이책을 내밀었다. 『푸른 사자 와 니니』였다.

"세상에! 이렇게 재미있는 책이 있다니!"

"쌤! 제가 읽은 책 중에서 최고예요!"

"2편은 언제 나와요?"

아이들은 책이 재미있다며 1년 내내 그 책 이야기를 했다.

올해 나는 책의 재미를 함께 느끼는 것을 넘어서서 아이들과 함께 책과 연결된 '나'를 들여다보고 싶었다. 책교실에서 『불량한 자전거 여행』을 읽었을 때 나는 찌릿했다. 닮은 듯 다른 내 안의 '호진'을 만났기 때문이다. 초등학교 시절, 마음 한편에 눈물을 흘리고 웅크린 내가 있었다. 부모님이 다투실 때면 속상하고 슬펐다. 어느 날은 화가 나기도 했다. 호진이의 마음이 너무나 이해되는, 호진이와 닮은 나였다. 하지만 나는 엄마 몰래 학원을 빠진 적이 없고, 집을 나와 본 적이 없으며, 자전거 여행을 경험해 본 적이 없는 다른 호진이기도 했다.

호진이는 엄마와 아빠가 서로에게 헤어지자고 말하는 것을 듣고 가족으로서 자신을 신경 쓰지 않는 듯해 화가 났다. 그렇게 집을 나와 시작된 여행에서 큰 깨달음을 얻었다. 호진이는 자전거 여행을 통해 '여자친구' 회원들이 삶의 의미를 찾는 모습을 지켜보았다. 가족의 모습을 계속 반추했고 가족에게 필요한 것을 찾기 위해 엄마, 아빠를 자전거 순례에 참가하게 했다. 자신의 삶에 질문을 던지며 하나씩 답을 찾아가고자 하는 호진이가 나는 멋있고 부러웠다. 내게 준 울림처럼 분명 우리 반 아이들에게도 어떤 울림을 줄 거라고 생각했다. 내가 호진이를 통해 나를 들여다보았듯, 아이들도 호진이를 통해 자신을 돌아볼 수 있는 시간이 되길 바랐다.

▶ 우리의 불량한 읽기 여행 일정

읽기 여행 전

- 자전거 탈 수 있어? 너희는 언제 자전거를 타?
  자전거를 못 타는 선생님에게 자전거 탈 때의 기분을 이야기해 줘!

>> 자전거를 타지 못하는 나는 아이들의 자전거 이야기가 듣고 싶었다. 자전거라는 이야깃거리를 꺼낸 지 얼마 되지 않아 어느덧 우리 반은 시끌벅적해졌다. 너나 할 것 없이 자전거를 타고 어디까지 가 봤는지 이야기했다. 누가 자전거를 잘 타는지 이야기하고, 주말에 자전거 타자고 약속을 잡는 친구도 있었다. 아이들의 얼굴에서 신나 하는 게 보였다. '자전거라는 소재가 이렇게 아이들과 가깝구나. 아이들은 자전거와 이미 친하구나. 잘됐다!'

우리는 읽기 여행 중

- 호진이를 가까이 들여다보기
  각 장을 읽으며 호진이의 감정을 다섯 개씩 찾고 이야기 나누기

>> 호진이를 가까이 들여다보기 위해 각 장마다 호진이의 감정을 찾아보았다. 다양한 감정을 표현하기 위해 감정카드를 활용했고, 감정을 찾은 뒤 그렇게 생각한 이유를 이야기했다.

- '여자친구'의 자전거 여행을 지도에 표시하고 사건을 요약하기

>> 그날그날 기록을 남기지 않으면 여행이 끝났을 때 생생한 정보나 기억을 떠올리기 어렵다. 읽기 여행도 기록해야 남는다. 우리가 함께 읽은 이야기를 지도에 표시하고 어떤 이야기들이 오갔는지 각 장마다 요약하고 정리했다.

- 마음에 와닿는 문장을 찾아 다시 써 보기

>> 나의 마음을 건드린 문장은 나에게 용기와 힘을 주고, 오래 기억된다. 구멍 난 마음을 조금이라도 메울 수 있는 약이 되기를, 때로는 채찍질이 되기를 바라며, 우리는 마음에 와닿는 문장을 찾아 그 이유를 쓰고 나누었다.

- 넌 친구들이랑 어떤 이야기를 나누고 싶니?

>> 이야기를 읽으며 나누고 싶은 질문을 만들었다. 서로서로 질문하고 답하면서 우리의
생각이 깊어지는 시간을 가졌다.

　　호진이의 마음을 깊숙하게 바라보는 표현들이 이곳저곳에서 터져 나
왔다. 1장을 읽었을 때, 아이들은 호진이를 처음 알게 되었다. 하지만
금세 호진이가 되었다. 호진이의 상황이 힘들고, 하늘이 무너질 것 같
고, 부모님이 밉고 속상하겠다며. 특히 8장은 마지막 장이라 그런지 더
욱 호진이의 감정을 세심하게 들여다보았다. 가윤이는 이야기가 끝나
아쉽지만 새로운 자전거 여행이 시작되어 기대되고 설렌다며 마치 자신

▲ 호진이의 감정, 사건 요약, 소감과 마음에 와닿은 문장을 정리한 내용

이 여행을 떠날 것처럼 말했다.

"선생님! 어느 순간부터 호진이의 감정이 다르게 변했어요!"

1장부터 8장까지 호진이의 감정을 함께 읽다 보니 현이가 무언가 깨달은 듯 눈을 동그랗게 뜨며 말했다. 현이의 말에 우리 반은 다시 정리했던 공책을 넘기며 호진이의 감정 흐름을 찬찬히 살펴보았다.

"어! 진짜 그렇네."

조금 더 자세히 들여다보니 호진이의 감정은 변화하고 있었다.

> 우울하고 괴로웠던 호진이가 자전거를 타면서 부모님에 대한 걱정이 점차 없어졌고 긍정적인 감정이 많아졌다. (세은)
>
> 호진이가 가족의 의미를 알기 시작했을 때부터 갑갑했던 마음이 여유로워졌고 마음에 안정이 찾아온 것 같다. (현아)

가장 친한 친구인 양 아이들은 가까이에서 호진이의 마음을 들여다보았다. 호진이의 미묘한 감정의 변화들을 포착해 냈고 이야기와 연관 지어 그런 감정이 생긴 이유를 찾았다. 그래서인지 이야기를 읽을 때마다 아이들은 호진이의 마음을 충분히 헤아리며 이해할 수 있었던 것 같다. 사람에 대한 깊이 있는 이해는 관심 어린 눈으로 그 사람을 바라보는 일에서 시작된다. 일의 흐름에 따라 그 사람의 감정을, 그런 감정이 든 이유를 읽어 줄 수 있다면 따뜻한 이해의 눈으로 세상을 살아가고 사람들을 만날 수 있지 않을까.

• 각 인물에 대한 질문으로 이야기 나누기

>> '여자친구'와 함께 자전거 여행을 하며 다양한 인물들을 만났다. 물어보고 싶은 것들이
많았다. 그래서 인물별로 질문을 정리했고 대표 질문을 하나씩 뽑았다. 각자 깊이 있게
탐구하고 싶은 인물을 정하고 같은 인물을 고른 아이들끼리 모였다. 서로의 생각을 나
누며 인물별 심층 탐구를 했다. 또 다른 질문이 생기면 그것에 관한 이야기를 나누기도
했다. 그러고 난 후 반 전체가 이야기를 공유했다.

• 자전거 여행을 끝내며 소감 나누기

>> 읽기 여행이 끝난 후 책을 읽은 소감을 돌아가며 말했다. 글쓰기를 통해 논리정연하게
정돈된 자신의 생각을 말하는 것이 아닌, 날것 그대로 생생한 감동들이 터져 나왔다.
제 유치원 때랑 비슷해서 공감 가는 부분이 많았어요. (규현)
호진이는 머리가 굉장히 좋은 것 같은데 왜 공부를 못하는지 모르겠어요. (혜민)
책을 친구들과 같이 읽으니 이야기에 집중이 더 잘되고 이해를 많이 할 수 있었던 것
같아요. 2편이 나왔으면 좋겠고 호진이의 이야기가 궁금해졌어요. (가윤)

• 책에서 느낀 감동을 글로 쓰기

>> 우리는 김남중 작가를 만났다. 작가와 만나기 전, 아이들은 책에서 느낀 감동을 담아 자
신의 마음을 글로 썼다. 그리고 쓴 글을 작가에게 전했다.

니도 느껴지나? 내도 느꼈다

4장을 읽을 때였다. 창원을 빠져나오면서 '여자친구'가 첫 번째 터널
을 만났다.

터널 안에 들어서자 만석이 형이 소리를 질렀다. "가속!" "가속!"
따라 외치는 소리가 터널 안에 울려 퍼졌다. (100쪽)

우리 반에서도 만석이 형의 소리를 따라 아이들이 씩씩하게 "가속!"을 외쳤다.

자전거들이 속도를 내자 삼촌이 뒤쪽을 향해 사이렌을 울렸다. (100쪽)

그런데 갑자기 "애애애애애앵" 소리가 났다.

'무슨 소리지?'

나는 소리가 난 쪽을 바라보았다. 민호가 낸 소리였다. 나와 아이들은 눈이 마주치자마자 푸하하 웃었다. "사이렌을 울렸다." 다음에 쓰인 "애애애애애앵"을 한 치의 오차도 없이 정말 실감 나게 읽었기에 킥킥 웃을 수밖에 없었다. 민호의 갑작스러운 효과음은 이야기의 몰입을 방해하려는 것이 아니었다. 이야기에 몰입한 나머지 자기도 모르게 낸 소리였다. 읽기는 계속 이어졌다. 민호는 "버스가 자전거 옆을 지나며 뿌아앙 경적을 울렸다."(100쪽)를 읽으면 "뿌아앙" 했고, "터널 안은 공기가 나빴다. 차들이 내뿜는 배기가스 때문에 기침이 나왔다."(101쪽)라는 부분에서는 쿨럭쿨럭 기침을 했다. 이야기의 감칠맛을 살리고 싶었던 민호의 효과음은 함께 읽는 순간을 더욱 생동감 넘치게 했다.

아이들은 책을 읽을 때 '여자친구' 인물들을 맡아서 읽겠다고 난리였다. 어떤 인물도 빠지지 않고 배역이 되고 싶어 했다. 특히 호진이와 삼촌의 인기는 갈수록 치솟았고 역할 배정은 더더욱 치열했다. 그렇게 정한 배역에 몰입하여 아이들은 인물들의 마음을 느낄 수 있게 목소리를 냈다. 어찌나 삼촌과 호진이의 마음을 잘 살려 읽는지. 아이들의 목소리는 이미 그들의 목소리였다.

"친구들이 역할을 정해 읽어서 이야기가 더 재미있었고 생생하게 기억할 수 있을 것 같다. 잊지 못할 것 같다."

온작품읽기 수업 중 건우가 느낀 소감의 일부이다. 함께 읽지 않았다면 느끼지 못했을 것이다.

1장을 읽을 때였다. 이야기를 읽을수록 아이들은 심각해졌다. 호진이의 마음을 이해하는지 다들 말이 없었다. 쉽게 침묵을 깨기 어려운 분위기가 되었다. 한 아이는 얼굴을 책으로 가리며 눈물을 훔쳐 냈다. 호진이가 엄마, 아빠와 통화하는 장면에서 아이들은 더욱 심각해졌고, 모닥불 앞에서 자전거 여행 회원들이 각자의 이야기를 꺼냈을 때 우리도 그들에게 귀 기울이며 등장인물들과 더욱 가까워졌다. 7장에서 힘겨웠지만 마침내 미시령에 도착했을 때, 우리도 함께 "아!" 하며 소리 질렀다. 포기하지 않고 고개를 넘은 뿌듯함을 공유했다. 호진이가 부모님과 함께하는 자전거 여행을 계획하며 이야기가 끝났을 때, 앞으로 호진이 가족이 어떤 여행을 할지 궁금해하고 기대했다. 호진이 가족에게 변화가 있길 바라는 희망도 아이들의 마음에서 몽글몽글 피어올랐다. 우리가 함께 느꼈던 각 장면에서의 속상함, 불안함, 힘겨움, 억울함, 뿌듯함, 의아함, 기대감 등의 감정들이 뿜어져 나와 우리의 공간 속에, 우리의 표정에, 우리의 이야기에 담겨 살아 숨 쉬었다.

책을 함께 읽는 즐거움은 교실뿐만 아니라 급식실에서도 느낄 수 있었다. 세계 공통 음식인 삼겹살로 시작한 5장을 읽을 때 아이들은 배고파했다. 상추에 마늘을 얹어 삼겹살을 먹고 싶다며 군침을 흘리고 이야기하던 때, 한 아이가 오늘 점심 메뉴를 물었다. "야! 오늘 삼겹살 오븐구이 나와!"라며 다른 아이가 외쳤다.

"오예!"

"와!"

우리 반은 열광의 도가니가 되었다. 다들 손뼉 치고 소리 질렀다. 나도 흥분했다. 우리는 "삼겹살! 삼겹살!"을 외치며 급식실로 갔다.

"어떻게 이렇게 딱 나왔지?!"

이 우연의 일치에 놀라워하면서 삼겹살을 엄청 맛있고 즐겁게 먹었던 기억이 난다. 함께 책을 읽는다는 것, 정말 꿀맛이다.

니 생각도, 내 생각도 맞다 아이가

3장을 읽고 난 후 아이들이 만든 질문 중 하나.

"엄마, 아빠한테 전화하고 난 뒤 호진이는 왜 속이 후련하다고 한 걸까?"

아이들이 질문했을 때, 나는 의아했다. 아이들에게 물어보았다.

"어? 속이 후련한 느낌이 들었니?"

그러자 아이들이 책에 문장이 적혀 있다고 했다. 나는 다시 책을 펼쳐 아이들이 말한 부분을 확인했다.

아빠 목소리가 수화기에서 흘러나왔다. 나는 수화기를 내려놓았다. 아빠 고함 소리가 개미를 손가락으로 눌러 죽일 때처럼 찍소리도 못 하고 사라졌다. 속이 후련했다. 엄마, 아빠는 내가 전화했다는 걸 서로 말할까, 안 할까? (77쪽)

나 혼자 읽었을 때는 속이 후련하다는 부분을 스쳐 읽었다. 이런 문장이 있는 줄 몰랐다. 내가 의미를 부여하고 읽은 문장이 아니었기에 놓친 부분이었는데 많은 아이들은 그 문장을 기억하고 있었다. 문맥에서 그 문장이 주는 의미가 궁금하여 기억하고 있었나 보다. 우리는 호진이가 속이 후련한 이유를 생각해 보았다.

자신이 가족의 삼 분의 일로서 가족을 지키기 위해 적극적인 행동을 해서요. (지은)

엄마와 아빠가 걱정되기도 했는데 엄마와 아빠의 목소리를 들어서 당장의 근심이 해결됐으니까요. (가윤)

부모님이 자신을 걱정하는 목소리를 듣고 안심이 되어서요. (상현)

집에 있을 때는 부모님이 계속 싸우는 모습을 봤는데 집을 떠나니 자유롭기도 해서요. (재진)

호진이의 입장에서 생각한 아이도 있었고, 집을 나온 상황에 공감한 아이도 있었다. 함께 읽으니 아이들의 생각이나 질문들에서 내가 보지 못하거나 생각하지 못했던 부분들이 드러났다. 같은 부분을 읽었지만 내가 받아들인 의미와 아이들에게 다가온 의미가 달랐다. 서로 다르게 이해한다는 점을 알았고 이 과정에서 인물에 대한 이해도 깊어지고, 상황에 대한 이해도 깊어졌다.

삼촌 이야기를 읽을 때였다. 엄마와 아빠에게 삼촌은 정신 나간 놈이었다. 아이들이 바라보는 삼촌은 어떤 사람이었을까?

> 호진이가 부러운 게, 저는 집을 나온 적이 있는데 막상 갈 곳이 없었어요. 호진이처럼 이해해 줄 삼촌이 있다는 것이 되게 부러웠어요. (은채)
> 호진이 삼촌처럼 영규 삼촌을 용서할 수 있는 사람이 많이 있을까요? 비현실적이에요. (규현)

특히 삼촌이 삶을 살아가는 방식 중 트럭을 훔친 영규 삼촌을 용서하고 기회를 준 점에 대해 아이들의 의견은 확연히 갈렸다.

> 장발장의 사정을 이해하고 용서해 준 신부님처럼 영규 삼촌에게 기회를 주는 삼촌이 되게 멋있어요. (찬우)
> 저는 신고할 것 같아요. 잘못했으니까 벌 받아야 하는 거 아닌가요? 자신의 잘못을 알고 뉘우치게 해야죠. 트럭을 훔쳤는데 쉽게 용서하기 어려울 것 같아요. (아라)
> 일단 왜 훔쳤는지 물어봐야죠. 그런 다음에 용서할지, 아님 신고할지

정할 거예요. (지은)

영규 삼촌을 용서할 것인지, 신고할 것인지 설전이 오갔다. 아이들은 가치관에 따라 삼촌의 행동을 달리 보았다. 용서와 이해의 관점에서 삼촌을 멋지게 보는 아이들도 있었고, 책임의 관점에서 영규 삼촌을 회원으로 받아들인 삼촌의 행동을 이해할 수 없다는 아이들도 있었다.

책을 다 읽은 후, 등장인물에 대한 질문과 생각을 나누었다. '엄마' 질문을 나누던 장면이 기억에 남는다.

질문 : 엄마는 왜 우리 모두를 공범이라고 했을까?

세 명의 아이들이 이 질문에 대한 생각을 나누었다. 모둠의 이야기를 듣기 전, 아이들은 호진이의 편을 들며 호진이가 집을 나오게 만든 엄마와 아빠의 잘못이 크다고 했다. 우리는 호진이의 마음에 집중하고 있었으니 당연하다. 하지만 이 모둠은 호진이 엄마가 느꼈을 감정과 생각에 초점을 맞췄다.

"호진이 엄마도 엄마이기 전에 한 인간으로서 자신의 인생이 있어요. 아들은 집을 나가 버리고 남편은 무뚝뚝하고 삶에 대해 함께 고민하지 않는데 그런 엄마에게 삶은 의미가 없고 우울했을 것 같아요. 엄마의 삶을 이렇게 만든 호진이와 아빠에게도 가족으로서 책임이 있는 거고요."

엄마의 입장에서 가족의 모습을 보지 못했을 수도 있겠구나 싶어서 이번에는 호진이 아빠가 느꼈을 마음에 대해서도 이야기를 나누었다.

"아빠가 외로웠을 것 같아요."

하나의 해석이 또 다른 방향의 해석을 이끌었다. 우리의 이야기에 정답은 없다. '내 생각'이 친구들에게 질문을 던지며 다르게 생각해 보는 길을 만든다. '네 생각'이 내가 가졌던 생각에 살을 덧붙여 풍성하게 해준다.

읽기 여행으로 니캉 내캉 마이 컸다

학교에서 약 3주 동안 이 책을 읽었는데 정말 감동적이고 힐링이 되는 내용이 많았어요. 사실 이 책을 읽는 중간에 너무나도 많은 일이 일어났어요. 제 개인적으로 마음이 많이 힘들고 견디기 힘들었고 호진이가 그랬던 것처럼 길거리에 나뒹구는 쓰레기가 되어 버린 것 같았어요. 근데 호진이를 생각하면 저보다 더 힘들었을 것 같아 호진이가 왠지 이해되고 호진이의 말에 더 공감되었어요. 학교에서 3주 동안 책을 읽다 보니 정말 이야기에 빠져서, 힘든 것이 생각조차 나지 않고 자연적으로 치유가 되었던 것 같아요. 이 책은 저에게 잊을 수 없는 책인 것 같아요. 작가님 덕분에 저 혼자 치유하는 방법을 알게 되었어요.

저는 '내가 정말 좋아하는 것을 아직 찾지 못했을 뿐이다!'라는 문장이 마음에 와닿았어요. 호진이가 좋아하는 것이 뭔지 알게 되어 정말 좋아하는 것을 하며 살았으면 좋겠다는 생각이 번뜩 들었어요. 이 문장을

보고 저도 좋아하는 것을 알게 되어 좋아하는 것을 하며 한 번뿐인 인
생을 살고 싶어졌어요.

우리는 함께 오랜 시간 동안 읽기 여행을 했다. 이야기를 읽으면서
'나'를 떠올리고 돌아보았다. 꺼내기 어려웠을 이야기로 혼자 끙끙 힘들
어하던 아이가 있었다. 친구 관계가 힘들었던 그 아이는 "도와줄게."를
마음에 와닿은 문장으로 뽑았다. 엄마랑 크게 싸워서 하루 동안 집을
나와 본 경험이 있던 아이는 호진이에 감정이입을 하며 책을 읽어 나갔
다고 했다. 평소에 본인의 이야기를 전혀 하지 않던 아이는 유치원 때
가정에서 비슷한 일이 있었다고 이야기했다. 호진이를 통해 내가 나의
삶을 만났듯, 아이들도 자기 삶의 한 지점을 만났다.

"자신이 하고 싶은 일을 하며 살아가는 삼촌이 정말 멋있다. 삼촌처
럼 살고 싶다."

"내가 정말 좋아하는 것을 찾아보겠다."

"앞으로의 계획이나 나의 미래를 생각해 보겠다."

책을 읽으며 인생의 목표를 분명히 설정하고자 하는 친구들도 생겼
다. 책을 읽기 전, '자신이 하고 싶은 것'을 물어보았을 때 잘 모르겠다
고 대답했던 아이들이 미래의 모습을 그리기 시작했다.

'내 삶의 장면 속'에 있을 때는 나의 마음과 생각을 알아차리기 어렵
고 상황을 곱씹어 볼 여유 또한 없다. 하지만 한 발짝 밖으로 나와 '내
삶의 장면 밖'에서 나를 들여다보면 지금의 상황에서 내가 어떠한지 살

펴볼 수 있다. 호진이와 만나면서 아이들은 '나'라는 울타리에서 한 발짝 떨어져 '나'를 보게 되었다. '그래서 나는?'이라는 질문을 스스로에게 했고 '내 마음'의 소리에 귀 기울이고자 했다.

작가와의 만남 때 김남중 작가는 이렇게 말했다.

"자전거를 타는 일이 모든 문제를 해결해 주지 않아요. 하지만 자전거를 타며 다시 삶을 살아갈 수 있는 힘을 얻을 수 있죠."

호진이는 자전거를 타며 삶을 살아갈 에너지를 충만하게 채웠다. 어쩌면 엄마도, 아빠도 가족에게 줘야 할, 삶에 써야 할 힘이 고갈되었다는 것을 호진이가 깨달은 건지도 모르겠다.

"선생님, 호진이가 자전거 여행을 통해서 많이 자란 것 같아요!"

우리의 읽기 여행이 끝날 무렵, 이야기에 깊이 빠져 있던 세은이가 말했다. 아이의 눈에 호진이가 많이 성장한 것이 보였나 보다.

사실 아이들의 마음에는 하고 싶은 이야기들이 더 많았다. 은영이 누나가 대안학교에 간 이유를 통해 '나'와 친구 사이의 이야기를 했고, 술을 끊고자 자전거 여행을 시작한 영우 아저씨를 통해 우리 아빠의 이야기가 나왔으며, 호진이의 엄마와 아빠의 갈등이 같은 아픔으로 다가왔다는 이야기도 있었다. 나는 아이들이 쓴 글을 보고 꺼내지 못한 이야기들을 알게 되었다. 분명 같은 아픔이었지만 이해받지 못할 거라는 걱정과 두려움에 솔직한 말들이 마음속에서만 맴돌았던 것 같다. 특히 사춘기에 접어드는 예민한 시기에 자신의 이야기를 꺼낸다는 것은 무척 어려운 일이다.

각자의 이야기를 솔직하게 나누고 싶었지만 어려웠다. 이 책을 읽으며 계속 고민했던 것도 이 지점이다.

'아이들이 솔직하게 자신을 꺼낼 수 있을까?'

'나는 어떻게 그 마음을 어루만져 줄 수 있을까?'

서로를 지지하고 품어 주는 우리가 되면 조금은 더 터놓을 수 있지 않을까? 온작품읽기를 하면서 조금씩 '나'를 꺼내고 만날 수 있지 않을까? 다시 한번 『불량한 자전거 여행』을 읽으며 내가 했던 고민들을 하나씩 풀어 나가고 싶다.

'얘들아, 호진이의 아픔은 선생님의 아픔이기도 했어. 호진이를 통해 우리는 그런 순간들을 돌아봤을지 몰라. 네가 가지고 있는 아픔이 나의 아픔일 수 있단다. 겪는 순간은 다르겠지만 우리 모두가 겪는 이야기일지도 몰라. 너희가 호진이를 따뜻하게 읽어 준 것처럼 우리 반 친구들의 순간들도 함께 위로해 주고 응원해 주면 좋겠어.

호진이가 자전거 여행을 통해 앞으로 자신의 삶을 살아갈 힘을 얻었듯, 우리가 함께 책을 읽는 순간이 너희에게 힘이 되면 좋겠어! 지금의 삶에서 다시 한 발짝 나아갈 수 있게 하는 힘이 되길.'

#우미성

우리가
빛이다

『소리 질러, 운동장』(진형민, 창비, 2015) 외[★]

"저, 그 책 샀어요. 지난번에 읽어 주셨던 『빛을 비추면』이요. 그리고 올해 정말 많이 배웠어요."

나를 보자마자 3반 선생님이 뿌듯한 얼굴로 말했다. 좋은 책을 알게 되어 행복해하는 모습을 보니 문득 나도 저랬겠구나 싶은 생각이 든다. 책이 너무 좋아서, 아이들과 책 수업을 하고 싶어서 무작정 책교실 모임에 찾아가 책을 읽고 이야기 나누던 시간들이 떠오른다. 혼자 다니다

[★] 『우리는 돈 벌러 갑니다』(진형민, 창비, 2016), 『푸른 사자 와니니』(이현, 창비, 2015)

보니 외롭기도 하고 같은 학교에서 오는 선생님들이 부럽기도 했다. 열심히 배워서 우리 학교에서도 함께해 보고 싶었다. 그런 시간들이 있었기에 올해 우리 학교 선생님들과 같이 온작품읽기를 할 수 있지 않았을까? 일벗이라 부르고 싶은 5, 6학년 선생님들과 1년 동안 함께한 이야기를 꺼내 보려 한다.

손 내밀기

2017년 2학년을 맡았다. 그림책도 많이 읽어 주고 싶고 온작품읽기 수업도 하고 싶어서 한참을 고민하다 혼자라도 해 보기로 했다. 그러다 아이들에게 반응이 좋았던 책은 우리 반만 읽어 주기에 너무 아까워 다른 반 선생님들에게도 소개했다.

"선생님, 책 읽어 줬더니 애들이 너무 좋아했어요. 재미있는 책 있으면 또 빌려주세요."

그게 시작이었다.

올해 5학년 담임을 하게 되면서 단순히 책을 소개해 주는 수준을 넘어 선생님들과 함께 만들어 가는 풍성한 온작품읽기를 해 보려고 용기를 냈다. 그동안 책교실 모임 선생님들과 함께 읽고 나눈 시간의 힘을 믿고 5, 6학년 교사 학습공동체를 시작했다.

그동안 교사 학습공동체 모임 시간이 형식적으로 운영되거나 흐지부지 끝날 때가 많아서 아쉬웠는데 실질적인 도움이 되는 시간으로 만들고 싶다고 했더니 다들 공감하며 흔쾌히 좋다고 했다. 순풍에 돛 단 듯

마침 교육청에서 지원받은 예산도 생겨 책도 복본으로 사고 작가와의 만남 같은 활동도 계획했다.

작품 속 주인공들이 대부분 5, 6학년 학생이고 그 또래에서 겪을 만한 이야기들을 잘 풀어낸 『소리 질러, 운동장』과 『우리는 돈 벌러 갑니다』라는 두 책을 정했다.

"선생님, 그런데 혹시 책을 미리 읽어 와야 하는 건가요?"

"저, 그동안 책도 잘 안 읽은 데다 애들 책은 읽어 본 적이 없는데 수업할 수 있을까요?"

'함께 읽자'는 의미를 '미리 읽어 오라'는 부담으로 느꼈는지 당황해하는 선생님들이 있었다. 걱정하지 말고 일단 모여서 그 시간에 함께 읽자고 했다. 교실에 모여서 한 쪽씩 돌아가며 소리 내어 읽는 동안 점점 책 내용에 빠져들면서 책 읽기의 즐거움을 알게 되었다.

"어른 책만 읽다가 어린이책은 처음 읽어 보는데 재미있고 감동적이네요."

한 선생님의 고백을 시작으로 비슷한 마음을 주고받았다. 사실 다들 바쁘고 힘들어서 마음 편히 책 읽을 시간이나 여유가 없다. 그러니 어린이책을 읽을 기회는 더욱 없었을 것이다.

"4반 선생님 목소리가 이렇게 좋은지 몰랐어요. 책 읽으실 때마다 놀라요. 성우 같아요."

"1반 선생님은 정말 실감 나게 잘 읽으시는 것 같아요. 저는 연습 좀 해야겠어요."

모여 읽는 시간은 서로에 대해 좀 더 알아 가며 새로움을 발견하는 시간이기도 했다. 어떤 선생님은 어른들이 읽어도 감동과 울림을 주는 어린이책들을 알게 되어서 좋고, 책 속 주인공과 비슷한 아이가 있어서 반 아이들이 더 공감할 것 같다고 했다. 아이들의 이야기가 많이 나올 것 같은 내용인 데다 주제에 대해 토론할 거리가 많아서 다른 과목과 연결해 프로젝트 학습처럼 하면 좋겠다고 이야기하는 선생님도 있었다. 재미있었다는 얘기부터 수업과 어떻게 연결하면 좋을까 하는 아이디어까지 자연스럽게 이어졌다. 조심스러운 마음으로 주저하며 내밀었던 손을 다정하게 잡아 주는 일벗들이 생겼다. 각자 마음의 온도 차는 있을지 모르지만 그렇게 함께 잡은 손은 따뜻했다.

우리는 읽는 중

『소리 질러, 운동장』을 읽고 차별에 대한 이야기, 운동장 사용에 대한 문제, 막야구부 같은 막부서 만들기에 관한 활동으로 수업을 계획했다. 이제는 5, 6학년이 다 함께 하는 온작품읽기 수업이니 잘해 보고 싶었다. 그렇게 우리는 기쁜 마음으로 책 읽어 주는 선생님들이 되었다.

마침 5학년이 스포츠클럽 활동으로 티볼을 하고 있어서 그것 또한 도움이 되었다. 공통분모가 있으니 5학년 전체가 들썩였다. 우리 반은 특히 김동해와 공희주가 막야구부 창단을 위해 애쓰는 모습이 인상적이었나 보다. 막부서를 만들어 보고 싶다는 이야기가 저절로 나왔다. 막하는 건 다 재미있을 것 같단다. 매일 땀을 뻘뻘 흘리며 피구를 하는 아

▲ 실내화 가방으로 막야구를 하는 아이들

이들은 '막피구부'를, 쉬는 시간마다 복도 끝 벽면 거울 앞에서 걸그룹 춤을 추는 아이들은 '막댄스부'를, 유희왕 카드놀이에 빠져 있는 아이들은 '막카드부'를, 만화나 그림을 주야장천 그리는 아이들은 '막그리기부'를 만들고 싶다고 했다. 몇몇은 책 내용처럼 '막야구부'를 만들어 보고 싶다더니 급기야는 진짜 해 보겠다고 나갔다.

경기가 되기는 할까? 궁금해서 창밖으로 운동장을 내다보았다. 장난으로 가볍게 하고 말 줄 알았는데 실내화 가방으로 공을 맞히려고 애를 쓰고 나름 진지하게 게임을 한다. 보고 있으니 왜 이렇게 웃음이 나는지. 해 보고 나서 과연 무슨 이야기를 할까?

"주먹으로 치니까 엄청 아프고 공이 멀리 안 날아가요. 그런데 공희주는 어떻게 그렇게 멀리 쳤을까요? 완전 힘이 센가 봐요."

"실내화랑 실내화 가방으로 다 해 봤는데 별로 힘이 없어서 그런지 공이 잘 안 맞아요. 그래도 재미있었어요."

4반은 담임 선생님의 예상대로 '공희주'를 닮은 그 반 여학생의 인기가 높아졌다고 했다. 더불어 그 학생과 유독 친하게 지내는 남학생을 '김동해'라고 부르기도 한단다. 공희주와 얼마나 닮았는지 궁금해서 직접 찾아가 보기도 했는데 진짜 닮은꼴이었다. 선생님들 사이에서도 책 이야기꽃이 피기 시작했다.

하루는 또 6학년 선생님이 와서 이런 일이 있었다며 이야기를 해 주었다. 스포츠클럽 대회의 심판을 보고 있었는데 경기 중 주자가 아웃인지 세이프인지를 두고 의견이 엇갈렸단다. 그 선생님이 보기에는 간발의 차이로 아웃이었다고 한다. 그래서 "아웃!"이라고 외쳤는데 웅성거리고 소란스러워져서 아이들을 향해 어깨를 으쓱하며 "나 김동해!"라고 했더니 다들 수긍하는 분위기로 변했다고. 아마도 공정함의 대명사인 김동해에 대해 같은 생각을 가지고 있었기 때문이 아니었을까? 서로 척하면 알아듣는 일종의 암호처럼 통했나 보다.

작가와의 만남을 기다리며 작가에게 편지를 쓰고 궁금한 질문을 받았다. 책의 장면과 똑같이 그림을 그린 아이도 있었다. 특히 닮은꼴이 있다고 한 4반에서는 실물 크기로 공희주와 김동해의 모습을 그려 포토존을 만들었다. 작가를 기다리는 건 아이들만이 아니었다. 선생님들의 기대감도 컸다.

"저, 작가와의 만남 같은 행사를 학교에서 처음 해 봐요. 너무 기대돼요!"

"대안학교 선생님이시라는데, 그래서인지 애들 심리를 너무 잘 표현하지 않았어요? 실은 나도 진형민 작가님 너무 만나 보고 싶었어요."

사실은 나도 진형민 작가님이 너무 보고 싶은 마음에 이 행사를 준비하게 되었다는 속마음을 털어놓았다.

2018년 6월 27일, 드디어 진형민 작가와 만났다. 책을 쓴 작가와 직접 만나서 책 이야기를 듣는 건 처음이라며 신기해하는 아이들. 연예인에 열광하는 요즘 아이들이 그동안 우리가 읽은 책을 쓴 작가를 만나는 날을 손꼽아 기다리고 강연 내내 눈을 반짝이며 집중하는 모습이 보기 좋았다. 질의응답이 이어졌는데 그중 가장 많이 나온 질문은 작품의 '주인공들이 사귀게 되나'에 관한 내용이었다. 그런 질문을 너무 많이 받아서 이번엔 진짜 사귀는 이야기에 관한 작품을 썼는데 8월에 출간된다는 작가의 말에 아이들이 난리가 났다. 책이 나오면 바로 구입하겠다는 많은 예상 독자들. 저자에게 직접 듣는 따끈따끈한 새 책 소식은 얼마나 특별한 느낌일까? 모두에게 좋은 기억으로 남았으면 좋겠다.

▲ 작가와의 만남을 기다리는 아이들

▲ 드디어 만난 진형민 작가

우리는 함께 성장하는 중

함께 읽은 두 번째 책은 『우리는 돈 벌러 갑니다』였다. 초등학생이 용돈을 벌기 위해 다양한 일을 겪는 과정이 5, 6학년들에게 많은 공감을 얻을 만한 내용이다. 주인공들이 돈을 버는 과정에서 줄을 대신 서 주고 천 원을 받거나 빈 병을 팔고 전단지를 돌려서 일당을 받는 이야기가 나와서 재미있고 책 수다가 더 풍성했다. '삥'을 뜯기 위해, 센 언니처럼 보일 도구로 껌을 사려고 친구를 설득하는 부분이 나온다. 그걸 읽고 한 선생님이 "어? 이거 투자 개념인가?"라고 말하는 바람에 다들 한참 웃기도 했다. 껌을 산 것과 마지막에 치킨을 사 먹는 등의 내용까지 정리해서 용돈 기입장을 작성할 때 예시로 써 보면 아이들이 재미있어할 것 같았다.

"이왕 수업하는 거 우리가 이야기한 아이디어로 실과랑 연계해서 해 볼까요?"

"제가 잘할 수 있을까요? 책과 연계하는 수업을 해 보고 싶은 마음도 좀 있긴 했는데 처음이라서 걱정돼요."

"충분히 할 수 있어요. 지난번에 자료 만드는 거 보니 너무 잘하던데요. 편하게 해요. 도움이 필요한 부분은 같이 고민하면 되죠."

이렇게 해서 6학년 네 개 반이 공동 수업을 했다. 걱정과는 달리 처음 시작한 반의 수업이 잘 이루어졌다. 선생님들은 다음 반으로 갈수록 자료도 풍성해지고 수업의 완성도가 높아진 것을 직접 느낄 수 있었다고 했다. 처음에는 내가 먼저 이야기를 꺼냈는데 이제는 선생님들이 각자 다양한 아이디어를 추가하며 활발하게 의견을 주고받았다. 어느샌가 자연스럽게 수업 시간에 책을 읽어 주는 분위기가 되었고, 좋은 자료가 있으면 서로 나누며 활용했다. 그렇게 수업한 후 아이들이 쓴 글이나 완성한 멋진 작품을 보며 함께 놀라기도 하고 감동하기도 했다.

그런데 1학기에 장편 동화를 두 권 읽은 것이 좀 버거웠다는 의견이 있었다. 그래서 2학기에는 『푸른 사자 와니니』만 읽기로 하고, 이현 작가의 다른 책을 몇 권씩 사서 더 읽고 싶은 아이들에게 빌려주는 방식도 같이 진행해 보기로 했다.

『푸른 사자 와니니』는 동물들 이야기라 우리 학교 학생들과 선생님들의 반응이 어떨지 약간 걱정이 되었다. 일단 함께 읽어 보는 수밖에. 혼자 읽었을 때와 함께 모여 소리 내어 읽었을 때는 확연히 다르다는 것을 경험했으므로 우리는 또 모여서 읽었다.

읽다 보니 사자 무리에서 사냥을 담당하는 것이 암사자라는 새로운 사실 외에도 내용 이해를 위해 사자에 대해 좀 더 알아보고 싶어서 세렝게티에 관한 DVD를 빌려 왔다.

"세렝게티 초원과 동물에 대한 배경지식에 도움 될 만한 영상을 보는건 어때요? 그걸 보고 나면 책의 내용과 묘사가 더 잘 이해될 것 같아요."

선생님들과 교실에 함께 모여 다큐멘터리를 시청했다. 초원 속 동물들과 암사자 무리와 새끼들의 모습, 누 떼와 버팔로 무리의 이동 모습을 유심히 보았다. 싸우는 기린의 우스꽝스러운 모습이 왜 심심하고 다른 동물들의 관심을 끌지 못한다고 표현했는지 확인하게 되었다. 하이에나와 혹멧돼지도 자세히 관찰하고, 건기에만 나타난다는 신기한 모양의 소시지나무도 검색해서 같이 보았다. 교사들도 같이 배우며 성장했고, 함께 읽고 나누는 시간들이 참 편하고 자연스러워졌다.

"동물들의 습성과 행동을 영상으로 보니 책에 나왔던 장면들이 더 잘 이해가 돼요."

"애들한테 해 줄 말이 많아진 것 같아요. 설명을 잘해 주면서 읽어 줄 수 있겠네요."

『푸른 사자 와니니』를 읽다가 사자들의 포효 소리를 내는 게 난감하

▲ 일벗들과 함께 책을 읽고 의견을 나누는 시간

다는 선생님들. 수십 번 나오는 "크아앙" 소리를 내며 읽어 주는 게 쉽지는 않다. 교실에서는 아이들에게 도움을 부탁하면 의외로 흉내를 잘 내는 아이들이 있을지도 모르니 그렇게 해 보자고 했다. 궁하면 통한다고 했던가. 반마다 사자 흉내를 실감 나게 잘 내는 학생을 발견했다는 이야기가 들려왔다. 그런 아이들이 효과음을 넣어 준 덕분에 재미있게 책을 읽을 수 있었고 학생의 새로운 모습을 발견했다고 했다.

재미있는 내용만 있는 책은 아니다. 약하다는 이유로 무리에서 쫓겨나 고난을 겪지만 '나다움'을 찾아가는 와니니의 모습에 아이들은 많은 응원을 보냈다. 강한 사자만 키우려는 마디바가 와니니를 '쓸모없는 아이'라고 하는 부분에서 아이들은 마디바가 너무 심하다고 했다. 동물 세계의 법칙을 인간에게 적용하는 건 무리일 수 있지만, 그동안 들은 말 중 속상한 말이 있었는지 물어보았다. 말로 하기 힘들면 글로 써도 된다고 했다. 그런데도 하나둘 자기 이야기를 꺼내 놓기 시작했다. 말하고 나니 속이 후련한 모양이었다. 그 덕에 아이들의 삶이 내게 좀 더 많이 건너왔고 마음의 거리가 좁혀졌다. 한 명 한 명이 더 가깝게 느껴졌다. 함께한 온작품읽기를 통해 책 내용만 깊게 이해하게 되는 것이 아니라 서로에 대한 이해도 깊어졌다. 선생님들과도 그렇고 아이들과도 서로를 좀 더 잘 알게 되는 기회를 자주 만났다.

시작만 하면 조금씩 살이 덧붙여지고 함께해서 좋은 점을 알아 가게 되리라고 예상은 했지만, 선생님들이 적극적으로 협조해 주어서 그 시기가 생각보다 빨리 찾아왔다. 두 개 학년이 함께 수업 아이디어를 공유하니 여러모로 서로에게 도움이 되었다. 처음에 느꼈던 부담도 많이 줄었고, 다른 선생님들도 직접 수업을 해 보면서 그동안 가졌던 온작품읽기 수업에 대한 막막함이 사라졌다고 했다. 안 해 본 사람은 있어도 한 번만 하고 마는 사람은 없을 온작품읽기. 이렇게 일벗과 함께하면 더 즐겁게 할 수 있다.

책 좀 빌려주세요

"『플레이 볼』 있으면 몇 권만 빌려주세요."

6학년 1반 선생님이 보낸 메시지이다. 『푸른 사자 와니니』 한 권만 읽기로 했는데 다 읽고 난 후 다른 책을 더 읽어 주려는 선생님들이 있었다. 제법 여유와 요령이 생겼는지 이현 작가의 다른 책을 빌려 달라고 한다. 책을 챙겨서 반으로 보냈다. 나중에 선생님들에게 아이들의 반응과 교실 이야기를 듣는 재미가 쏠쏠했다.

"이 책이 인기가 좋네요. 『플레이 볼』이 왜 재미있어요?"

"6학년들은 진로에 대해 나름 고민을 하는지 부모님과 갈등하는 부분을 많이 공감하더라고요. 그리고 '끝날 때까지 끝난 게 아니다.'라는 문장이 유행어가 되었어요."

5학년 4반 선생님은 본인이 야구를 좋아하는 걸 애들이 알아서 그런지 유독 이 책을 더 읽어 달라고 한다며, 읽어 주는 재미가 있다고 했다. 아이들뿐만 아니라 선생님들도 재미있어하니 빌려주면서 덩달아 기분이 좋아졌다. 책 읽기는 재미있어야 한다. 그리고 함께 읽으면 그 재미가 더 커진다는 사실을 경험한 우리는 더 친밀해졌다.

다른 학년 선생님들도 가끔 책을 빌리러 왔다. 신규 선생님이 3학년 아이들한테 읽어 주면 좋을 만한 책이 있으면 빌려 달라고 점심시간에 찾아왔다. 가지고 있는 책 중 몇 권을 보여 주며 소개했더니 너무 좋아하며 함박웃음을 띠고 빌려 갔다. 책 읽어 주는 선생님도 좋았지만 책 빌려주는 선생님도 은근히 재미있다. 좋아하는 사람이 늘어 가니 이 정도면 성공적이지 않은가? 선순환이 계속 일어나면 좋겠다.

한 해 동안 온작품읽기를 같이 해 본 선생님들의 생각을 들어 보고 싶었다.

> 학교 안에서 작가를 만나는 시간이 정말 좋았어요. 우리 학교에서는 이런 시도 자체가 색다른 방식이라 어려운 점도 많았지만 선생님들과 같이 의견을 나누고 준비하니 쉽게 풀어 나갈 수 있었어요. 아이들이 좋아하는 모습을 봤을 때 뿌듯함을 느꼈어요. 그리고 학년군 학습공동체의 내실 있는 운영으로 실질적인 도움을 받았고 아동문학에 대해 좀 더 알게 되어서 뜻깊은 시간이었어요. (박혜선 선생님)
>
> 고학년 아이들 앞에서 책을 소리 내어 읽어 주는 걸 해 본 적이 없는데 선생님들과 미리 함께 읽으면서 익힌 방법 덕분에 읽어 주는 게 자연스러워졌어요. 아이들이 즐겁게 집중하면서 듣는 모습이 참 예뻤어요. 지금처럼 함께 읽을 수 있는 만큼의 충분한 책이 확보되고, 수업 이야기를 같이 나누고 서로 도울 수 있는 선생님들과 함께한다면 앞으로도 또 해 보고 싶어요. (양주희 선생님)

일단, 정기적으로 선생님들과 만나서 책 읽기를 할 수 있어서 좋았어요. 평소에 좋은 문학 작품을 어떻게 소개하고 가르쳐야 할지 막막했는데 이번 계기를 통해 그 방법을 찾을 수 있어서 많이 도움이 되었어요. 아이들과 함께, 또 선생님들과 함께 온작품읽기를 계속하고 싶어요. 교과서 작품에 한정되지 않은 좋은 책을 마음껏 읽고 이야기를 나누는 시간은 그 자체만으로도 의미 있는 시간이라고 생각해요. (정유진 선생님)

처음으로 국어 수업을 이렇게 해 본 경험이 좀 더 제가 발전할 수 있는 계기가 된 것 같아서 앞으로도 온작품읽기를 하고 싶어요. (박진아 선생님)

또 하고 싶다는 이야기가 가장 반가웠고, 좋았다는 이야기가 많아서 다행스러웠다. 그러나 온작품읽기가 무조건 좋기만 한 것은 아니다. 어려운 점이 왜 없겠는가. 좋은 책의 선정, 충분한 책 확보를 위한 예산 문제, 교육과정상 시간 확보는 늘 우리의 발목을 잡는다. 내년부터 5, 6학년에도 독서단원이 신설된다고 하니 그동안 부족했던 시수 확보의 문제는 어느 정도 해결할 수 있게 되었다. 여전히 교사들에게 어려움은 있겠지만 함께할 일벗이 있다면 충분히 온작품읽기를 할 수 있을 것이다.

같은 공간에서 함께 책을 읽고 각자의 느낌과 이야기를 꺼내 놓은 순간들이 쌓여서 추억이 된다. 작품에 대한 이해는 더 깊고 풍성해졌고 함께 보낸 시간들로 더욱 특별한 의미가 생겼다. 좋은 음악을 같이 듣거나 함께 여행한 경험을 떠올릴 때 행복을 느끼는 것처럼 아이들이 나중에

이 시간들을 행복하게 떠올린다면 참 좋겠다. 그래서 좋은 건 함께해야 한다.

올해의 마지막 교사 학습공동체 모임 시간에 그림책 한 권을 읽어 주었다. 선생님들의 지친 몸과 마음에 조금이나마 따뜻한 여유를 선물해 주고 싶어서 소개한 그림책은 『빛을 비추면』이다. 이 책은 뒷면에 빛을 비추면 숨겨진 그림과 글이 나타난다. 장면이 넘어갈 때마다 선생님들이 놀라고 신기해했다. 문장으로 마무리되는 마지막 페이지를 일부러 한참 뜸을 들인 후 빛을 비추며 공개했다. 다들 찡한 감동을 받을 한 줄.

"빛을 비추는 당신이 바로 빛입니다."

한 해를 돌아보았다. 처음 혼자 나섰다고 생각했을 때는 어두웠던 길이 조금씩 밝아지며 보이기 시작했다. 이제는 그 길 위에서 일벗들과 함께 손잡고 걷는 중이다. 겁나고 두렵기도 했지만 먼저 손 내밀기 잘했다.

이제는 우리 모두가 빛이다.

#김진향

다른 빛깔
온작품읽기

골라 읽는 재미, 친구와 함께 읽는 기쁨.

스멀스멀 우리 반을 휘감고 있는 어떤 책.

방과 후 남아 뒹굴며 책을 읽고

선생님과 찰떡궁합을 이루는 아이들.

또 다른 빛깔의 함께 읽기를 소개합니다.

골라 읽는 즐거움,
모둠 함께 읽기

"선생님, 저는 이 책 읽으면 안 돼요?"

"그래? 나는 저 책이 재미있을 것 같아."

함께 읽기를 위해 책을 선정하려고 하면 아이들이 읽고 싶다는 책이 달라서 가장 많이 원하는 책으로 정해 읽어 왔다. 그러면서 고민이 생겨났다. 한 권 함께 읽기를 통해 함께 읽기의 기쁨과 즐거움, 함께 읽기의 힘을 만끽했다면 각자 원하는 책을 읽는 것도 필요하지 않을까? 아이들이 스스로 책을 선택해서 읽을 수 있어야 하지 않을까? 취향과 관심이 다른 아이들이 각자 자신이 원하는 책을 골라 의미 있는 읽기를 할 수 있으려면 내가 어떻게 도와야 하지? 책 좋아하는 교사인 나와 헤어져도 계속 책 읽기를 좋아하고 스스로 책을 찾아 읽는 평생 독자로 기르려면 어떻게 해야 할까?

이 또한 어찌 보면 욕심이라는 것을 인정한다. 당연히 1년 만에 해결할 수 있는 고민이 아니라는 것도 안다. 그래도 이런 고민을 안고 있으면서 또 다른 도전에 머뭇거리기만 해서는 안 될 것이다.

'그래, 우리 아이들에게 책 선정의 선택권을 주자. 그리고 같은 책을 고른 아이들끼리 모둠을 지어 읽게 하자.'

그렇게 우리 반은 '따로 또 같이' 책 읽기를 시작했다.

따로 또 같이 읽기, 시작!

아이들이 읽고 싶은 책을 스스로 선택하게 하는 것은 자발성을 바탕으로 결정권을 준다는 것이다. 이러한 자발성은 아이들이 책에 애착을 갖게 하고 끝까지 스스로 읽을 수 있도록 하는 원동력이 될 것이다. 그러나 "읽고 싶은 책은 어떤 책이든 읽어요."라고 모든 책임을 아이들에게 넘길 수는 없었다. 아이들에게 책의 선택권을 마냥 열어 두면 어떤 책을 읽을지에 대한 고민이 너무 깊어지거나 너무 얕아지는 경우를 종종 보아 왔기 때문이다. 고민이 깊어지는 아이는 책을 고르는 데 망설임이 크고, 고민이 얕은 아이는 읽기 쉽고 가벼운 책을 선택하는 경향이 있다. 그래서 나는 우리 아이들이 읽을 책을 여러 권 제시해 주는 것으로 선택의 폭을 좁혀서 시작했다.

우리 반에서는 7권의 동화책*을 제시하여 교사가 한 권씩 소개하고 아이들이 책을 들추어 보면서 선택하는 시간을 마련했다. 이때 아이들은 교사의 책 소개와 책 표지, 서지 정보, 차례를 살펴보면서 각자 읽고 싶은 책을 미리 보는 활동을 했다. 아이들은 "난 이 책도 읽고 싶고, 저 책도 읽고 싶다.", "난 이번에는 외국 책을 읽어 보고 싶어."라며 진지하게 눈빛을 반짝거렸다. 도통 책에 관심이 없는 아이에게는 옆에서 내가 그림도 보여 주고 재미있다고 속삭여 주었다. 이렇게 실물 책을 들추어 보면서 책을 고르는 일부터 시작했다.

읽고 싶은 책을 선택한 후에 책을 들고 같은 책을 선택한 아이끼리 같이 모이도록 했다. 이때 내가 책마다 자리를 지정해 주어 우왕좌왕하는 시간을 줄였다. 『천사를 미워해도 되나요?』 모둠은 같은 책을 고른 아이가 6명이 되어 3명씩 나누었다. 모둠 읽기를 할 때는 서너 명이 읽어야 머리를 맞대고 읽으며 대화에서 소외되는 경우가 적어지므로 적당하게 인원을 조정해 줄 필요가 있다. 『나의 라임 오렌지 나무』는 두께에 놀라서인지 한 명만 골랐는데 고른 친구가 혼자라도 꼭 읽어 보고 싶다고 해서 그 아이는 혼자 읽기를 했다.

같은 책을 고른 아이끼리 모여 책 모둠을 만든 후 책 표지를 보면서

★ 우리 학교에는 2013년부터 지역 시청에서 받은 예산으로 구입한 복본 책이 여러 종류가 있다. 그 가운데 1, 2학기에 함께 읽기를 진행했거나 진행할 예정인 책을 제외한 책 가운데 7종의 동화책을 준비했다.

대화를 나누며 자신들이 고른 책을 살펴보았다. 책 제목으로 어떤 내용이 전개될지 유추하고, 표지 그림과 뒤표지를 통해 책에 대한 정보를 얻었다. 우리가 그동안 꾸준하게 책 읽기를 하면서 읽기 전 활동으로 해 온 것이기 때문에 비교적 쉽게 이야기가 나왔다. 작가나 출판사를 살펴보면서 그동안 우리가 함께 읽은 책의 작가나 그림 작가와 겹치는지도 알아보았다. 책 고르고 모둠 만들고 책을 살피다 보니 한 시간이 훌쩍 지났다. 다음 시간부터 읽겠다고 하자 아쉬워하면서 "선생님, 빨리 읽고 싶어요.", "진짜 기대돼요."라며 기대에 부풀어 있는 아이들 모습이 상큼하고 사랑스러웠다.

마음 맞춰 가며 읽기, 모둠 함께 읽기

모둠별로 모여 책 읽기를 시작했다. 여기저기서 소리 내어 읽으니 교실은 웅성웅성 소란스럽다. 누군가가 본다면 '아니, 이렇게 시끄러운데 다들 집중이 되나?' 하고 궁금해할 정도로 말이다. 그런데 아이들은 이러한 소란스러움이 들리지 않는 모양이었다. 자기 모둠끼리 한판 벌인 책 읽기와 책 수다 마당에 푹 빠져 다른 모둠 쪽으로는 고개도 돌리지 않았다. 서로 눈 마주쳐 가며 소리 내어 읽는 모습을 보고 있으니 저절로 미소가 지어졌다.

『천사를 미워해도 되나요?』모둠은 세 명이 돌아가며 소리 내어 읽기를 했다. 마치 낭독극을 하듯이 인물의 역할을 나누어 실감 나게 읽었다. 이렇게 읽다 보니 읽기 속도는 다른 모둠에 비해 조금 느렸다. 하지만 읽기 자체의 재미에 푹 빠진 모습이었다.

『빨강 연필』 모둠은 평소에도 단짝인 친구 두 명이 같은 책을 골라서 서로 번갈아 가며 읽었다. 이 둘은 평소 옷차림도 비슷하고 머리 모양도 비슷해서 마치 쌍둥이처럼 서로 닮아 가는 친구이다. 둘의 사이가 워낙 깊어서 다른 친구들이 끼어들기 쉽지 않은 점이 있지만 두 아이는 둘만의 관계에 매우 만족해하고 있다. 둘이 돌아가며 읽으니 책장이 쑥쑥 넘어간다. 책은 두꺼워도 사건의 전개가 빠르고 우리 일상생활과 닮은 점이 많은 작품이어서 읽기 속도가 빠른 편이었다.

『아빠와 배트맨』을 선택한 모둠은 네 명이 돌아가며 읽기를 했다. 단편 한 편을 읽고 그 단편에서 인상적인 부분, 재미있는 부분을 이야기하면서 읽었다. 장편 동화와 달리 여러 편의 단편이 실린 단편 동화집

▲ 따로 또 같이 책을 읽는 아이들

이라서 이렇게 단편 한 편마다 읽고 이야기 나누기를 권장했다. 특히 이 모둠에는 읽기 능력이 우수한 친구가 이야기를 이끌어 가고 있어서 진행이 잘되었다.

『마당을 나온 암탉』 모둠은 셋이서 읽었다. 이미 애니메이션 영화를 보아서 익숙하다고 느끼는 작품이다 보니 선택한 아이들이 적었다. 이 모둠의 두 명이 읽기 능력이 다소 부족해 속도가 매우 느렸다. 그래도 평소 함께 읽기를 할 때는 자신의 생각을 잘 말하지 않던 친구가 세 명이서 대화할 때는 조금 더 활발하게 의견을 말했다. 어떤 대화를 하고 있는지 곁에서 들으려고 하면 다시 예전처럼 말문을 닫아서 일단 자유롭게 말하게 하려고 비켜 주었다.

『시튼 동물기』는 네 명이 선택했다. 두 명은 평소에도 매우 친한 사이여서 둘만 읽고 싶어 했지만, 한국어가 서툰 중국 친구 한 명과 읽기 능력이 현저하게 떨어지는 친구 한 명을 위해 읽기를 잘하는 아이 두 명이 소리 내어 읽어 주면서 진행했다. 아무래도 중국 친구와 읽기 능력이 부족한 친구가 속도를 맞춰 나가기 어려워했다. 나는 이 두 친구 옆에서 가장 많은 시간을 보냈다. 두 친구가 읽기를 힘들어할 때 옆에서 책을 짚어 주고 관심을 가져 주었다.

『노벨트에서 평범한 건 없어』를 선택한 네 명은 처음에는 이렇게 두껍고 외국에서 유명한 상을 받은 책을 선택했다는 점을 은근히 자랑스러워했다. 그러나 읽어 가면서 우리나라 동화와는 결이 다른 번역서의 문체를 어색해했다. 문화의 차이에 어리둥절해하고 내용도 이해하기 어려워했다. 넷이 읽다가 이해 안 가는 부분에서 서로 이야기를 나누고, 그래도 이해가 안 가면 교사와 이야기하면서 겨우 끝까지 읽었다.

『나의 라임 오렌지 나무』를 선택한 한 명은 혼자서 묵독으로 읽었다. "혼자 읽어서 좀 외롭고 쓸쓸해요."라고 하면서도 "빨리 읽을 수 있어서 그건 좋아요."라고 말했다. 중요하다고 생각하는 부분이나 궁금한 것이 있는 부분에 붙임쪽지를 붙여 가면서 읽는데, 혼자이다 보니 갈등 없이 가장 빠르게 읽었다.

책 읽기를 하면서 그동안 우리가 함께해 왔던 읽기 중 전략을 사용했다. 궁금한 점이 있으면 질문 적기, 공감이 가거나 인상적인 장면에 표시하기, 시간의 흐름이나 사건의 변화에 따라 요약하기 같은 방법 중에서 모둠마다 필요한 방법을 선택해서 읽었다. 작은 붙임쪽지에 표시하거나 내용을 적은 후에 책에 붙이면서 읽었고, 이렇게 작성한 내용으로 읽기 후에 책 대화를 나누기로 했다. 5차시 동안 모든 모둠이 책 한 권을 다 읽었고, 읽기를 먼저 끝낸 세 모둠은 붙임쪽지 붙인 곳을 살펴보면서 개인별로 다시 읽기를 진행했다.

5차시의 책 읽기를 마치고 난 후에 대부분의 아이들은 모둠 친구들과 서로서로 재미있게 잘 읽었다고 흥이 나 있었다. 읽는 과정 중에 각자가 붙여 놓은 붙임쪽지에 적은 글을 바탕으로 한바탕 책 수다판을 벌였다. "나는 이 장면이 가장 웃겼어.", "나는 이 아이가 진짜 외계인인 줄 알았는데 나중에 백혈병 환자라니까 좀 슬프고 그랬어."라며 모둠 친구들끼리 이야기꽃이 피었다. "동물들이 정말 멋있는데 사람들이 동물을 너무 막 죽이는 것 같아서 슬펐어요.", "초록머리가 엄마인 잎싹을 두고 가는 게 나는 좀 슬퍼요.", "제제가 너무 불쌍하고, 제제 가족한테 너무 화가 나요. 저라면 못 견딜 것 같아요."라며 내게 작품에 대한 자신의 감정을 토로하기도 했다. 책 읽기를 힘들어하는 아이는 자기 생각을 말하는 일에도 쑥스러워하고 자신 없어 하므로 조금 더 격려해 주고 작게 말하더라도 귀 기울여 주었다. 그리고 일부러 더 칭찬해 주었다. 부끄러워하면서도 작게 미소 짓는 그 얼굴을 보기 위해서 말이다. 여기까지는 신나고 즐거운 책 읽기 시간이었다. 문제는 그다음부터였다.

자발적 선택 읽기에서 놓쳐서는 안 될 것! 교사의 꼼꼼한 준비

작품에 대한 감상을 나누고 난 후에는 작품을 이해하고 표현하기를 하려고 했다. 책을 읽으면서 각자 만든 질문에 대해 서로 이야기를 나누고 싶었다. 또, 내가 주인공이라면 어떻게 했을지 각자 자신의 생각을 정리하고 모둠 친구들과 돌아가면서 생각 나누기를 하고자 했다. 책의 내용과 비슷한 경험을 한 적이 있는지, 있다면 어떤 경험인지, 세상에서 이와 비슷한 뉴스를 본 적이 있는지도 이야기를 나누고 싶었다. 이러한 과정을 모둠끼리 정리해서 다른 모둠 친구들에게 소개하면서 마무리하는 아름다운 장면을 기대했다. 그러나 책을 읽을 때만 해도 이러쿵저러쿵 이야기 나누고 활발하게 대화하며 책 수다에 푹 빠졌던 아이들이 자신의 생각을 표현하고 정리하는 단계에서는 머리를 긁적이며 어려워했다. 모둠마다 돌아다니며 '어떤 점이 어려운지' 물어보았더니 "책 내용이 정리가 안 돼요.", "읽기는 읽었는데 잘 모르겠어요.", "다시 한 번 읽어 봐야겠어요."라고 말한다.

'아, 이런! 어쩌면 좋지?'

즐거운 마음으로 책을 읽었고, 읽으면서 서로 대화도 나누었고, 메모하기와 질문하기 방법으로 읽기 중 전략도 활용했지만 아이들은 마지막 단추를 꿰는 법을 몰라서 어려워하고 있었다. 한 학기 동안 나름대로 꾸준하게 책 읽기를 하면서 함께 읽고 생각 나누기와 표현하기 활동을 다양하게 했기 때문에 모둠 읽기에서도 그 방법을 잘 적용해서 근사한 결과를 뚝딱 만들어 낼 줄 알았는데 그건 너무 큰 기대였나 보다. 함께 읽기를 하면서 책 읽기의 힘을 꽤 키웠다고 생각했는데 아직 기대한 수준만큼 단단해지지는 못했다. 한 학기 만에 아이들의 책 읽기 실력이 훌쩍 늘었을 거라고 혼자서 너무 낙관적인 생각에 빠져 있었던 것이다.

'문제가 뭘까? 내가 제대로 살피지 못한 부분이 뭐지?'

곰곰이 생각해 보니 교사인 내가 우리 아이들에게 제대로 안내를 해 주지 않았다. 아이들에게 읽고 싶은 책을 읽게 하자는 데에만 집중하다 보니 세심하게 준비해야 할 것들을 생각하지 못한 것이다. 우선 책 대화하기를 읽기 과정과 읽기 후 과정에서 중요한 읽기 전략으로 삼았다면 책 대화하기에 대한 준비를 세심하게 했어야 했다. 평소 틀에 얽매이는 것에 거부감이 있어 활동지 같은 것을 만들기를 꺼렸는데, 이 수업에서는 오히려 아이들에게 책 대화하기를 위한 안내가 필요했다. 아이들에게 책 대화하기의 첫 시작인 질문 만들기부터 모두 열어 놓았더니 오히려 갈피를 못 잡았고 내용을 정리하기도 어려워했던 것 같다.

돌아보니 아이들에게 책 선택권을 주고 제대로 읽기 수업을 하기 위해서 여러 책을 선정할 때부터 교사의 노력이 더 필요했다. 우리 반 학생들이 읽을 수 있을 만한 책을 고르고, 읽은 책으로 서로 책 대화를 할 수 있도록 교사가 준비하고, 읽기 전략을 한 번 더 확인하고 학습하는 과정을 거쳤어야 했다.

아이들에게 모든 것을 열어 두고 처음부터 끝까지 알아서 하라고 한 것은 방임과도 같았다. 의미 있는 수업이 되기 위해서 내가 꼼꼼하게 준비했어야 했다. 인원수도 그냥 아이들이 원하는 대로 두었더니 어느 책은 1명이고 어느 책은 6명이 되었는데 이 부분도 더 고려했어야 했다. 고를 수 있는 책을 제시하되 인원수는 최소 2명 이상 4명 이하로 하는 것이 모둠 읽기를 할 때 집중력을 높이고 의미 있는 활동으로 전개시키는 데 도움이 될 것이다.

또 처음에 책을 골라서 읽다가도 책을 바꿀 기회도 주어야 했다. 『노벨트에서 평범한 건 없어』를 고른 친구들은 처음에는 기대에 부풀어서 책을 골랐지만 앞부분을 읽어 가면서 어려워하고, 흥미를 잃었는데, 그때 책을 바꿀 수 있는 기회를 주었더라면 더 의미 있는 시간이 되었을 것이다. 그런데 그렇게 하지 못한 점이 미안했다. 끝까지 책을 읽을 수 있도록 선택권을 더 주었어야 했다.

오늘은 책을 읽지 않고 수업을 하는데 민지가 쉬는 시간에 내게 오더니 "선생님, 우리 언제 또 책 읽어요?" 하고 묻는다. "또 읽고 싶어?" 하고 물어보니 얼른 다른 책을 읽고 싶단다. 지난번 친구들이 추천해 준 책 중에서 한 권을 읽고 싶기도 하고, 다른 책도 좋겠다고 한다. 평소에 교사에게 살갑게 다가오지 않고 약간 무뚝뚝한 구석이 있는 녀석인데 모둠별로 책 읽는 그 시간이 정말 좋았단다. 앞자리에 앉은 수다쟁이 녀석이 이 말을 듣고 있다가 자신도 한마디 덧붙인다.

"선생님, 또 책 읽고 싶어요. 책 읽을 시간 주세요."

"집에서는 혼자 읽는데 학교에서는 친구들이랑 같이 읽으니까 좋아요."

"수업 시간에 책 읽으면 생각을 주고받으면서 읽을 수 있잖아요. 혼자 읽으면 모르는 부분은 그냥 넘어가거든요."

'아, 그렇지. 수업 시간에 우리가 함께 읽어 온 힘이 있었지. 그 힘이 우리 아이들에게 차곡차곡 쌓여 있었구나.'

우리에게는 한 학기 동안 함께 읽기를 하면서 모아 둔 힘이 있었다. 모둠 읽기에서 뭔가 부족하다고 마냥 실망하고 꼼꼼하게 준비하지 못해 자책하고 있었는데 우리 아이들의 '또 책 읽자.'는 목소리를 듣고 있으니 다시 기운이 났다. 그래, 이렇게 책을 읽고 싶어 하는 마음을 갖는 것, 그 마음을 놓치지 않는 것이 중요하다.

이제 우리 아이들이 제대로 읽어 낼 수 있도록 내가 더 세심하게 준비해야겠다. 우선 아이들 마음에 쏙 드는 매력적인 책을 마련해야지. 긴 호흡으로 한 권의 책을 읽고, 주인공의 성장에 함께하면서 자신의 삶과 이을 수 있도록 해야지. 책을 읽으면서 세상하고도 이을 수 있게 질문을 만들고, 책 읽기의 감동에 빠질 수 있도록 해 줘야지. 혹시 책을 골랐다가 읽기가 어려우면 책장을 덮고 다른 책을 선택할 수 있도록 모둠 수보다 많은 종류의 책을 마련해야겠다.

다시 따로 또 같이 함께 읽기를 도전해야겠다. 이번에는 역사 동화 9권*을 준비했다. 5학년 역사를 배우면서 역사를 어려워하는 우리 아이들에게 생생한 역사를 들려주고 싶다. 역사 동화를 읽으며 그 시대에 살았던 사람들의 삶 속으로 직접 들어가 볼 기회이다. 나는 아이들이 역사 속 인물과 대화할 수 있도록 단계별 안내 자료를 만들고 있다. 친구들과 같이 읽으면서 책 읽기와 책 수다의 재미를 다시 느끼도록 도와 줘야지. 그리고 아이들이 자신의 생각을 정리할 수 있도록 안내해 주어야겠다.

여전히 책 읽기 수업에 대해 여러 가지 고민이 남는다. 한 권의 책을 함께 읽으면서 우리 반이 다 같이 진한 감동의 도가니에 빠지고도 싶고, 아이들이 읽고 싶은 책을 골라서 모둠끼리 같이 읽기도 계속하고 싶다. 한 권 함께 읽기도, 모둠 함께 읽기도 공통적으로 누군가와 함께 읽는 것

★ 『왕자 융과 사라진 성』, 『서라벌의 꿈』, 『나는 비단길로 간다』, 『첩자가 된 아이』, 『옹주의 결혼식』, 『초정리 편지』, 『꽃신』, 『임진년의 봄』, 『책과 노니는 집』

이다. '혼자서도 보이는 것'이 있지만 '여럿이 보아야 더 잘 보이는 것'이 분명히 있다. 그것은 책 속 내용에 대한 이해뿐만 아니라, 나와 너에 대한 이해, 그리고 우리에 대한 이해가 함께 읽기 속에 담겨 있기 때문이다. 그래서 나는 내일도 우리 아이들과 함께 책을 읽는다.

#진현

교실에
이야기가 퍼지다

정해진 틀이 없다는 것은 아슬아슬한 줄타기와 같다. 얽매일 것이 없으니 훨훨 자유롭지만 한편으로는 용기가 필요하다. 올해 3월로 시간을 거슬러 올라가면 그때의 내가 꼭 그랬다. 아이들과 책을 읽고 싶은 마음은 큰데 어떻게 해야 할지 구체적인 방법은 알지 못했다. 주저하는 내게 첫발을 내디딜 수 있게 용기를 준 건 아이들이었다. 아이들은 재미있는 놀이를 하듯 책을 저희끼리 돌려 읽기 시작했다. 평범한 책이 갑자기 특별해졌다. 관심 없이 지나치던 아이들도 괜히 기웃거리며 긴 줄 뒤에 슬그머니 서 보는 것이 아닌가.

함께 읽기의 즐거움을 저절로 알아 가는 아이들 덕분에 나 역시 온작품읽기에 대한 부담을 덜 수 있었다. 1년간 우리 반 온작품읽기의 든든한 밑바탕이 되어 준 돌려 읽기의 시작은 이러했다.

진욱이 다음 규담이, 규담이 다음 이안이

3월 5일, 5학년 1반 아이들의 얼굴을 본 지 겨우 이틀째 되는 날 아침이었다. 아직 아이들의 이름도 모르는데 1교시부터 국어, 수학 진단평가를 보기로 되어 있었다. 아이들도 나도 어색하고 긴장되는 시간이었다. 맨 앞자리에서 시험지에 답을 쓱쓱 써 내려가던 남학생이 일찌감치 시험지를 뒤집고 지루한 표정으로 책상에 엎드렸다. 시계를 보니 기다려야 할 시간이 30분이나 되었다. 그때 내 가방 속에 있던 동화책이 떠올랐다.

"이 책 한번 읽어 볼래?"

남학생은 고개를 들고 내 얼굴을 한번 살피더니 그 책을 받아들었다.

"가지고 있어도 돼요?"

1교시 마치는 종이 울리자 그 학생이 내게 다가와 물었다. 2교시 수학 문제를 풀고 남는 시간에도 서랍에서 책을 꺼내 읽더니 2교시 쉬는 시간에 다시 내게 왔다.

"이 책 집에 가져가서 읽어도 돼요?"

"그래? 재미있나 보네? 그런데 이 책 선생님한테 무척 소중한 책이야. 잘 보고 돌려줄 수 있겠어?"

속으로야 책을 빌려 달라는 그 학생의 말에 미소가 지어졌지만, 나는 잠시 망설이며 빌려주기 아깝다는 표정으로 책을 내주었다. 그 모습을 잠자코 보고 있던 아이들 몇몇이 갑자기 우르르 앞으로 몰려들었다.

"너 읽고 나 주라."

모두 그 학생에게 아쉬운 표정을 지어 보이며 사정했다. 그러자 책을 가진 남학생이 그 아이들더러 가위바위보를 하라고 했다. 잠시 후 순서가 정해진 것 같았다.

"보물섬의 비밀, 홍진욱."

나는 칠판에 책 이름을 먼저 적고 아이의 이름을 물어 그 아래에 써 두었다. 그렇게 진욱이는 내 가방 속 동화책의 첫 독자가 되었다. 우리는 진단평가가 아니라 책으로 만났다. 첫 번째로 적힌 진욱이 이름 뒤로 아이들의 이름이 하나둘 붙어났다. 책을 다 읽으면 자기 이름 뒤에 적힌 친구에게 넘겨준다는 암묵적인 규칙이 자연스럽게 생겼다. 아주 단순한 규칙이었다. 진욱이 뒤로 규담이, 규담이 뒤로 이안이가 줄을 섰다.

이때까지도 이것으로 어떤 수업을 하거나 활동을 해야겠다는 생각은 없었다. 다만, 이름에 이름이 꼬리를 물고 꼬불꼬불 길어지는 줄을 바라보며 이 기회를 놓치면 안 되겠다는 생각이 들었다. 아이들이 알아서 서로 먼저 책을 읽고 싶다고 말하는 모습은 그동안 내가 꿈꾸던 장면이기도 했다. 그날부터 며칠간 부지런히 집에 있는 동화책을 학교로 가져 왔다. 겨울방학 동안 동화책을 읽어 두길 잘했다는 생각이 들었다. 책들을 소개하며 "너희들, 이 책 한번 읽어 볼래?" 하고 말하면 관심 있는

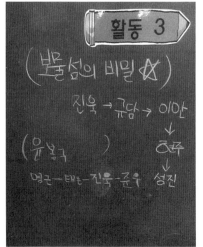
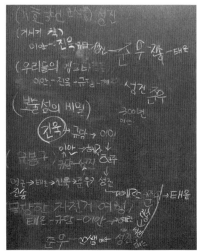

▲ 책을 기다리는 아이들도, 돌려 읽는 책의 종류도 점점 늘어 갔다.

아이들이 쉬는 시간에 나와 칠판에 책 이름과 자신의 이름을 알아서 적었다. 칠판 한구석이 가득 채워질 만큼 돌려 읽는 책과 그 책을 읽는 아이들이 늘어 갔다. 그렇게 우리 반에는 책 돌려 읽기가 훅 들어와 자리를 잡게 되었다.

돌려 읽기의 비밀 아닌 비밀

3월 중순쯤 되니 돌려 읽는 책이 우후죽순 많아졌다. 이제는 '어떻게 하면 우리 반 모든 아이가 빠짐없이 돌려 읽을 수 있을까?', '이 자발적인 분위기를 어떻게 계속 유지할 수 있을까?' 하고 고민하게 되었다. 어디까지나 책 읽기는 즐겁고 자연스러워야 한다고 생각하기에 끝까지 아이들의 자발적인 참여를 유지하고 싶었다.

아이들에게 적어도 한 권의 책은 무조건 읽어야 한다고 엄포를 놓거나 독후감을 제출하게 하여 확인을 받게 하는 순간 와이어가 뻔히 보이는 줄타기만큼이나 시시해질 것 같았다. 보이지 않는 손이 되어 돌려 읽기가 멈추지 않게 하는 것, 줄타기에서 떨어지는 아이가 없는지 살피는 것이 나의 역할이었다.

먼저 책 한 권에 집중하기로 했다. 모든 책을 모든 아이가 다 돌려 읽는 것은 물리적으로 무리라는 생각이 들었다. 이 중에서 적어도 책 한 권만큼은 학급 전체가 돌려 읽고 책에 대한 이야기를 함께 나누어 보고 싶었다. 칠판에 적힌 책들 중에서 맨 처음 돌려 읽기 시작했고 가장 많은 아이들이 기다리고 있는 『보물섬의 비밀』을 골랐다. 교실 환경판 한쪽에 '함께 읽는 책' 난을 만들어 '봄', '여름', '가을', '겨울'을 써 붙이고 '봄' 글자 아래 『보물섬의 비밀』 표지를 큼직하게 붙여 두었다. 아이들에게 계절이 바뀔 때마다 우리 반의 대표 책이 생겨날 것이라고 말했다.

이어서 3월 중순 학부모 총회 때는 온작품읽기를 설명하고, 아이들이 돌려 읽고 있는 책에 대해 학부모님도 함께 관심을 가져 주시면 좋겠다는 말도 덧붙였다. 우리 반 아이들과 학부모와 소통하는 온라인 공간에도 함께 읽는 책 목록을 간단히 소개해 두었다. 며칠 뒤 그곳에 새 글이 올라왔다.

"얘들아, 나 성진이야. 혹시 『보물섬의 비밀』을 보고 싶으면 내 책을 빌려.^^"

순서가 너무 뒤였는지 기다리다 지쳐 책을 사 버린 성진이가 자기 책도 같이 돌려 읽자고 글을 올린 것이다. 책 한 권을 20명 남짓의 아이들이 돌려 읽으려면 시간이 많이 걸리겠구나 싶었는데 그 고민이 아이들로부터 자연스럽게 해결되었다. 학교 도서관을 통해서도 책을 구할 수 있었다. 찾아보니 학교에도 『보물섬의 비밀』이 한 권 있었는데, 우리 반 아이들이 자주 찾는 것을 보고 사서 선생님께서 두 권을 추가로 구입해 주셨다.

아이들과 학부모의 관심이 '봄' 책에 집중되고 수량이 늘어난 것 말고도 돌려 읽기가 계속될 수 있었던 계기가 하나 더 있다. 책을 먼저 읽은 아이들은 책 이야기가 하고 싶은 모양이었다. 2탄이 언제 나올지 궁금해하기도 했고, '여우눈'의 정체로 의심되는 인물이 누구인지 큰 소리로 말하기도 했다. 누군가 칠판에 주인공 '산호'와 '현민'의 그림을 그려 놓기도 했다. 아이들이 불쑥불쑥 책 이야기를 꺼내는 것을 보며 책을 읽은 후의 생각과 감정을 어떻게 나누어야 할지 고민하게 되었다.

그러던 중 서진이가 아침부터 곁에 오더니 작가님에게 편지를 써도 되냐고 물었다.

"작가님이 바빠서 편지 보실 시간도 없을 거야……. 그래도 쓰고 싶어?"

혹시라도 실망할 경우를 대비해서 편지를 보내도 되지만 답장이 오지 않을 수 있다고 누차 이야기하며 이메일 주소를 알려 주었다.

며칠 뒤 서진이 앞으로 택배가 도착했다. 상자에는 두 장의 편지와

『보물섬의 비밀』새 책 세 권이 들어 있었다. 작가의 사인이 들어 있는 책과 "한서진 친구, 만나서 반가워요."로 시작하는 작가의 편지에 우리 반 모두가 들썩였다. 그때부터 아이들은 작가님에게 이메일로, 우편으로 편지를 보내기 시작했다. 아이들은 편지로 책을 읽은 소감을 풀어냈다. 자신이 쓴 시나 그림을 보내는 아이도 있었다.

그리고 더 많은 아이들이 칠판에 이름을 적어 나갔다. 서진이는 선물로 받은 책 중 두 권을 우리가 함께 읽을 수 있도록 기꺼이 내주었다. 자신의 꿈을 써서 발표하는 국어 시간에 서진이는 '동화 작가'가 되고 싶다고 했다. 책을 읽고 편지를 보내는 어린이에게 바쁘더라도 답장을 써 주는 친절한 작가가 되고 싶단다.

돌려 읽기는 동시에 한 공간에서 읽는 것이 아니다 보니 긴 시간 동안 아이들의 관심이 꺼지지 않도록 하는 일이 중요하다. 지금 우리 반에서 어떤 책을 돌려 읽고 있는지 아이들이 계속해서 관심을 가지도록 여러 자원을 활용해야 한다. 교사가 여러 가지 방법으로 환경을 조성하고 돕되, 아이들의 자발성을 유지할 수 있도록 한다.

돌려 읽고 나누기

돌려 읽기가 한 달 정도 진행되면서 교실에서 『보물섬의 비밀』이야기가 불쑥불쑥 튀어나왔다. 아직 읽지 않은 학생이라도 책에 대한 기대감을 갖고 기다리고 있어서인지 책 이야기를 하면 집중해서 들었다. 딱히 어떤 시간을 가리지 않고 수업 중간중간 『보물섬의 비밀』이 예고 없이 등장했다.

4월 수학 시간, 분수의 덧셈과 뺄셈 단원을 시작할 때였다. 『보물섬의 비밀』 표지를 '분수섬의 비밀'로 살짝 바꾸어 단원 소개를 했다. 바뀐 책 표지를 보고 웃으며 새로운 단원에 관심을 보이던 아이들이 교과서를 펴고 1차시 수업 내용으로 들어가자마자 한숨을 쉬었다. 교과서에 나와 있는 수학 이야기가 너무 재미없다는 말이 터져 나왔다. 수학 교과서가 스토리텔링 방식을 취하고 있지만 아이들의 흥미를 끌기에는 역부족이었다. 내 귀에 "우리가 이야기를 만들어도 이거보다는 재미있겠다."라는 말이 들렸다.

"그럼 너희가 이야기를 만들어 볼래?"

여기저기서 좋다고 한다. 수학 수업을 멈추고 모여서 어떤 이야기를 만들지 구상해 보라고 했다. 그때 준우가 『보물섬의 비밀』 이야기를 참고하는 것이기 때문에 저자에게 허락을 받아야 한다고 씩씩하게 주장했다. 아차! 다른 아이들도 고개를 끄덕이며 동의했다. 우리는 직접 작가에게 이메일을 보내 『보물섬의 비밀』 이야기를 참고해서 다른 이야기로 만들어 봐도 좋은지 허락을 구했다. 그날부터 며칠간 아이들은 삼삼오오 모여서 '분수섬의 비밀'이라는 주제로 자유롭게 이야기를 써 내려갔다. '분수섬'에 옷가게가 등장하기도 하고, 난데없이 꼴뚜기와 외계인이 출몰하기도 했다.

그때까지도 나는 우리 반 재윤이에 대해 잘 몰랐다. 장난스러운 표정과 달리 수줍음이 많은 아이라고만 생각했다. 수학 시간에는 특히 더 조용히 있는 편이었다. 그런데 수학 이야기를 만들어 보자고 했더니 대뜸 묻는다.

"선생님, 저 혼자 써 와도 될까요?"

전혀 예상치 못한 질문이라 나는 "어? 어."라고 답했다. 큰 기대를 하지는 않았다.

이틀 정도 지났을 때 재윤이가 종이 두 장을 내밀었다. 자기가 쓴 이야기라며 수줍어했지만 표정은 밝았다. 수학 시간에 어쩐지 불안해 보이던 모습과는 사뭇 달랐다. 재윤이가 써 온 이야기를 읽으며 웃음이 터졌다. 분수를 싫어하는 주인공의 이야기가 마치 재윤이 자신의 이야기처럼 펼쳐져 있었다. 네 명, 다섯 명이 모여서 쓴 것보다 훨씬 재미있고 긴 이야기를 써 왔다. 수학을 어려워하는 것 같아 걱정하던 마음도 거두었다. 『보물섬의 비밀』 덕분에 숨겨진 이야기꾼 한 명을 발견할 수 있었다.

분수의 비밀

신재윤

학교의 위치는 바닷가 주위에 위치하고 6학년이다. 약분이와 통분이는 씩씩하다.

어느새 수학 시간이 되었다.

약분이와 통분이는 이름만 분수와 관련이 있고 분수를 아주 싫어하는 친구들이다. 약분이와 통분이는 분수를 공부하기 싫어서 학교를 나가고 나서 배를 타고 노를 젓는데 폭풍이 밀려와서 약분이와 통분이가 정신을 잃고 눈을 뜨고 일어나 보니 배가 무인도에 도착해서 가 봤는데 표지판을 보니 분수의 섬이었다. 분명 이 섬은 무인도인데 누가 있을까?

섬을 돌아다녀 보니 사람은커녕 동물도 보이지 않았다. 약분이와 통분이는 씩씩하지만 점점 무서워진다.

(……)

약분이와 통분이는 도적단 녀석들한테 들켜서 문제를 풀게 된다. 문제는 4분의 2와 5분의 4의 덧셈이었다. 약분이와 통분이는 아까 들었던 설명으로 문제를 풀고 보물을 가지고 와서 분수의 신에게 보여 주었더니 보물을 가지고 도망간다.

약분이와 통분이는 덫을 만들고 분수의 사기꾼을 잡고 분수의 사기꾼은 강둑으로 가고 약분이와 통분이는 학교생활 잘하고 행복하게 살고 있다. 끝!

5월 초 미술 시간에는 책 속의 인상 깊은 장면을 상상하여 입체로 표현하는 활동을 했다. 모둠별로 『보물섬의 비밀』 속 한 장면을 골라 표현하기로 했다. 아직 책을 읽지 않은 아이들이 있는데 괜찮을지 걱정이 되었다. 하지만 먼저 책을 읽은 아이들이 책을 읽지 않은 아이들에게 그 장면이 어떤 장면인지 설명하면서 함께 작품을 만들어 갔다. 동시에 책을 읽은 것이 아니라서 걱정했지만, 책을 읽은 아이들에게는 감상과 표현 활동이, 그때까지도 책을 읽을까 말까 망설이는 아이들에게는 '나도 읽어 볼까?' 하는 동기 유발이 되었다. 한 권의 책이 소중하고 의미 있게 다가오는 순간은 저마다 달랐지만, 우리는 함께하고 있다고 느꼈다.

우리에게 남은 것

아이들에게 돌려 읽기는 무엇으로 남았을까? 2학기가 되어 사회 시간에 역사를 배우기 시작하며 '우리 반의 역사'라는 주제로 기억에 남는 사건을 적어 보았다. 여러 모둠에서 『보물섬의 비밀』을 목록에 올렸다. 아이들은 『보물섬의 비밀』을 특별하게 생각했다. 우리 반의 학급 문집 표지를 공모했을 때도 어김없이 『보물섬의 비밀』이 등장했다. 책을 기다리던 시간들, 먼저 읽은 친구들에게 이야기를 듣던 순간들이 아이들 마음에 고스란히 남았다.

나에게 가장 의미 있던 점은 교실 안에서 자연스럽게 책 읽는 문화가 만들어질 가능성을 발견한 것이다. 별로 특별하지 않은 책도 돌려 읽기를 할 때면 서로 먼저 읽겠다고 손을 들었다. 책 한 권을 앞에 두고 가위바위보를 하고, 순서가 뒤로 밀리면 아쉬워하고, 앞 친구가 조금만 빨리 읽어 주었으면 하고 바라며 자신의 순서를 확인하고 기다리는 아이들의 모습은 교실 안에서 빛이 났다. 덩달아 나도 신이 나서 여러 책을 아이들에게 소개하고 읽어 주며 나눌 수 있었다.

그 뒤로는 어떻게 되었을까? 책 한 권을 돌려 읽는 동안 아이들은 내가 읽어 주는 책에도 귀를 기울이기 시작했다. 어떤 책은 교실에서 끝까지 함께 읽고, 또 어떤 책은 돌려 읽었다. 돌아보니 우리에게 남은 것은 결국 함께 읽은 많은 책들이었다.

돌려 읽기의 어려움도 분명 존재한다. 마지막까지도 책을 읽지 않는 아이가 두 명이 있었다. 몇 번 책을 권해 보았지만 책에 그다지 흥미가 생기지 않는다고 했다. 한 교실에서 동시에 내가 책을 읽어 주었다면 고민하지 않아도 될 문제였지만 아이들이 자발적으로 돌려 읽는 분위기에서는 이런 상황이 생길 수 있다. 결국 두 명의 아이는 책을 읽지 않은 채로 넘어갔다.

또 한가지, 긴 줄을 이어 줄 수 있는 교사의 역할도 생각해야 한다. 책을 읽는 시점이 다르다 보니 책과 관련한 이야기를 언제 어떤 방식으로 나눌 것인지가 문제였다. 3월부터 5월까지 약 3개월 동안 20명의 아이들이 책을 돌려 읽으며 중간중간 여러 가지 방법으로 책 이야기를 나누었지만 이미 오래전에 책을 읽어 내용이 가물가물한 학생과 아직도 책을 읽지 않은 학생을 동시에 데리고 하는 수업을 계획하는 일이 쉽지 않았다.

한 권의 책으로 시작해서 아이들의 손에서 손으로 교실에 이야기가 퍼져 나간 우리 반의 온작품읽기는 아주 잘 짜인 빈틈없는 시나리오라기보다는 듬성듬성 헐겁게 써 내려간 이야기에 가깝다. 이 이야기를 가지고 어떤 작품을 만들지는 순전히 아이들과 교사의 몫이라고 생각한다.

가을이 되었고, 돌려 읽기는 계속되었다. 단풍이 물들 듯 천천히 이야기가 퍼져 나가는 교실의 모습이 좋다. 이번에는 우리 반 모두가 빠짐없이 책을 읽기를 바라는 마음을 담아『사랑이 훅!』첫 장을 소리 내어 읽어 주었다. 그리고 말을 꺼냈다.

"이 책 맨 먼저 읽을 사람?"

"저요! 저요!"

우리 반의 새로운 돌려 읽기가 막 시작되었다.

#이지혜

방과 후,
다시 모여 도란도란 책모임

『뭐든 될 수 있어』(요시타케 신스케, 유문조 옮김, 스콜라, 2017) 외[★]

"선생님, 2학기에는 도란도란 책모임 언제 시작해요?"

영이가 까맣고 동그란 얼굴을 내 가슴팍에 대고 묻는다. 도란도란 책모임은 작년부터 시작한 방과 후 책모임이다. 해마다 학급에서 희망하는 아이들과 2주에 1회씩 함께 책을 읽는다. 올해에는 3학년 우리 반 아이들 28명 중 20명이 신청했다. 5~6명씩 한 모둠으로, 모두 네 모둠

[★] 『마음도 복제가 되나요?』(이병승, 창비, 2018)

으로 진행했다. 한 모둠이 2주에 한 번씩 모이지만, 나는 매주 화요일과 금요일에 모임을 진행했다.

1학기에 5월부터 8월까지 꾸준히 했는데, 2학기에는 시작하지 못하고 있었다. 동료장학 수업 준비와 담당 업무를 처리하느라 정신이 없었다. 부쩍 체력도 떨어져 아이들이 하교하고 나면 축 늘어지기 일쑤였다. 정규 수업을 마치고 한 시간 더 무엇을 한다는 게 여간 힘든 일이 아니었다. 그런데 이 아이가 지금 내게 말한다. 함께 책을 읽고 싶다고, 언제 책을 읽어 줄 거냐고. 답을 어서 내놓으라는 간절한 눈빛으로 말이다. 그 모습이 어찌나 귀엽고 사랑스러운지 봄날 새싹 보듯 내 마음이 울렁였다.

"응, 해야지!"

그렇게 2학기 책모임도 시작하게 되었다.

책, 사람 그리고 즐거움

학기 초에 꾸준히 아이들에게 그림책을 읽어 주었고, 교육과정 설명회나 학부모 상담 때 독서교육을 열심히 하겠노라 자주 공언했다. 그래서인지 5월쯤 방과 후 책모임 안내를 하니 반응이 무척 좋았다. 아이들은 하나의 새로운 놀이를 발견한 듯 반가워했다. 신청서를 받아 보니 부모님이 아닌 아이들이 삐뚤삐뚤 적은 신청서가 꽤 많았다.

책모임에는 달성해야 할 성취기준도 없고, 시간 안에 끝내야 할 활동도 없다. 그저 책과 사람, 그리고 이야기만 있을 뿐이다. 수업 시간과는 정말 다르다. 어떤 날은 모둠 형태로 책상을 붙여 앉기도 하고, 또 어떤 날은 의자만 동그랗게 모아 앉기도 한다. 바르게 앉아라, 떠들면 안 된다는 선생님의 잔소리도 없다. 그야말로 자유로운 모임이다. 같은 책을 함께 읽는 점, 책과 관련된 이야기를 하는 점을 빼면 선생님과 따로 만나 노는 시간이라고 해도 무방하다. 책과 사람이 어울려 신나게 논다.

단, 일반적인 친목 모임과는 달라서 간단한 대화 규칙은 정해 둔다. 두 가지를 정했는데, 비밀 보장하기와 어떤 말이든 잘 들어주기(비난 금지)이다. 자유롭고 편안하게 말할 수 있는 최소한의 울타리이다. 이런 울타리를 마련해 놓지 않으면 아이들의 관계에 문제가 생긴다. 정답이 없는 대화라는 걸 알고 서로 존중하며 이야기를 나누게 해야 한다.

학기 초의 바쁜 일들을 마무리 짓고 5월에 책모임을 시작했다. 작년에는 4월에 시작했는데, 올해에는 좀 늦었다. 아이들은 수업이 끝나고 '우리끼리' 모인다는 사실 하나로 좋아했다. 1학기에는 책조차 읽어 오지 않아도 되니 부담이 없어 더 좋았을 것이다. 간식을 먹으며 자기가 좋아하는 친구들과 시간을 보낸다. 더군다나 선생님이 읽어 주는 책을 듣기만 하면 되니 얼마나 편한가.

나는 미리 골라 둔 그림책을 읽어 주고 즉흥적인 질문을 던진다.

"제목을 보면 어떤 생각이 떠오르니?"

"이 책이 마음에 드니?"

"작가는 왜 이런 말을 넣었을까?"

사실 교사인 내가 하는 역할은 수업 시간에 학급 전체와 온작품읽기를 할 때와 크게 다르지 않다. 하지만 아이들의 모습은 수업 시간과 완전히 다르다. '공부'라는 생각이 들지 않아서인지 놀이하듯 즐거워하며, 생각하고 답하는 데 매우 적극적이다. 크게 소리 내어 깔깔 웃고, 자기가 한 말에 뿌듯함을 느끼면 벌떡 일어나 엉덩이춤도 춘다.

모임 네 개 중 하나는 개구쟁이 남자아이들끼리만 한다. 아이들은 색채가 옅고 내용이 잔잔한 그림책을 읽어 주면 몸을 틀고 장난을 친다. 마주 보는 아이끼리 윙크도 하고 손장난하다가 까르르 웃음을 터뜨리기도 한다. 수업 시간이면 벌써 "이 녀석!" 하고 호통을 칠 텐데, 책모임 시간에는 그럴 생각이 들지 않는다. 나는 아이를 향해 몸을 기울이고 그 몸짓을 바라본다. 간간이 새어 나오는 아이의 마음을 엿본다.

간식을 와자작 소리 내어 먹다가, 혼자 웃음이 터져 배를 잡고 꺽꺽 웃다가 아이들은 불쑥 속 깊은 이야기를 꺼낸다.

"엄마랑 아빠랑 자꾸 싸워요. 무서워요."

"이 아이처럼 나도 친구가 없어요."

"새 학년이 될 때마다 내가 잘할 수 있을지 겁나서 잠이 안 와요."

"○○ 때문에 학교 오기 싫어요."

수업 시간에는 잘 드러나지 않던 아이들이 제 모습을 확연히 드러낸다. 아이 한 명 한 명이 제 빛깔로 내게 다가온다.

특히 남수가 그랬다. 남수는 타인의 감정을 잘 읽지 못하고 사회성이 부족한 아이였다. 친구의 행동에 담긴 의미를 상황에 알맞게 파악하지 못했다. 친구의 가벼운 장난도 자신을 향한 공격으로 받아들여 느닷없이 주먹질을 하곤 했다. "선생님, 제가요." 하고 말을 시작해 놓고 내 말은 듣지 않고 제 말만 쏟아내는, 감정 읽기와 소통이 무척 어려운 아이였다.

그런 남수도 책모임을 했다. 자기가 원해서 신청한 게 아니었기 때문일까? 남수는 이야기에 집중하지 못하고 책상을 두들겨 대거나 시큰둥한 표정으로 앉아 있었다. 붓펜을 꺼내 발제문에 죽죽 그림을 그렸다. 다행히 정규 수업이 아니었기 때문에 그런 남수가 덜 신경 쓰였다. 그러던 어느 날이었다. 그날따라 아이들이 모임에 통 집중하지 못했다. 나는 아껴 두었던 요시타케 신스케의 『뭐든 될 수 있어』를 꺼냈다. 이 책은 어린 '나리'가 엄마에게 몸 퀴즈를 내는 작은 그림책이다. 독자는 엄마가 되어 아이의 몸짓을 보고 무엇을 표현한 것인지 추측한 뒤, 책장을 넘겨 답을 확인한다.

하교 후 잔뜩 들뜬 아이들에게 『뭐든 될 수 있어』 읽기는 금세 즐거운 놀이가 되었다. "이거는 뭐~게?" 하고 책 속 나리가 물으면, 아이들이 "수영하는 거!", "가위 아니야?" 하고 답했다. 다음 쪽에서 나리가 "빨래집게!" 하고 답하자, 아이들은 배꼽을 잡고 웃었다. 급기야 벌떡 일어나 나리가 하는 것을 따라 하기 시작했다. 누가 먼저랄 것도 없이 일어나 교실 바닥에 누워 흉내를 냈다. 거기에 남수도 끼었다. 어느 때보다 활짝 웃으며 아이들과 함께 뒹굴었다. "이건 뭐 같아요?" 하며 잔뜩 흥분해서 말했다.

그때부터였다. 남수는 계속 교실에 남았다. 다른 모둠 아이들 사이에 슬그머니 끼어 앉았다. 같은 책으로 하는 네 번의 모임에 꼬박꼬박 참여했다. "지난 화요일 모임에서는 애들이 5점 다 줬는데, 저만 2점 줬잖아요.", "이 질문에는 형서가 좋은 생각을 냈었지!" 하고 슬쩍 아는 척하며 즐거워했다. 남수가 여러 번의 모임에 계속 나오는 까닭이 궁금했다.

"남수야, 같은 책으로 모임을 계속하면 지루하지 않아? 질문도 거의 같은데."

"책은 같지만 모임 하는 사람은 다르니까요. 생각이 다르잖아요. 할 때마다 새로워요."

남수의 대답에 나는 잠시 멍하니 있었다. 그래, '사람' 때문이구나. 남수는 친구가 좋아서, 책 읽고 나누는 이야기가 듣고 싶어서 오는 거구나. 함께 읽기의 즐거움을 찾았구나.

그러고 보니 남수는 얼마 전부터 내 책꽂이에 꽂아 둔 동화책이며 동시집을 하나둘 가져가 읽었다. "『제후의 선택』에서 「우리 사랑하게 해 주세요」가 재미있었어요. 선생님은요?" 하며 내게 말을 걸었다. 남수와 나는 '우리끼리만 아는 이야기'를 하는 것처럼 가까이 얼굴을 맞대고 소곤소곤 얘기했다. 같은 책이라도 사람에 따라 다르게 읽을 수 있고, 그 다름을 공유하는 일은 즐겁다. 남수는 이제 그걸 안다.

영모는 수업 시간에 조용히 앉아 있는 잘 드러나지 않는 아이였다. 생각을 정리하는 데 시간이 필요하고, 부끄러움이 많아 손 들고 발표를 하지 않는다. 그런 영모도 책모임 때는 적극적인 모습으로 깜짝 놀라게 한다. 책모임은 5~6명의 적은 인원으로 활동한다. 작은 목소리로 말해도 친구들이 잘 들어준다. 생각을 정리할 때까지 기다려 준다. 다수가 고른 답이라 해서 우대받는 일이 없다. 오히려 혼자만의 특별한 생각, 친구들이 미처 하지 못한 생각을 꺼내 놓았을 때 "와! 대단하다."라는 친구들의 호응을 얻는다. 그러니 영모도 걱정 없이 자기 할 말을 한다. 책모임에서는 누구든 제 목소리를 낸다.

책모임이 끝날 때마다 "오늘 모임 어땠니?" 하고 모임의 소감을 듣는다. 아이들은 이렇게 말한다.

"혼자 읽을 때는 별로였는데, 같이 얘기하니까 재미있어요."

"책이 특별하게 느껴져요."

"뭔가 기분이 묘해요."

"내가 읽기 힘들다고 하니까 엄마가 끝까지 읽어 줬어요."

"내가 읽는 책을 아빠가 읽어요."

"선생님이 골라 주는 책은 다 좋아요."

"저는 집에서도 혼자 책을 읽게 되었어요."

이런 말들을 듣고 나도 모르게 손뼉을 짝짝 쳤다. 책이 있고, 함께 읽는 친구가 있다. 아이들은 마음껏 말하고 듣는다. 나는 '이거면 됐다.'고 생각했다. 꼭 어떤 것을 가르치지 않아도 좋다. 책, 사람, 즐거움이면 된다. 이런 모임이라면 아이들이 가랑비에 옷 젖듯이 함께 읽기의 매력에 흠뻑 빠져들 것이다. 한 번 반짝하고 끝나서는 안 된다. 다소 엉성하고 볼품없어도 꾸준히 해 나가는 게 중요하다. 간식 먹는 소리 사이에 책 이야기를 조금 섞어 맛있게 먹고 놀면 된다. 나는 이런 생각으로 계속해 보자고 다짐했다.

한 걸음 더

여름방학 동안 부쩍 자라 온 아이들과 2학기에는 한 걸음 더 나아가기로 했다. 『책 읽는 도깨비』, 『안읽어 씨 가족과 책 요리점』, 『검은 비너스, 조세핀 베이커』, 『마법의 설탕 두 조각』 등 글이 많아 다소 호흡이 긴 책을 선정했다. 그리고 생각할 문제를 일곱 개 정도로 정리해서 발제문을 만들었다.

"○○쪽에서 인물이 한 말은 어떤 뜻일까요?"

"만약에 나라면 어떤 선택을 했을까요?"

"이 책을 쓴 작가는 우리에게 어떤 말을 하고 싶었을까요?"

나는 진행자가 되어 발제문에 따라 최대한 점잖게 묻는다. "왜 그렇게 생각했어?", "좀 더 자세히 이야기해 줄래?" 하고 틈새 질문도 한다. 아이들은 양미간에 주름이 잡히도록 진지한 표정으로 생각한다. 엉뚱한 답도 한 번, 깊이 있는 답도 한 번 나온다. 서로 다른 아이들의 생각들이 얽혀 새로운 의미를 만든다. 이게 정답이라고 알려 주지 않아도 아이들이 스스로 길을 찾아갔다. 그게 참 좋았다.

얼마 전에는 이병승의 단편집 『마음도 복제가 되나요?』를 함께 읽었다. 총 여덟 편의 이야기 중에 첫 번째 이야기 「마음도 복제가 되나요?」로만 책모임을 했다. 이 이야기에서는 인간의 약점을 보완하기 위해 복제 인간을 만들어 사용한다. 머리가 나쁜 아이를 위해 좋은 뇌를 가진 복제 인간을 만들고, 복제 인간의 뇌를 아이에게 이식하는 식이다. 아이들에게 낯선 이야기이지만 한 번쯤 생각해 볼 만하다 싶어 골랐다.

여섯 개의 질문으로 이야기를 나누었는데, 꽤 흥미로웠다. "이 책은 완벽해요. 다 좋아요.", "재미는 좀 없지만 감동이 있어요."라고 말하는 아이도 있고, "이야기가 자꾸 끊어져서 별로예요.", "예전에 읽은 『쿵푸 아니고 뚱푸』 정도로 두세 편이면 좋아요. 이건 너무 많아요." 하는 아이도 있다. 어떤 의견이든 아이들은 거침없이 말한다. 정답은 없지만, 이야기를 나누다 보면 좀 더 좋은 생각을 내놓는 아이가 주목을 받는다.

찬성과 반대로 의견이 나뉘는 질문은 아이들이 특히 좋아했다. "내가 승민(복제 인간)이라면 도망치겠습니까, 미르를 위해 도망치지 않겠습니까?", "복제 인간을 만드는 일에 찬성합니까, 반대합니까?"와 같은 질문이다. 아이들은 잔뜩 흥분해서 말했다. 복제 인간도 생명이니 만들면 안 된다, 복제 인간을 만들어서 무엇이든 잘하게 되면 정작 나는 게을러진다. 그러나 가족이 병이 걸린다면 복제 인간을 만들고 싶을 것 같다 등등. 아이들은 제 수준에서 나름 논리적으로 대답하려고 애썼다. "그게 아니지!" 하며 흥분했다가도, 곧 "오~ 그럴 수도 있네." 하며 고개를 끄덕였다.

아이들은 복제 인간이 생명인지 아닌지 한참 고민했다. 어려운 질문을 받아 안고 골똘히 생각하는 그 모습이 참 보기 좋았다. 더 나아가 아이들은 현재 복제 기술이 어느 정도로 발달했는지, 미래에 복제 인간을 만들 수 있게 되면 어떤 일이 생길지 궁금해했다. 실제로 그런 상상을 다룬 책이나 영화가 더 있는지도 알고 싶어 했다. 책 속에 머무르지 않고 세상일에 대한 관심으로 확장시켜 나갔다. 깊지는 않으나 분명 의미

있는 이야기였다.

책모임에서는 아이들의 수준보다 약간 높은 책도 함께 읽어 볼 수 있다. '마감이 있는 읽기'이며, '집단 지성을 활용하는 읽기'이기 때문이다. 모임 날까지는 책을 다 읽어야 하므로 혼자 읽기가 살짝 버거운 책도 읽어 낸다. 또 혼자 읽을 때는 잘 몰랐던 부분도 함께 이야기하면서 '아하!' 하고 알게 된다. 친구가 알고 있는 것이나 경험한 것을 들으며 자기 생각의 폭을 넓힐 수 있다. 그렇게 2학기에는 조금씩 읽는 책의 수준을 높여 갔다. 1학기에는 나, 가족, 학교 등으로 이야기를 나누었다면, 2학기에는 인종 차별, 환경, 민주주의 등 사회 문제를 주로 다루었다. 3학년 아이들이라 깊고 풍부하게 다룰 수는 없었지만, 그런 문제들에 관심을 갖게 되었다는 점에 의미를 두었다.

끝없는 고민들

아침마다 아이들에게 책을 읽어 주고, 고심 끝에 작품을 선정하여 수업 시간에 온작품읽기를 한다. 틈만 나면 책 이야기를 들려준다. 교실 곳곳을 책 읽는 환경으로 만들려 애쓴다. 학급문고를 좋은 책으로 채우고, 책 표지가 보이게 전시도 한다. 아이들이 책 읽기에 흠뻑 빠지게 하려는 노력이다. 하지만 늘 무언가 부족했다. 좀 더 자유롭고 즐겁게 책을 함께 읽을 수 없을까 고민했다. 함께 읽기가 자연스럽게 아이들 몸에 배어들게 해 주고 싶었다.

내가 떠올린 것은 읽기 공동체였다. 최근 마을에서, 직장에서 사람들이 모여 함께 읽기를 한다. 그들은 자발적이고 즐거운 책 읽기가 삶을 풍요롭게 해 준다고 말한다. 다른 사람과 소통하는 일이 즐겁다고 한다. 우리 아이들도 이런 읽기 공동체에 참여할 수 있다면 좋겠다고 생각했다. 지역 도서관이나 평생학습 기관에서 다양한 독서 프로그램을 운영하긴 한다. 하지만 짧은 기간에 소수의 아이들만 참가할 수 있어 읽기 공동체로 이어지기는 어렵다.

우리 교실에 작은 읽기 공동체를 만들어 보면 어떨까? 1년 동안 꾸준히 한다면 아이들에게 의미 있는 경험이 될 수 있지 않을까? 이런 생각으로 방과 후 책모임을 만들었다. 하지만 막상 해 보니 어려운 점이 많았다. 다인수 학급, 아이마다 다른 가정 환경, 정규 수업 시간 외에 활동하는 부담, 다른 반에 없는 활동을 혼자 하는 부담, 아이들의 하교 문제 등 신경 쓰이는 일이 많다. '에이, 괜한 일을 벌였어.' 하는 마음이 몽글몽글 솟아날 때도 있었다.

책모임을 하지 않는 아이들도 늘 마음에 걸린다. 개인적인 사정이 있어 참여하지 못한 것이고 언제든 참여할 수 있지만 아이들에게 괜히 미안하다. '모든 아이에게 공평하게' 해야 한다는 생각 때문이다. 다행히 소외감을 느끼는 아이는 없었다. 참여하는 아이들이 다른 친구들에게 읽은 책을 소개해 주고, 자기 책을 선뜻 빌려 주거나 나눈 이야기도 들려주었다. 하지만 늘 마음 한쪽이 무겁다. 모임을 통해 책을 깊이 읽는 방법과 대화법을 익힌 아이들이 정규 수업을 풍요롭게 해 주고 책 읽는 학급 분위기를 만드는 데 기여하도록 하고 싶다. 그래서 모임에 참여하지 않는 아이들까지 혜택을 누리는 방법을 찾고 싶다.

책모임이 아이들에게 '책 읽는 일상'을 선물해 주길 바랐다. 한 번에 큰 자극을 주고 시들해지는 것이 아니라 부담 없이 오래 하는 함께 읽기. 올해 1년 동안 참여한 아이들이 내년에 자기들끼리 모임을 하게 될까? 아직은 쉽지 않을 것 같다. 친구들과 책 읽는 재미를 안다고 쉽게 모임을 만들 수 있는 건 아니다. 3, 4학년 아이들이 모임을 운영하려면 일정 부분 어른의 도움이 필요하다. 하지만 나는 이제 아이들과 헤어져야 한다. 방과 후 책모임을 자발적 읽기 공동체로 이어지게 하는 것은 불가능한 걸까? 이런 생각을 하면 어깨에 힘이 쭉 빠진다.

그럼에도 불구하고, 책모임

작년 종업식 날 송이는 "선생님, 내년에도 책모임 하면 안 되나요?" 하고 물었다. 개구쟁이 영길이는 "선생님, 천하의 영길이가 태어나서 처음 책을 샀어요!" 하고 해맑게 웃었다. 올해에 만난 아이들은 책모임 날짜를 놓칠까 봐 여러 번 모임 날짜를 확인한다. 혹시나 일이 있어 제 날짜에 모임을 못 하면 다른 날에라도 꼭 참여한다. 정성껏 고른 책을 읽어 주면 "나, 엄마한테 이 책 사 달라고 할 거예요. 진짜 재미있어요." 한다. 그 모습이 좋다. 자꾸 보고 싶다. 그래서 책모임을 그만두고 싶은 여러 이유가 있어도, '그럼에도 불구하고' 계속해 보려고 한다.

우리는 방과 후에 교실에 모여 책을 가운데에 두고 따뜻한 대화를 나누었다. '기꺼이' 읽었고, 공감하고 소통했다. 은밀하게, 서로의 비밀을 공유했다. 함께 읽은 책에 우리들의 이야기를 엮어 한바탕 가지고 놀았다. 그 유쾌한 목소리가, 따뜻한 온기가 아이들의 마음 어딘가에 오래도록 남기를. 그래서 아이들이 "책 좋아하세요?"라는 물음에 주저하지 않고 "네! 좋아해요!"라고 답하게 되기를 나는 바란다.

방과 후 책모임은 온작품읽기가 교실을 넘어 아이들의 삶으로 이어지도록 도우려는 여러 노력 중 하나일 뿐이다. 더군다나 아직까지는 어떤 체계도 없이 우왕좌왕하는 중이다. '좋으니까 해야지.' 하는 막연한 생각에 기대어 활동을 해 온 면도 없지 않다. 하지만 책모임은 자기만의 색깔로 칠해 가는 함께 읽기라고 생각한다. 아직은 어떤 색깔인지 확실히 알 수 없어서 이런저런 시도를 해 보는 중이다. 막막할 때도 많지만 어떤 색깔의 함께 읽기로 완성될지 기대도 된다.

내년에는 조금 더 섬세하게 계획을 세워 실천하려고 한다. 책 이야기만 나누는 데 머물지 않고, 책 선정하기, 질문 만들기, 진행하기 등도 해 보려 한다. 아이들이 스스로 만든 질문으로 저희끼리 이야기를 나눌 수 있게 돕고 싶다. 이렇게 계속하다 보면 선생님 없이도 친구와 어깨동무하고 책 읽는 아이들을 보게 될까? 책모임이 좋은 씨앗이 되어 아이들의 자발적 읽기 공동체로 피어날까? 잘 모르겠다. 나는 그저 멋진 꽃이 피길 기대하며 지금 여기서, 씨 뿌리는 일이 좋다.

#박미정

토닥토닥
온작품읽기

사랑만으로는 채워지지 않는 아이들의 마음속 깊은 틈을 볼 때,
나의 기대와는 달리 무너지는 교실에서 무력한 나 자신을 볼 때
실망과 답답함으로 멈춰 서게 됩니다.

절망 대신 어린이책과 함께한
선생님들의 치열한 고민의 흔적을 나눕니다.

꼭
하고 싶은 말

"제1회 이창건 선생님 달래기 대회를 개최합니다."

달리기 대회가 아닙니다. '달래기' 대회입니다. 선생님이 많이 삐졌습니다. 어제 상훈이는 밥 두 그릇만 먹기로 해 놓고 또 네 그릇이나 먹었습니다. 진석이는 학교 오기 싫다고 울다가 결국 버스 안 타고 숨어 버렸습니다. 덕분에 버스 선생님은 쌀쌀한 아침 바람을 맞으며 때아닌 술래잡기를 해야 했습니다. 상현이는 여자애들이 아끼는 물건을 가지고 튀다가 선생님한테 걸렸습니다. 화난 여자애들이 벌 떼같이 선생님을 찾아왔기 때문이죠. 민규는 "야, 이거 봐라. 나 팔에서 붕붕 소리 난다."

라며 팔을 휘두르다가 옆에 있던 아이에게 어퍼컷을 날렸습니다. 맞은 아이의 엄마한테 그날 전화가 온 것은 덤입니다.

오늘은 여자애들이 서로 싸우다가 단체로 5교시 수업에 들어오지 않았습니다. 놀이터에 찾으러 갔더니 언성을 높이느라 선생님이 온 것도 모릅니다. 가까스로 떼어 놓고 교실로 보냈습니다. 얘기해 보려고 말을 시키니 그때는 남 탓, 선생님 탓만 합니다. 듣고 있는 선생님 얼굴이 점점 벌게집니다. 맞습니다. 선생님은 화가 많이 났습니다. 아이들을 화해시키느라 힘든데 막상 애들은 선생님의 감정은 신경도 안 씁니다. 서운하고 섭섭하고 막 속상해서 눈물이 납니다. 한참 듣다가 '좋아, 이것들아. 너희만 화나고 열나는 줄 아냐? 선생님이 화나면 얼마나 무서운지 모르지!' 하고 생각하며 칠판에다 "제1회 이창건 선생님 달래기 대회"라고 대문짝만하게 썼습니다. 그리고 선생님은 화난 어린이가 되었습니다.

"나 진짜 진짜 화났어."

쾅, 책상을 내리쳤습니다.

"선생님은 이제 열 살이다. 못 달래면 너희들도 집에 못 가!"

아이들은 무슨 상황인지 몰라 벙벙해 있다가 해 볼 사람 손들라고 하니 곧 첫 번째 도전자가 나섭니다. 평소에 재주를 잘 부리고 운동 잘하는 상현입니다.

"창건아, 무슨 일이니? 왜 화났어?"

선생님은 기다렸다는 듯이 고개를 팍 돌려 버렸습니다. 그리고 아무리 말을 걸어도 대꾸하지 않았습니다. 무안해진 상현이가 계속 말을 걸었지만 선생님은 대답하지 않았습니다. 상현이는 올해에 다른 학교에서 전학 온 학생입니다. 눈치가 빠르고 손이 야무집니다. 공부할 때는 따라가기 어려운 아이들을 동생처럼 잘 챙깁니다. 가끔 여자애들을 울리기는 하지만요. 이렇게 저렇게 좋은 점을 생각해 보니 친구의 물건을 가져가서 놀린 일이 아주 쬐끔 풀리려고 했는데, 그래도 첫판부터 물러설 수 없어 끝내 고개를 돌리지 않았습니다.

두 번째 도전자가 나옵니다. 선생님이 알려 준 것을 생활에서 잘 써먹는 현진이입니다.

"화 많이 나지? 그럼 누나랑 같이 심호흡 한번 해 볼래? 하나, 둘, 하나, 둘."

"몰라. 그런 거 안 할 거야."

왠지 나를 억지로 달래는 것 같아 별로입니다. 현진이는 활동적인 것을 좋아합니다. 학기 초에 친구를 격려하는 말을 가르쳐 주었더니 잘 다독여 가며 모둠 활동을 했습니다. 음악을 좋아해서 가끔 곡을 가르쳐 주고, 주거니 받거니 기타를 치고 리코더를 불거나 피아노를 쳤습니다. 우울한 멜로디보다는 신나고 경쾌한 리듬을 곧잘 합니다. 씩씩하고 다정다감합니다. 그렇지만 오늘은 선생님이 화난 것을 달래지 못했습니다.

"이거 이거, 내가 한번 나서야겠구먼."

넘버원 까불이 강혁이가 나섭니다. 강혁이는 삼바 춤을 기가 막히게 춥니다. 세계의 민속 표현을 공부할 때 누가 시키지 않아도 노래가 나오면 스텝을 밟습니다. 야구 할 때 공도 간결하게 딱딱 잘 칩니다. 축구 클럽에 오래 다니고 있어서 축구를 잘하는 것은 말할 것도 없지요.

"음, 창건 어린이는 지난번에 나랑 아침에 캐치볼을 같이 해 줘서 진짜 재미있었어. 그리고 내가 보기에는, 음, 그 누구냐, 그렇지! 김수현을 닮은 것 같아."

정확한 사실에 약간 몸이 움찔거렸습니다. 사실에 기초한 칭찬 작전인가 봅니다. 화가 풀린 건 아닌데 약간 기분이 나아지려고 합니다.

"야! 우리 선생님은 그런 빈말하는 거 싫어하셔. 아부 떨지 말고 내가 한번 해 볼게. 안 그래도 화났는데 그런 티 나는 말을 하면 안 되지. 지금 보니까 더 화가 나신 것 같잖아."

태은이가 눈치 없이 끼어듭니다. 아부 아닌데…….

"그렇게 하는 게 아니고 지난번에 선생님이 알려 주신 거 있잖아. 그렇지! 스트레스 해소 물건 만지기. 그러니까, 선생님이 좋아하는 물건을 갖다 드리고 잠깐 시간을 줘야 화가 풀리지."

그러면서 연습장과 연필을 갖다줍니다. 그림을 그리면서 화를 풀라고 하는 것 같습니다. 태은이는 5학년인데 아직도 일주일에 한 번은 저학년처럼 엉엉 웁니다. 똑똑할 때도 있는데 한번 울기 시작하면 누구도 말릴 수 없습니다. 스트레스 해소 물건 만지기는 사실 지난번 운동회 날에 고래고래 소리 지르면서 울 때 선생님이 가르쳐 준 방법입니다. 심호흡 같은 건 창피하고 거추장스러워서 찹쌀떡같이 생긴 실리콘 인형을 주었더니 그 후로 곧잘 그걸로 스트레스를 풉니다. 선생님한테 관심 없는 듯 보여도 그 뒤로부터는 선생님이 그림을 그릴 때나 기타를 칠 때 곧잘 옆에 붙어 있습니다.

그때 눈치를 보던 정연이도 옆에서 거듭니다.

"창건아, 창건이 뭐 때문에 화났어?"

그리고 내가 돌아선 방향으로 눈을 맞춰 주면서 차분하게 말을 걸어 옵니다. 대답 안 해도 조금 기다려 줍니다.

"지난번에 나랑 태은이가 다퉈서 속상했지? 오늘도 애들이 수업 시간에 또 싸워서 늦게 들어오고……. 나였어도 진짜 힘들 것 같아."

공감해 주는 말에 선생님 마음이 조금 풀립니다.

"그래, 사실 나 좀 힘들어. 지난번에 늦게 들어왔을 때도 그런 일 생기면 먼저 나부터 부르라고 했는데 오늘도 안 그랬잖아. 그리고 상담도 여러 번 했고. 그때도 똑같은 상황이었는데."

"맞아, 맞아. 우리가 좀 서로 흥분해서 그 생각을 못 했어. 미안해. 다음에는 꼭 알려 준 대로 할게. 앗, 그런데 지금 보니까 빨간 토마토 얼굴이 귤 얼굴이 된 것 같은데? 조금 괜찮아졌나 보다. 그치, 그치?"

세드릭 라마디에의 『화난 책』을 지난번에 읽어 주었더니 그 내용을 기억하나 봅니다. 책에서는 토마토처럼 벌겋게 달아올랐던 화난 얼굴이 한쪽에 있는데 옆에서 들쥐 친구가 조금씩 조금씩 달래 줍니다. 살살 달래니 얼굴도 귤처럼 노란색이 섞이면서 조금씩 화가 옅어집니다.

그때 상훈이, 진석이 둘과 눈이 마주치니 약속한 듯 우르르 나옵니다. 선생님의 어깨를 두드려 주기도 하고 주물러 주기도 하면서 애교도 떨고 간지럼도 태워 줍니다. 상훈이 같은 경우는 요즘 몸무게가 많이 불어서 살을 빼기로 약속했었는데 밥 먹는 일이 참기 어려운 유혹입니다. 생각도 경계선 언저리에 있을 때가 많아 판단이 성숙하진 않습니다. 저녁에 라면을 끓여 먹은 날에는 양심적으로 다음 날 선생님한테 고백하고 그랬는데 어제는 힘들었나 봅니다. 그래도 방학이 끝나고 나서 제일 먼저 선생님이 보고 싶었다고 말도 해 주고 애교도 부려 주는 귀여운 학생입니다.

진석이는 마음에서 마음으로 가르쳐야 했습니다. 도통 학교에 오고 싶어 하지 않았습니다. 아침에 등교 시간이 되면 오늘은 학교 오나 안 오나 마음 졸여 생각한 날이 많습니다. 어떻게 보면 올해의 온작품읽기도 작품을 통해 진석이의 삶을 좀 더 들여다보려는 저의 갈망에서 시작된 것 같습니다.

"어휴, 알았다, 알았어."

한숨을 쉬면서 다시 선생님으로 돌아왔습니다. 하지만 앙금은 좀 남아 있습니다.

"얘들아, 너희처럼 선생님도 가끔 무지무지 화가 나고 울고 싶고 그래. 선생님이 그럴 때 처음엔 좀 쌀쌀맞아도 기다려 주고, 내 이야기도 잘 들어주고, 끝까지 옆에 있어 주면 좋겠어. 너희도 화날 때 그렇지?"

"쌤, 우리도 화날 때 되게 많아요. 근데 선생님들은 우리가 화나면 맨날 빨리 화해하라고 하고, 무조건 사과하라고 하고, 그래서 가끔 기분이 나빠도 억지로 할 때가 있어요."

▲ 상현이의 그림

"그럼, 너희가 화났을 때 선생님이나 친구들이 어떻게 하면 좋을까?"

아이들은 '화가 났을 때 나를 달래 주는 방법'을 써 보겠다고 합니다. 시간을 주고 기다려 주니 글을 가져옵니다. 아이들이 차례차례 발표했습니다. 비슷비슷한 내용들 사이에서 상현이와 경철이의 발표가 기억에 남습니다.

상현이의 그림은 간단하지만 따뜻하고 인상 깊습니다. 상현이가 장난꾸러기라고 해도 항상 먼저 장난을 치지는 않습니다. 가끔 억울하고 눈물 나는 상황도 생깁니다. 물론 상현이의 성격상 가만히 있지는 않지만요. 다만 글을 통해 상현이가 화났을 때 무엇을 바라고 있는지는 알 수 있습니다.

다음은 경철이의 글입니다.

> 애들은 나한테 거의 짜증을 내고 장난을 친다. 그래서 나는 화가 난다. 나를 달래 줄 방법은 짜증을 낼 때는 "내가 흥분해서 그런 거다. 미안해."라고 하고, 장난을 칠 때는 "기분이 나빴다면 미안해."라고 하면 좋겠다. (경철)

경철이는 아이들에게 싫은 소리를 들을 때가 많습니다. 운동도 어려워하고 공부도 썩 잘하지 못합니다. 그렇지만 성격이 둥글둥글해서 아이들의 투정을 항상 잘 받아 준다고 생각했습니다. 글을 보니 꼭 그렇지는 않았습니다.

"경철아, 선생님은 네가 친구들이 짜증 내고 장난쳐도 화를 안 낸다고 생각했거든. 하지만 꼭 그렇지는 않네?"

"어, 선생님. 어, 있잖아요, 선생님. 어, 저도 사실 하고 싶은 말이 많거든요. 그런데 분위기 싸해지거나 나 때문에 다른 사람이 기분 나쁠 수도 있잖아요. 그래서 하고 싶은 말이 있어도 사실…… 음…… 맘껏 못 했어요."

"쌤, 저도요. 저도 많이 그래요."

"저는요, 맨날 축구 클럽 갔다 오면 되게 힘든데, 또 저녁에는 공부해야 하고요."

"저는 이번 주 내내……."

아이들이 웅성웅성 하고 싶은 말들이 있나 봅니다. 교실에 있는 시집들을 칠판 위에 꺼내 보았습니다.

"음, 그러면 화날 때 말고도, 뭐 화날 때도 되고…… 마음 답답할 때나 하고 싶은 말 있을 때를 주제로 시를 써 볼까?"

아이들이 열심히 연필을 굴립니다. 시집들을 가져가 소리 내어 읽어 보기도 하고, 그려 보기도 하고, 짝과 함께 키득거리면서 보기도 하면서 쓸거리를 생각해 봅니다. 의외로 먼저 끝내고 가져온 사람은 강혁이입니다. 강혁이는 자신의 하루에 대해 썼습니다. 열악한 농어촌 학교

스쿨버스의 사정 때문에 어쩔 수 없이 6시면 일어나서 학교 갈 준비를 해야 합니다.

힘든 하루

김강혁

나는 아침 6시에 일어나

학교에 간다. 힘들다.

학교를 끝내고 축구 클럽을 간다.

또 뛰겠지. 힘들겠다. 하지만

내 꿈을 위해서 힘들어도 된다.

그래도 내 몸은 힘들다.

모두 힘들다. 아빠, 형, 선생님, 다 힘들다.

그래서 모두 힘든 하루다.

항상 밝고 까부는 모습만 보여 준 강혁이도 글 속에서는 다른 사람이 됩니다. 평소에 잘 하지 못했던 하고 싶은 말을 적었습니다. 짝꿍인 가현이는 벚꽃과 학교생활과 관련된 시가 마음에 든다고 옮겨 적었습니다.

마지막 벚꽃

어느새 벚꽃이 진다.

정말 빨리 피고 지는 것 같다.

마지막 6학년도 빨리 질까.

마지막 벗꽃처럼

마지막 6학년도 이쁘게 졌음 좋겠다.

- 『민들레는 암만 봐도 예뻐』(단디 엮음, 삶말, 2018)

"가현아, 벗꽃 좋아해?"

"아뇨. 그냥 올해가 지나가면 우리도 6학년이 되잖아요. 근데 내년이 빨리 지나갔으면 좋겠어요."

가현이는 6학년이 되는 일이 많이 부담된다고 합니다. 그래서 올해도 아닌 내년이 빨리 지나가길 바랍니다. 우리 학교는 6학년이 되면 1~5학년 아이들과 함께 자치활동을 해야 합니다. 어린 동생들을 다 이끌면서 1년을 잘 보낼 수 있을지, 힘들어하는 선배들을 보면서 5학년 아이들은 내심 두려운 부분이 많습니다.

태은이는 작년에 친구 관계에서 어려운 일들이 많았습니다. 자꾸 어른들이 무엇을 진술하라고 했고, 사과문을 쓰고, 부모님들이 연달아 학교에 오셔야 했습니다. 냉정한 어른들과 선생님들 사이에서 위축되면서 마음이 더 메말랐던 것 같습니다. 원하는 대로 일이 안 되면 화내거나 울고 떼쓸 때가 많아 그런 아이라고만 여겼습니다. 그런데 지난번에 책상 위에 둔 연습장을 보고 조금 놀랐습니다. 시집에 있는 글을 빼곡하게 옮겨 적은 것인데 두께가 상당했습니다.

"태은아, 이거 네가 쓴 거야?"

"아, 그거 아버지가 좋아하는 시인데 자꾸 보니까 저도 좋아서요."

그러면서 태은이는 자기가 쓴 시도 보여 주었습니다.

그네 타기

정태은

그네를 타다가
그네가 똑같이 움직이면

어쩔 수 없이 눈을 마주쳐서
조금은 친해진다

이게 운명인지 우연인지 난 모르겠다

만약 우연이었다면
신을 탓하고

만약 운명이었다면
신을 믿어야지

운명이든 우연이든
난 그때 만난 널 한 번 더 보고 싶다

글에 제법 감수성이 묻어납니다. 맨날 화내고 안 되면 떼쓰고 울기만

하는 태은이가 시에서는 만남을 이야기합니다. 운명을 꺼냅니다. 읽고
나서 느낌이 좋다고 칭찬해 주니 "아, 네. 뭐, 그런가 봐요." 하면서 아
주 쑥스러워했습니다. 그리고 이후에는 묻지 않아도 가끔 자기가 쓴 시
를 가져왔습니다.

상현이는 뭔가 답답한 일이 그날 있었나 봅니다. 마음에 드는 시를
옮겨 보라고 했을 때 『팝콘 교실』에 실린 「학교 옥상」을 골랐습니다.

학교 옥상

문현식

옥상 철문이 열려 있어
몰래 올라갔다.

몰랐다.
교실 위에
이렇게 파란 하늘이 있었는지.

전학 온 학교에서 주눅 들 법도 하지만 씩씩하게 잘해 주고 있습니다.
다만 가정사가 좀 있어 어떤 날은 학교에 오면 많이 힘들어하기도 합니
다. 그런 날은 학교에 혼자 남아 운동장에서 공을 뻥뻥 차곤 했습니다.

"상현아, 뭐 하나?"

"축구 해요, 축구."

"누구랑? 혼자서?"

"이키랑요. 다스도 있어요."

이키? 다스? 보이지도 않는데 무슨 친구가 있나 했더니 자신의 신발과 축구공의 브랜드를 가리킵니다. 아하! 껄껄 웃으면서 나도 이키랑 다스하고 축구 좀 해 보자며 같이 놀았습니다. 체격은 크지 않은데 발재간이 정말 좋아서 어른인 나도 당할 수가 없었습니다. 5 대 0으로 완패하고 기진맥진해서 운동장에 누웠습니다. 집에 데려다주는 길에는 구판장에서 아이스크림을 하나씩 사서 상현이랑 나누어 먹었습니다.

국어 시간에 글쓰기라면 질색팔색을 하던 아이들이 시 쓰기와 짧은 글 쓰기는 적극적으로 함께해 주고 있습니다. 왜 그럴까 곰곰이 생각에 잠기곤 합니다. 우리 반은 가정 형편이 어려운 아이들이 참 많습니다. 가끔 남자아이들이 여자에 대해 보이는 맹렬한 적개심이나 여자아이들에게서 느껴지는 아버지에 대한 그리움에서 그런 모습을 봅니다.

한 학년에 한 학급만 있는 작은 학교라 5년간 같은 친구들과 같은 반을 했지만, 개인적 생활의 아픔들은 서로 잘 모릅니다. 다만 "주말에 아버지를 보고 왔어요."라며 돌아가신 아버지의 이야기를 지나가듯 말할 때, 작품 속에 가끔 나오는 엄마 이야기에 말을 돌리거나 딴청을 부릴 때, 학예회나 운동회 때 할머니와 할아버지만 오는 것을 창피해하는 표정에서 조금 추측할 수 있긴 합니다. 그렇지만 정말 꼭 하고 싶은 말들은 많이 못 하는 것 같습니다. 어떤 선생님의 말씀처럼 "글쓰기가 너를 살린다. 삶을 비춘다."라고까지는 생각하지 않습니다. 다만 자신을 솔직하게 보고 솔직하게 고백하는 일은 모든 생활의 기초가 됩니다. 그래서 저는 아이들에게 학교에서 배우는 모든 것이 생활과 관련되면 좋겠다고 말합니다. 그것이 제가 아이들에게 꼭 하고 싶은 말이고, 꼭 하는 말입니다.

연말에는 안느-마르고 램스타인의 그림책 『시작 다음』을 보여 주렵니다. 글은 한 글자도 없는 그림책입니다. 왼쪽에 도끼가 있으면 오른쪽에는 장작더미가 타고 있는 모습, 새가 있으면 소식을 받는 사람들의 그림이 그려진, 한마디로 다음 장면을 상상해 보는 그림책입니다. 아이들과 내가 함께 있는 모습을 왼쪽에 그려 둔다면 아이들은 다음 장면을 무엇으로 그려 줄까요? 조금이나마 성장하고 나아진 모습으로 그려 주길 바라는 것은 교사로서 욕심일 것 같습니다. 그저 내가 아이들과 여전히 함께 있는 모습이기만 해도 만족스러울 것 같습니다. 올 한 해 묶어 두었던 시와 그림 속 꼭 하고 싶은 말이, 나와의 추억이 아이들에게 작은 선물이 되기를 바랄 따름입니다.

#이창건

우리들의
사랑 보고서

숨길 수 없는 세 가지가 있다. 기침, 가난, 그리고 사랑이다. 이 중에서도 사랑은 아이들이 가장 숨기기 힘들어하는 것이다. 아직 서툴기 때문이다. 짝사랑하는 아이를 보며 힐끗거리는 눈동자와 실룩거리는 입꼬리는 기침할 때 벌렁거리는 콧구멍과 같다.

사랑이 왔음을, 아이들의 온몸이 이야기한다.

온갖 재롱을 부리며 나의 사랑을 갈구했던 아이들은 어느새 커 버려 이젠 이성의 사랑을 원한다. 나에게 사랑스러운 얼굴로 애교를 부리던 모습은 찾아볼 수 없다. 반에서 가장 말썽 많은 진우도 내 말보다 혜진이의 말을 더 잘 듣는다. 그런 시기가 온 것이다. 선생님의 간절한 다그침보다는 좋아하는 여자아이의 눈빛 하나면 충분하고, 엄마의 생일은 까먹어도 여자친구의 생일은 반드시 챙기는 그런 나이이다. 아이들이 자라 어른이 되는 것은 새싹이 꽃을 피우는 것처럼 당연한 순리이지만, 반대로 가슴 한편이 쓸쓸해지는 것도 사실이다.

때가 되면 계절이 바뀌는 것처럼, 그렇게 우리 반에도 사랑이 찾아왔다. 긴 여름방학이 끝나고 다시 학교에 온 아이들의 마음은 그 키만큼이나 부쩍 자라 있었다. 이제는 하나의 주체로, 객체로, 사랑하고 사랑받을 준비를 마치고 나타난 것이다. 이런 변화는 자연의 순환처럼 언제나 어김이 없다.

하지만 마음이 자란다는 것이 그리 유쾌한 일만은 아니다. 인생의 가장 쓴 고민이 하나둘씩 찾아온다는 것이기 때문이다. 아무도 보지 않는 여드름이 신경 쓰이고, 그 아이와 잠깐 나누었던 한마디가 생각나 실없이 웃게 되는 게 사랑이다. 그리고 그것들이 신경 쓰인다는 말은 뭐든 내 마음대로 되지 않는다는 말이다. 그래서 문제이다. 잘 보이고 싶은 욕심에 과하게 행동하고, 멋져 보이고 싶은 허세에 거칠게 대답하는 나이가 이즈음의 아이들이다.

그러다 보니 설렘과 핑크빛으로만 가득할 줄 알았던 교실은 불안과 걱정, 시기와 질투로 가득 찬다. 열세 살의 사랑은 혼란 속에서 시작된다. 좋아하는 감정을 알아 가는 일부터 짝사랑의 괴로움, 사랑의 시작과 이별까지, 아이들에게는 알아 가며 헤쳐 가야 할 일이 산더미이다.

공부는커녕 머리와 마음속을 온통 헤집는 것이 바로 이 '사랑'이다. 이것이 무엇을 의미하는지는 아이들도 알 턱이 없지만, 여하튼 자신들의 이 혼란을 아이들은 '사랑'이라고 말한다. 그리고 그것만이 전부인 시기가 어김없이 찾아온다. 이별이 성장에 필요한 통과의례인 것처럼 그 이별을 위한 만남 역시 당연하게 다가온다. 거부할 수 없는 이 과정에 아이들은 무척 혼란스러워진다.

그러나 우리의 교실에서는 이 문제에 관해 이야기하지 않는다. 힘겨워하는 아이들을 지켜보면서도 그저 웃어넘기거나 회피할 뿐이다. 처음으로 6학년을 맡으면서 더는 아이들의 고민을 외면할 수가 없었다. 하지만 나 역시 감정에 무지했고 사랑에는 솔직하지 못했기 때문에 혼자의 고민으로 이 문제를 마주하기는 힘들었다. 그때 진형민 작가의 『사랑이 훅!』을 읽었다. 그런데 아이들의 사랑이 더욱 궁금해졌다. 책을 읽으니 더 알 수 없어졌기 때문이다. 그래서 직접 물어보았다. 너희들이 생각하는 사랑이란 뭐냐고. 아이들의 대답은 내가 기대했던 것과는 사뭇 달랐다.

그 아이와 함께 있으면 설레어서 무서우면서도 자기 마음을 알아주었으면 한다는 다연이의 말, 상대의 마음을 생각하면 자신이 없어진다는 혜지의 고백, 아직 시작하지도 않았는데 사귀고 난 후를 고민하는 선우의 걱정 등은 내가 생각했던 것과는 달랐다. 그 아이가 나를 보면 설레고 말을 걸면 기쁘다는 현빈이의 이야기처럼 오직 설렘과 기쁨만이 있는 줄 알았다. 나는 이미 어른의 눈으로 아이들을 바라보고 있었던 건지도 모르겠다는 생각이 들었다. 아이들에게 사랑이란 이런 사소함과 소심함과 걱정이며 그것이 세상의 가장 중요한 문제일 수도 있다는 점을 나는 그제야 알았다.

그런데 이런 사소함이 우리가 가장 민감하고 예민하게 봐야 할 부분이라고 생각한다. 그 아이 앞에 서면 계속 신경 쓰이는 뱃살에 대해 그저 "괜찮아. 신경 쓰지 마."라고 할 수도 있겠지만, 그게 아이들에겐 가장 중요한 문제일 수도 있음을 수시로 상기해야겠다는 생각이 들었다.

이성 친구? 이성 친구!

아이들과 함께 『사랑이 훅!』을 읽으며 나는 아이들의 사랑을, 아이들은 자신의 마음을 탐구해 나갔다.

둘이 "사귀자!" 하고 말한 적이 없으니 호태가 저러는 게 당연했다. 원래 "사귀자!" 하고 정식으로 말을 해야 진짜 사귀는 것일 수도 있다. 엄선정도 이종수랑 "우리 사귀는 거 맞지?" 하고 서로 확인한 날부터 1일, 2일, 날짜를 센다고 했다. (48쪽)

아이들과 이야기를 나누며 가장 흥미로웠던 점은 '선언'에 관한 것이었다. 책 속 박담의 말처럼 아이들에게는 '사귄다'는 말이 갖는 의미가 생각보다 더 무거웠다. 예전처럼 둘이 만나 이야기하고, 떡볶이를 사 먹고, 자전거를 타던 그 행위도 '사귄다'는 말 한마디로 의미가 완전히 바뀌게 된다. "사귀자."라고 정식으로 말하는 순간, 그냥 친구였던 그 아이의 사소한 행동이 특별해지게 된다. 마음속에만 머물던 모호한 감정이 입 밖으로 소리가 되어 나오는 순간 명확해지는 것이다. 어쩌면 그 선언으로써 사랑이 더욱 선명해지고 커지기도 하는 것 같았다. 김호태가 친한 소꿉친구에서 남자친구로 바뀌는 순간, 박담이 김호태를 더 좋아하게 된 것처럼 말이다.

아이들은 박담과 김호태, 그리고 엄선정과 이종수의 연애 이야기를 읽어 가며 부러워했다. 하지만 그 감정과 행동을 오히려 부담스럽게 받아들이는 아이들도 있었다. 외롭지 않아서 좋다거나 먹을 것을 서로 나누어 먹고 선물을 주고받을 수 있어서 행복하다는 아이들도 있었지만, 반대로 그만큼 많은 아이가 이성 친구 사귀는 일을 부담스럽고 어려워했다. 사귄다는 것은 타인과 감정을 공유하는 일이기도 한데, 바로 그 점이 조심스럽고 신경 쓰인다는 미연이의 말처럼, 아이들은 타인을, 그리고 자신을 받아들일 준비가 되어 있지 않은 모양이었다. 이런 아이들의 불안과 두려움은 재미있는 모습으로 나타나기도 했다.

예를 들어, 카톡으로만 사귀는 게 차라리 더 편하다고 말하는 서윤이나, 게임 채팅방에서 만나 그 아이와 채팅으로만 만난다는 연재가 그렇다. 학기 초에 연애 상담을 요청해 왔던 서윤이는 그동안 카톡으로만 사귄 남자아이와 같은 반이 되어서 어떻게 해야 할지 모르겠다며 고민 중이었다. 처음에는 우습기도 했지만, 사뭇 진지한 서윤이의 모습을 보자니 그렇게 마냥 웃어넘길 일은 아닌 것 같았다. 카톡에서는 이야기도 잘 나누고 애정 표현도 곧잘 했지만 만나면 어색해서 힘들어하는 아이의 모습에서 뭔가 우리 때와는 많이 달라진 아이들의 보편적인 감정이 보이기도 했다.

그토록 바라던 일도 실제로 벌어지면 아이들은 생각보다 당혹스러워하고 어찌할 바를 모른다. 경수의 말처럼 그 아이를 보고만 있어도 좋고 계속 보고 싶어도 막상 사귄다고 생각하면 막막해지는 것이다. 그리고 좋아하는 마음을 어떻게 표현할지 서툰 아이들에게는 그 상대와 함께 대면하고 있는 것조차 부담스럽다. 익숙하지 않은 관계에서 오는 부끄러움도 있다. 그 어색한 분위기를 이겨 내기란 쉽지 않다. 그래서 아이들은 껄끄러움을 피하는 방법으로 카톡을 선택하기도 했던 것이다. 이런 아이들에게 카톡으로 사귀는 것은 대면을 피하는 것이니 잘못되었다고 이야기해야 할지, 아이들의 자연스러운 문화로 인정하고 존중해야 할지 판단하기가 쉽지 않았다.

사귀는 사람은 모든 것이 합동이어야 할까?

그런데 생각해 보면 모든 게 다 합동은 아니었다. 호태는 두부랑 도토리묵처럼 뭉글뭉글한 음식들을 싫어했다. 젤리랑 푸딩도 안 먹었다. 박담은 전부 없어서 못 먹었다. 호태는 음악 듣는 걸 좋아했다. 딱 한 번 들은 노래를 그대로 따라 부를 수도 있다. 하지만 박담은 노래보다 노래 부르는 가수들을 더 좋아했다. (……) '사귀는 사람끼리는 모든 게 합동이어야 할까? 적어도 몇 개가 합동이어야 할까?

합동이 아닌 것 때문에 서로를 싫어하게 되지는 않을까?' (53쪽)

주인공 박담은 호태와 닮지 않은 점들이 친구일 때는 문제가 되지 않았다. 하지만 사귀고 난 뒤에는 서로 맞지 않아 비어져 나온 귀퉁이를 마음에 걸려 한다. 우리 반 다연이도 담이와 같은 고민을 했다. 다연이는 코인 노래방에 가서 노래 부르는 것을 좋아하는데, 남자친구는 노래 부르는 것을 극도로 싫어한다는 것이다. 서로의 마음이 잘 통하지 않는 것 같다며 속상해했다.

책 속 주인공인 담이도, 우리 반 다연이도 남자친구와 다른 점을 계속 신경 썼다. 그런데 서로가 다른 것은 당연한 일이다. 지금까지 살아온 삶이 다르고, 생김새도 다르고, 심지어는 성별도 다르다. 같은 점보다 다른 점이 많은 게 자연스럽다. 그러나 아이들은 담이의 고민에 공감했다. 왜 담이가 호태와 다른 점을 이렇게 신경 쓰며 걱정하는지 물어보자 자신들의 이야기를 꺼내기 시작했다.

숙영이는 다른 점이 있으면 그것으로 인해 서로가 싸울 수 있기 때문이라고 했다. 그래서 남자친구를 사귈 때 싸우기 싫어서 그 친구에게 맞추려고 노력했다고 했다. 현빈이는 이런 나의 질문이 이상하다는 듯이 숙영이 의견에 동의하며, 성격이 다르면 싸우게 되고 그렇게 되면 결국에는 헤어질 수도 있기에 걱정하는 것은 당연하다고 말했다. 가연이는 서로 공통점이 많다는 것은 가까운 사이라는 것을 의미하기 때문에 담이가 호태랑 더 친해지고 싶은 욕심에 서로 다른 점을 신경 쓰는 것이라고 했다.

친한 친구나 이성 친구처럼 가까운 사이일수록 서로의 '다름'을 인정하는 일은 어렵다. 가까울수록 이질적인 것을 받아들이기 힘들다. 서로 잘 통하고 비슷한 부분이 많아야 더 좋다는 이미지가 있기 때문이다. 심지어는 "부부는 일심동체"라는 말까지 있을 정도이다.

이러한 고민은 자신과 반대인 사람에게 더 끌릴 수는 있어도 비슷한 사람을 만나야 행복하다는 어른들의 조언에 기인한 것이겠지만, 사실 이 부분은 많은 성인 사이에서도 의견이 분분하다. 그런 만큼 아이들과의 토론도 흥미로울 것 같았다. 아이들의 대답은 어른들의 대답보다 오히려 더 신선했다. 그리고 나는 그런 대답을 들으며 아이들이 우리 생각보다 성숙한 사랑을 할 수 있는 준비가 되어 있음을 알게 되었다.

나는 사귀는 사람끼리는 모든 게 합동이지 않아도 된다고 생각한다. 왜냐하면 사람을 좋아할 때 나와 다른 점이 매력으로 느껴져서 좋아하게 되는 경우가 있고, 사귀는 사이라면 서로가 달라 싸우게 되어도 다르다는 점을 이해하며 서로 배려하면 더 가까운 사이가 될 수 있기 때문이다. 예를 들어, 네모라는 아이가 동그라미라는 아이를 좋아할 때 자신과 닮은 점보다 다른 점에 매력을 느껴 좋아하게 되었기에 동그라미와 잘 맞지 않아도 이해할 가능성이 크다. 그리고 서로 똑같은 도형이 될 수 없어도 서로 다른 그 모습조차도 좋아해 주는 사람을 만나면 연애 전선은 끊어지지 않고 더욱 길어질 것이다. 그러므로 나는 사귀는 사람끼리는 모든 게 합동이지 않아도 된다고 생각한다. (서윤)

나는 모든 게 합동이지 않을 때가 더 좋다고 생각한다. 나는 피자를 싫어하고 상대방이 피자를 좋아한다면 상대방 덕분에 피자를 먹게 되어 새로운 맛을 느낄 수가 있다. 두 번째로는 상대는 곤충을 무서워하지만 나는 무섭지 않다면 내가 잡아 줄 수 있다. 이렇게 오히려 서로 합동이 아닐 때 새로운 경험도 하고 서로 도우면서 더 친해질 수 있다. 그렇기 때문에 사귀는 사람끼리 모든 게 꼭 합동일 필요는 없다. 오히려 합동이지 않을 때 더욱 서로에게 좋다. (경엽)

나는 사귀는 사람끼리 합동이 많아야 한다고 생각한다. 그래야 마음이 통해 서로가 편하기 때문이다. 만약 마음이 통하지 않는다면 자주 싸울 것이고, 하고 싶은 것도 함께 못 할 것이다. 주변을 보면 마음이 잘 통하면 잘 놀고 잘 먹고 잘 사는데, 마음이 안 통하면 서로 싸우고 때린다. 그러한 모습을 여러 번 봤다. 그 모습을 보며 마음이 안 통하면 서로 욕하고 때리며 정말 무섭게 싸울 수 있다는 것을 알게 되었다. 그러므로 서로 사귀는 사이라면 합동이 많고 잘 통해야 한다. (슬기)

아이들은 토론 상대가 바뀔 때마다 열띤 토론을 했다. 같은 의견인 친구를 만나면 신나게 서로 이야기를 나누며 근거를 보충하기도 하고, 다른 의견을 만나면 자신의 경험과 주변에서 들은 온갖 이야기를 다 끌어와 친구를 설득했다. 토론 속에서 생각이 바뀐 친구들도 꽤 나왔다. 물론, 여기에 정답은 없다. 언제나, 그리고 누구에게나 사랑은 어려운 일이었고, 앞으로도 그럴 것이다. 나도 답을 모르는 것을 아이들에게 가르칠 수는 없는 일이다. 다만, 앞으로 새로운 친구를 만나고 사랑을 할 아이들이 상대와의 관계 속에서 힘들어하고 고민에 빠질 때, 이번 토론 시간처럼 진지하게 이야기 나눌 수 있는 사람이 되었으면 하는 바람이다.

사랑과 우정 사이

지은은 여전히 마음이 복잡했다. 호태와 다정하게 웃고 떠드는 담이가 밉기도 하고, 이토록 자기를 걱정하고 챙기는 담이가 좋기도 했다. 이제 담이랑 놀지 말아야지 결심하면 자꾸만 담이가 보고 싶고, 막상 담이 얼굴을 보면 호태랑 둘이 개울가에 앉아 있던 모습이 떠올라 화가 났다. 호태가 다른 사람이랑 사귀는 것도 싫지만, 담이 같은 친구를 영영 잃는 것은 더 싫었다. (108쪽)

아이들은 두 친구 사이에서 고민하고 혼자 아파하는 신지은에 대해 안쓰러워하며 과할 정도로 감정을 이입했다. 특히 비슷한 경험을 해 본 민지가 가장 적극적이었다. 짝사랑하는 남자아이가 자신의 단짝 친구와 사귈 때 느끼는 좌절감과 속상함을 누구보다도 잘 안다며 책상을 쳤다. 민지에게는 얼마 전까지 짝사랑하는 남자아이가 있었다. 하지만 어째서인지 고백하지 못했고, 그 남자아이는 주아라는 다른 여자아이와 사귀게 되었다. 그리고 공교롭게도 민지와 주아는 학예회 공연을 같이 준비할 정도로 친한 사이였다.

이후 이야기는 책에 나온 그대로였다. 책 속의 지은이처럼 민지도 한

동안 주아의 사소한 행동과 말이 짜증나기도 했고 아니꼬운 마음이 앞서 괜한 심술을 부리기도 했다. 어느 쪽을 선택해도 후회에 도달할 수밖에 없는 이런 상황을 우리는 '딜레마'라고 부른다. 그리고 사랑은 아이들이 가장 먼저 만나는 극심한 딜레마의 상황이고, 아이들은 여기에서 또 무언가를 배워 간다.

이러한 지은이의 고민에 아이들이 어떤 조언을 해 줄지 궁금했다. 아이들과 함께 지은이의 고민 해결에 도움이 될 수 있는 편지를 써 보았다. 예슬이는 힘들겠지만 호태에 대한 마음을 접고 담이와 우정을 이어가는 게 좋다며 사랑보다 우정이 먼저라고 이야기했고, 승준이는 사랑을 포기하지 말고 호태에게 마음을 표현하라고 했다. 인서는 호태에게 속 시원하게 고백을 하고 담이에게는 너희 둘이 사귀기 전부터 좋아했었다고 이야기하여 담이의 이해를 구해 보는 게 좋을 것 같다고 했다.

아이들이 세상을 자기중심으로 해석하고 타인과 관계 맺기를 어려워할 거라고 생각한 것은 내 조그만 독단이었다. 아이들은 어느샌가 소중한 사람과의 관계를 지키기 위해서 어떻게 말하고 행동할지를 고민했고 훌륭하게 그것을 수행해 내고 있었다. 누군가를 좋아하는 마음이 자연스럽게 상대에 대한 배려와 이해로 가는 것인지, 아니면 또 다른 어떤 계기가 있었는지 아직 확신이 서진 않지만, 아이들은 이미 서로를 가르치며 성장해 가고 있었다.

그중에서도 특히 놀라웠던 것은 자신의 마음을 표현해야 한다는 의견이 많았다는 점이다. 아직 사랑보다는 우정이 먼저일 것 같았는데,

아이들은 우정으로 대변되는 공동체보다 어쩌면 솔직한 자신의 감정을 선택했다. 이건 아마도 요즘 급변하는 사고방식이 반영된 것으로 생각된다. 집단과 공동체를 우선하며 균형이 깨지는 것을 두려워하고 극도로 기피했던 우리 세대와는 다르게 아이들은 자신의 감정에 솔직했다.

나는 이 점을 긍정적으로 생각한다. 자신의 감정에 솔직하다는 말은 그만큼 자신을 오래, 그리고 깊이 들여다본 시간의 방증이기 때문이다. 물론 이런 경향이 극단적인 개인주의로 흐르게 되지 않도록 유의해야겠지만, 이런 솔직함이 아마도 아이들이 스스로 성장해 가는 데 많은 도움이 되리라 생각한다.

그러므로 사랑이란

어쩌면 사랑은 비합리적이고 지나치게 감정적이며 일탈을 부추기는 소모적 활동이라고 학교에서 가르쳐 왔는지도 모른다. 적어도 나는 그렇게 배웠다. 그러므로 항상 들어온 이야기는 "연애는 대학 가서 해라."라거나 "좋은 대학 가면 남자친구, 여자친구는 자연스럽게 생긴다." 같은 이야기들뿐이었다. 그러다 보니 자라는 동안 나는 나의 감정 한 부분을 삭제해 왔고 덕분에 한쪽 마음이 절뚝이는 절름발이로 자랐는지도 모른다.

하지만 사랑이란 결국 누군가와 관계를 맺는 일이고, 관계란 일반적으로 감정의 영역이다. 그런데 이제껏 절름발이로 자라온 나에게 감정을 디딜 발은 아직 자라지 못했다. 그래서 우리의 관계는 항상 틀어졌는지도 모른다.

　나는 아이들에게 '사랑'이라는 감정을 통해 타인과 관계 맺는 법을 가르치고 싶었다. 그래서 『사랑이 훅!』이라는 책을 골랐고, 그 책으로 아이들의 감정을 대면하며 나 또한 타인을 받아들이는 연습을 했다. 어쩌면 아이들에게는 더하기, 빼기를 한 번 더 하는 것보다, 영어 단어를 하나 더 암기하는 것보다 자신의 그 감정을, 그리고 타인의 감정을 대면하고 받아들이는 일이 더 중요하다고 생각했기 때문이다. 물론 이번 수업 하나로 모든 아이가 사랑에 솔직해졌거나 타인을 대하는 일에 능숙해지지는 않았다. 하지만 이러한 시도는 아이들이 보다 건강하고 멋진 어른으로 성장하기 위한 중요한 밑거름이 될 거라고 생각한다. 그리고 이러한 연습은 끝이 없을 것이다. 그렇기에 나는 앞으로 아이들과 온작품읽기를 하며 이 연습을 계속해 나갈 것이다.

#손은주

기억을 위하여

"선생님! 오늘 재근이랑 동찬이가 운동장에서……."

카카오톡 채팅방에 들어가기도 전에 미리보기에 뜬 내용만 봐도 뒤의 내용이 짐작되었다. 오늘 나 없는 사이에 또 티격태격한 걸 테지. 카톡으로 고자질할 정도는 아닐 테지만 호들갑 떨고 있을 녀석들 생각에 입가로 '프스스' 바람이 샌다. 학기 초에는 미리보기만 봐도 가슴이 철렁했는데, 이제는 싸우고 금세 돌아서 같이 축구 하는 모습을 5학년 남자아이들의 일상으로 받아들인 지 오래이다.

"선생님! 오늘 재근이랑 동찬이가 운동장에서 ○○초 애들이랑 축구

하다 싸웠어요."

"왜?"

"걔들이 우리는 못산다고, 자기들 같은 아파트에서 살 수 없어서 맨날 운동장에서 논다고 그랬어요."

"엄마도 없고 돌봐 줄 사람도 없는 애들이나 운동장에서 논다고 그랬어요."

'아…….'

눈으로는 핸드폰을 멍하니 바라보면서도 머릿속이 바빴다. 옆 학교의 아는 선생님에게 문자를 넣고 싶은 충동으로 손에 힘이 들어가지만 교사들끼리 싸움을 할 수는 없지 않은가. 그래도 생각할수록 괘씸하다. 당차게 되쏘아 주었길 바라는 마음에 답장을 쓰는 손이 다급하다.

"그래서 뭐라고 했어?"

"그런 말 하지 말라고 했는데, 계속 돈 얘기랑 부모님 얘기를 하면서 놀렸어요."

"'너희 집 다 헐리지? 그래서 너희 이사도 가지? 우리 아파트에는 못 올걸.' 이랬어요."

"뭐라고 하다가 애들이 울면서 집에 갔어요."

개구쟁이로는 전교에서 손꼽히는 녀석들이, 벼락같은 소리를 내야 놀던 손을 멈추고 천연덕스럽게 바라보던 녀석들이 울었다고? 내가 그 순간 그 자리에 있었다면 다 큰 어른이자 교사로서 할 수 있었을 수많은 말들이 머릿속을 빠르게 스쳐 지나갔다.

"그건 너희의 집이 아니라 너희 부모님이 일구어 놓은 재산이란다. 그리고 그 재산은 그렇게 함부로 자랑하고 다니라고 주어진 게 아니란다. 이 깜찍한 녀석들아."

하지만 내가 우리 아이들이었다면? 나라고 달랐겠는가. 앞에서는 울지 못하고 수치심에 부르르 떨었을 것이다. 미처 하지 못한 대답을 입안에 넣고 씹으며 눈물이 그렁해져 있을 녀석들 생각에 다혈질인 나는 열부터 났다. 그래서 아이들이 이 늦은 밤에 카톡을 한 거였구나.

우리 학교는 5~6년 전만 해도 시장 한가운데에 자리 잡아 학년당 열 개 학급 가까이 되는 큰 학교였다. 오래전부터 시장 근처에서 터를 닦으며 산 사람들이 어린 시절에 이 학교를 다녔고, 아이와 손주까지 이 학교로 보내는 일이 흔했다. 몇 년 전 주변에 고가의 새 아파트 단지가 들어서고 그 안에 새로운 학교가 생기면서, 아침이면 등굣길 근처에 차를 멈추고 아이들의 등교가 끝나기를 기다리던 활기차고 북적거리던 모습은 볼 수 없게 되었다. 좀 더 새로운 환경에서 아이들을 키우고자 하는 학부모들이 전출해 나가고 지금은 학년당 세 개 학급이 옹기종기 본관에 모여 앉은 작은 학교가 되었다. 학교 근처에서 아이들이 자전거와 인라인스케이트를 타고 누비던 공터는 근사한 놀이터가 되었지만, 더이상 그곳에서 놀 수는 없었다. 아파트 단지의 학부모들이 같은 아파트 주민의 자녀들인지를 확인하려 들었기 때문이다.

"선생님, 저희 이제 거기 가서 안 놀아요."

"왜? 무슨 일 있었어?"

"거기 어른들이 오지 말라고 해요. 경비실에서 자꾸 물어봐요."

기사에서나 보았던, 택배 차량 진입을 막는 아파트 단지의 이야기가 빠르게 머릿속을 스쳐 지나갔다. 아이들에게도 다르지 않구나. 해당 아파트 단지를 시작으로, 학교 주변의 오래되고 낡은 동네에 재개발 계획이 잡혔다. 아이들은 몇 년 전부터 이사를 나가기 시작했고, 이제 마지막 남은 아이들 몇 명이 순서를 기다리고 있었다. 그중 한 녀석이 울면서 집에 갔다는 재근이라는 아이였다.

얼마 전 "선생님, 우리 동네가 옆 동네처럼 바뀐대서 우리 이사 가요." 하고 밝은 얼굴로 이야기하던 녀석의 얼굴이 떠올랐다. 내가 녀석들만 할 때도 바쁜 부모님을 따라 이사를 많이 다녔다. 그때마다 우리 부모님께서 하신 일은 마당 콘크리트를 뜯어 흙을 북돋고, 식물을 심고, 볕이 잘 드는 자리에 화분을 두고, 대문과 현관을 꾸미는 것이었다. 파랗고 노란 새가 달린 도자기 풍경은 새 집으로 갈 때마다 현관 앞을 지켰고, 처음에 나보다 키가 작았던 선인장은 이제 내 키를 훌쩍 넘겼다. 집에 담겨 있는 나의 추억은 내 몸이 나 자신이듯 자연스럽게 나의 일부가 된다. 아이들에게는 이런 경험이 있을까?

우리가 기억하는 최초의 집

『와우의 첫 책』 속 「그날 밤 네모 새를 봤어」는 사람들이 하나둘 이사를 나가 곧 무너지게 될 낡은 아파트에 대한 이야기이다. 마지막 남은 한 가족을 이사 보내고 무너지는 대신 날개를 달고 훨훨 날아가는 결말이 문득 기억나 다시 읽으면서 아이들과 나누고 싶은 몇 가지 질문을 준비했다.

- 내가 기억하는 최초의 집은?
- 집이란 (　　　)이다.
- 내가 살고 있는 집의 좋은 점은?
- 집에 영혼이 있다면 내 집은 어떤 생각을 할까?

아이들은 내가 책을 뽑아 들면 자연스럽게 책상 위에 엎어진다. 뒤에 가서 드러눕는 아이들도 있다. 아이들의 성격만큼이나 각양각색의 모습이지만 각자 귀를 쫑긋 세우고 숨죽여 이야기를 듣는다. 그러다 '내가 기억하는 최초의 집'을 물어보자마자 마치 버튼을 누른 것처럼 수다가 시작된다.

"난 지금 살고 있는 집에 두 살 때 이사 왔는데, 기억이 안 나."

"난 작년에 시장 뒤쪽 똑같은 집 많은 데로 이사 왔어."

"나는 안양에 있는 아파트에서 이사 왔는데 거기 놀이터에 다시 가고 싶다."

다소 단편적인 아이들의 기억을 좀 더 꺼내 보기 위해 내가 기억하는 최초의 집을 이야기해 보기로 한다.

내가 기억하는 최초의 집은 비디오 가게 뒤편에 작게 연결된 단칸방이었다. 우리 어머니와 아버지는 신혼살림을 팔아 도시로 이사를 나오시면서 작게 비디오 가게를 시작하셨는데 그때 나는 일곱 살이었다. 항상 기억하는 것은 〈꼬마 자동차 붕붕〉이 나오던 볼록한 브라운관 TV와 그 앞에 앉아 만화 주제가를 따라 부르던 나와 동생 자매, 그리고 지금까지 우리 곁을 지키고 있는 선인장이었다. 그 집은 우리가 살기 전만 해도 사무실 용도로 쓰이던 방이었다. 난방이 들어오게 하려고 아버지는 밤새 열선을 깔고, 우리는 그 앞 공터의 정자에 이불을 깔고 누워 잤던 기억이 난다. 그나마 몇 년 후 집주인의 변덕에 이사를 나와야 했으니, 당시 우리 집 상황이 그다지 좋지 않았던 것은 확실하다. 하지만 어때랴. 나는 당시 내 집이 남의 집에 비해 얼마나 좁은지, 집주인과 세 들어 사는 사람 사이에 어떤 불편함이 존재하는지 하나도 모르는 철부지 어린아이였다. 때로는 브라운관 앞에 앉아 붕붕 등에 올라타고 이곳 저곳을 누비는 탐험가가 되었다. 어느 날은 남극으로 떠나 찰흙으로 만든 펭귄들이 뚫어 놓은 생선 구멍에 풍덩 빠지는 상상을 하며 실실거리기도 했다.

우리 부모님은 그 시기를 힘들고 불안한 시절로 기억하실지 모르겠다. 하지만 나는 그 마법의 비디오 가게에서 마치 양탄자처럼 진열된 비디오테이프를 타고 오만 곳을 다 다닐 수 있었다. 지금 그곳은 우리가 이사 나온 후에 재개발이 되어 알아볼 수 없게 변해 버렸다. 이제 내 기억 속에만 남게 된 조그만 비디오 가게. 책을 읽다가 내 이야기를 들은 재근이는 똘망똘망한 눈으로 되묻는다.

"선생님, 비디오가 뭐예요?"

아뿔싸, 세대 차이를 잊었다. 이 녀석들은 평생 카세트테이프니 비디오테이프 같은 것을 본 적이 없을 거다. 그러니 비디오 가게를 알 턱이 있나. 각종 유행어와 아이돌 가수를 빠삭하게 알고 아이들이랑 농담도 잘 주고받아 나름 중학생 언니 같다는 소리를 들었는데, 순식간에 현실로 돌아오는 순간이었다. 옛날에는 이랬다며 비디오테이프와 둥글고 두꺼운 TV의 모습을 인터넷으로 검색해 보여 주었다. 지금이야 유튜브로 온갖 영상을 다 볼 수 있는 시대이지만 그렇지 않은 시절도 있었노라고, 그래서 몰래 숨어서 비디오를 보다 손님이 찾는 비디오를 망가뜨려 엄마한테 혼난 적도 있다고 했더니 "우아, 선생님 진짜 옛날 사람이다." 이런다. 너희는 뭐 나이 들지 않을 줄 아니?

사진을 본 녀석들이 또 물어 댄다.

"선생님, 지금도 비디오 가게에 살아요?"

"비디오 가게에서 살면 맨날 비디오 볼 수 있어요?"

"맞아, 선생님도 만화 좋아해요?"

"그때도 짱구 있었어요?"

예상한 반응이다. 짱구뿐이랴. 세일러 문이며 빨갛고 노란 쫄쫄이를 입은 영웅물에 이르기까지 다양하다. 일요일 아침마다 하던 디즈니 영화는 녹화해 두었다가 두고두고 보곤 했다. 아이들이 엄마 몰래 핸드폰 게임을 하듯이 몰래 만화를 숨겨 봤다는 말이 아이들의 마음을 움직인 것 같았다. 장난꾸러기 재근이 녀석이 "저도 비디오 가게에 가 보고 싶어요!" 한다. 만화방 얘기를 할 때는 서로 다녀온 만화 카페 이야기를 하느라 떠들썩했다. 이래서 책을 마지막까지 다 읽을 수 있으려나?

"너희가 살았던 집 이야기도 해 볼래?"

역시, 교사의 신변잡기는 때로는 아이들에게 다리가 되어 주나 보다. 한 아이가 손을 든다. 3학년부터 반 회장을 도맡아 했던 듬직하고 성실한 아이. 5학년이 되어 막 사춘기에 접어들기 시작한 우리 반 회장 녀석이다.

"선생님, 저는 원래 서울에서 엄청 큰 집에 살았어요. 다섯 살 때부터 살았어요."

"다섯 살 때 기억이 나니? 기억력 엄청 좋네, 우리 의찬이."

"네. 근데 그 이후에 부모님께서 좀 어려워지셔서 지금 동네로 이사 왔어요."

"그랬구나. 이사 온 뒤 기분이 어땠니?"

"지금 집은 거실이 TV로 꽉 차고 방도 작지만 지금 집이 훨씬 좋아요."

얼마 전 의찬이는 재근이와 동찬이가 옆 학교 아이랑 낡은 동네 때문에 싸운 걸 목격했다. 그런데도 한 치의 망설임도 없어 보이는 아이의 밝은 얼굴이 눈에 들어온다. 그 순간 '그래, 그렇구나.'라는 대답 대신 "왜?"라고 물어보는 때 묻은 나 자신에게 스스로 놀란다. 내가 그랬듯이 작고 낡은 집에서 아이가 더 행복하다는데, 거기에 무슨 이유가 필요할까.

"엄마와 아빠가 서울에 사실 때는 엄청 바쁘셔서 제가 잠들고 들어오셨는데, 여기서는 엄마는 집에 계시고 아빠도 일찍 퇴근하셔서 저녁에 엄마랑 아빠랑 같이 있을 수 있어요."

"그렇구나. 그럼 저녁 시간에 주로 뭘 하니?"

"같이 저녁을 먹고 보드게임을 하거나 가족회의를 해요."

"가족회의도 해?"

"네. 주로 저랑 동생이랑 싸우는 일에 대해서요."

개구진 웃음을 지으며 아이가 자리에 앉는다. 의찬이의 발표를 듣던 수형이가 손을 든다. 수형이는 현재 재개발 예정 지역의 바로 옆 골목에 사는데, 아마 다음 재개발은 그 동네가 될 거라고들 한다. 학기 초에 그 이유로 전학을 간다고 해서 나를 서운하게 하더니, 재개발 계획이 취소되어 매일 학교 앞 골목에서 만나는 나의 등굣길 친구이다.

"선생님, 제가 생각하는 집은 옆집에서 닭이 우는 곳이에요."

"닭이라고?"

"네. 저희 옆집은 아침마다 닭이 울어요. 우리 엄마가 출근하는 시간에 한 번 울고, 저랑 동생이랑 밥 먹는 시간에 두 번째로 울고, 대문을 나와서 한 열 발자국 나오면 또 울어요."

"그런지 얼마나 되었어?"

"올해 초부터 계속 그랬고요, 얼마 전부터 안 들려요."

이유를 알 것 같다. 집에서 매일 같은 시간에 울던 닭이 안 울면 이유야 뻔하지 않겠는가. 집을 떠올리는 방법은 정말 많다. 닭 울음소리며 아빠의 발 냄새, 할머니의 코 고는 소리까지. 아이들의 기발한 생각에 웃음이 났다. 행복하면 그걸로 된 것 아닌가? 그 집에서 누구와 무엇을 하며 보냈는지, 무엇을 먹고 어떤 걸 하며 놀았는지, 아이들이 기억하는 것은 바로 그런 것들이다.

너희가 기억하는 것은 온전히 너희의 것!

이야기 속에서 새들은 마지막 남은 가족이 이사 갈 만한 집을 찾으면 쪽지를 물어다 준다. 쪽지에는 우리 아이들하고 수준이 똑같은 말들이 써 있다.

"다락방도 있지만 귀신도 살고 있음."

"옆집에 번개맨이 살고 있음."

월세며 전세며 계약 기간 같은 말은 단 한 마디도 없다. 집은 원래 그런 곳이다. 어떤 모습이고 얼마의 가격에 팔리며 널찍한 마당이 있고 없고는 늘 때 묻은 어른들의 문제이다. 내 집의 특징을 새들이 만든 것처럼 쪽지로 만들어 보기로 하며 페이지를 접는다. 아이들과 주거니 받거니 질문을 하다 보니 금세 마지막 장이었다. 아파트 겨드랑이에 은빛 날개가 돋아나는 바로 그 장면이다. 나는 준비해 둔 마지막 질문을 하면서 재근이 녀석을 힐끔 쳐다본다.

"너희가 옛날에 살던 집을 영영 볼 수 없게 된다면 기분이 어떨 것 같니?"

"근처 길을 지나가는데 집이 안 보이면 엄청 서운할 것 같아요."

"집이 보고 싶을 것 같아요."

"혹시 그런 경험이 있는 친구들이 있을까?"

재근이는 아까부터 말이 없다.

"이 책의 마지막 장면에서 집이 날개를 달고 날아간 것을 보고 어떤 생각이 들었니?"

"폭파되지 않아서 다행이에요."

"어떤 집은 벌써 없어졌어요."

"선생님이 살던 비디오 가게는 이제 재개발이 되어서 볼 수 없게 되었어. 선생님이 이사 나오고 나서 한참 후의 일이었지만 그 앞을 지나갈 때마다 서운했지. 그런데 이 장면을 읽으면서 선생님은 다른 생각을 하게 되었어."

"어떤 생각이요?"

"집이 제 발로 어디로 가 버렸다고, 그래서 이 세상 어딘가에서 선생님이 살았던 기억을 가지고 잘 있을 거라고 말이야. 어쩌면 집이 필요한 다른 나라로 날아갔을지도 몰라. 너희들 생각은 어떠니?"

"그냥 소설이잖아요."

말없이 입만 부루퉁하던 재근이가 드디어 입을 뗀다.

"그래도 날아갔다고 생각하면 좋을 것 같아요."

"왜 좋을 것 같니?"

"다시 날아올 수 있으니까요."

말문이 턱 막힌다. 아이의 집은 벌써 무너지고 콘크리트며 철근 덩어리가 되어 트럭에 실려 나갔을지도 모른다. 나의 삶이 깃든 곳을 아무렇지도 않게 무너뜨리는, 2년, 혹은 1년마다 터전을 옮기며 금방 잊고 금세 적응해서 살아가기를 강요하는 '폭력' 앞에서 이 이야기는 그저 이야기일 뿐이다. 하지만 안타깝고 아픈 기억의 틈새로 '만약'이라는 상상력의 연고를 발라 준다면, 그래서 아이가 어른이 된 이후에도 날개를 달고 어딘가로 날아가 새 둥지를 틀었을 그 옛날 집을 떠올리며 빙그레 웃을 수 있다면 얼마나 좋을까? 폭력 앞에서도 사라지지 않는 강력한 '기억'을 무기 삼아, 누구에게도 빼앗기지 않는 따뜻한 추억을 원동력 삼아 힘차게 살아갈 수 있다면…….

"애들아, 너희는 앞으로 어느 곳에서 어떻게 살게 될지 몰라. 선생님이 비디오 가게를 떠나 지금 이곳에 살고 있듯이 말이야. 하지만 너희의 기억은 아무도 빼앗아 갈 수 없어. 너희가 기억하는 것은 온전히 너희의 것이 되는 거야."

"선생님, 저는 엄청 잘 까먹는데요. 어제 일도 막 잊어버려요."

"선생님은 어렸을 때 일을 다 기억해요?"

"그래서 선생님은 일기를 써. 뭔가를 자꾸 잊어버리고 싶지 않거든. 사는 곳이 바뀌고 나이가 들고 외모가 변하더라도, 그리고 결국 많은 기억을 잊어버리더라도 너희를 이루고 있던 그 기억들이 너희를 만들었다는 사실은 잊지 말자."

자기가 살았던 옛날 집이나 지금 살고 있는 집에서 가장 좋아하는 곳을 그림으로 그리고, 글로 설명해 보기로 하며 수업을 닫았다.

재근이가 쉬는 시간에 후드 주머니에 손을 꾹 찔러 넣고 성큼성큼 나에게 왔다.

"선생님, 앞으로 이사 갈 때마다 꼭 사진을 찍을 거예요."

"왜?"

"살던 집 사진이 없어서 아쉬워요."

"그래, 꼭 그러렴. 선생님의 옛날 집도 잊기 전에 그림으로 그려 두어야겠어."

눈물 글썽, 부루퉁한 말투이지만 녀석이 꽁꽁 숨겨 둔 아쉬움을 꺼내 준 것이 못내 고마워 고개를 끄덕인다. 재근이는 눈물을 쓱 닦으며 자리로 돌아간다. 언제 울었냐는 듯 금세 웃고 장난치는 재근이를 보며 마냥 따라 웃을 수 없어 쓴 입맛을 다셨다. 상처가 상처인 줄도 모르고 살아가는 아이가 마음 아파서인지, 너무나 작은 나의 한 걸음이 초라해 보여서인지 알 수 없다. 아이들의 그림 속 날개를 달고 날아간 집이 다시 아이들 곁으로 돌아오게 해 줄 수 없다면, 적어도 절대 날아가 버리

▲ 건물 옥상에 있는 작은 집이 하늘을 나는 캠핑카가 되어 천사 집이 되었을 것입니다. (우○○)

▶ 건물이랑 저희 집에 있던 책이 한꺼번에 책이 없는 나라로 옮겨 가서 아이들에게 놀면서 책을 읽게 해 주는 도서관이 되었을 것입니다. (한○○)

지 않을 '집에 대한 기억'을 남겨 주고 싶다. 이제는 마음이 단단히 영글어 자신의 추억을 지키고 키워 나가려는 아이들. 늘 한곳에 머물 수는 없어도 마음 한구석에 항상 변치 않는 집을 두고 언제든 그 문을 열고 추억을 꺼내 보며 웃음 지을 수 있는 어른으로 자라나면 좋겠다.

#허나겸

안타깝고 아픈 기억의 틈새로

'만약'이라는 상상력의 연고를 발라 준다면,

그래서 아이가 어른이 된 이후에도

날개를 달고 어딘가로 날아가

새 둥지를 틀었을 그 옛날 집을 떠올리며

빙그레 웃을 수 있다면 얼마나 좋을까?

3장

책과 노니는 교실

우리 모임의
지난 시간을 되돌아보며
더 단단한 한 걸음을
내디디려 합니다.

잠시 쉬어 갈 수 있지만
주저앉지 말고

(2008~2014년)

올해로 11년이 되었다. 수원국어교과모임이라는 이름으로 어린이책을 읽으며 지역 선생님들과 함께한 시간이다. 모임을 이어 가는 것은 참 어려운 일이다. 한 해 두 해 지나면 모임이 시들해지는 것은 어쩔 수 없다. 지역을 떠나야 하기도 하고, 아이를 낳거나 학교 일 때문에 못 나오는 사람들이 생기기도 한다. 그렇게 모임은 흐지부지되기 쉽다.

그나마 몇 사람이라도 모임을 지키면 다시 돌아오는 이가 있고 새로 들어오는 이도 생긴다. 그래서 이어 갈 힘을 다시 얻는다. 우리 책교실도 그렇다. 구성원이 들고 나면서도 초등국어교과모임에 10년 동안 지역모임 등록을 했다. 특별한 것은 없지만 아이들의 삶과 말을 가꾸는 일을 누구보다 사랑하는 사람들, 문학이 좋아 함께 이야기 나눌 사람을 찾는 이들이 모임을 만들어 꾸준히 지켜 가고 있기 때문이다.

천 리 길도 한 걸음부터

2005년이었다. 청주교대에서 열린 전국초등국어과 여름연수에 참여했다. 2004년 전교조 참실 연수 국어분과에서 그림책으로 수업을 할 수도 있다는 사실에 충격을 받고 나서야 전국초등국어교과모임이 있다는 것을 알았다. 국어 수업으로 아이들과 삶을 가꾸는 그 길을 먼저 가고 있는 선생님들이 있다는 사실을 알게 된 건 정말 행복한 경험이었다. 수원에서도 국어과 모임을 만들고 싶었다.

2007년 봄이 되어서야 전교조 수원초등지회에 요청하여 네 번에 걸친 국어과 연수를 기획했다. 네 번의 연수를 마치고 "함께할 사람 모여라!" 해서 모인 것이 시작이었다. 조연수, 전재임, 이정숙, 신향숙, 윤세원, 고혜숙, 서은주. 우리는 지금 생각하면 참 애매하기 그지없게 3주에 한 번씩 모였다. 아이를 키우느라, 공부를 하느라 2주에 한 번 하는 모임은 버거운 사람들이었다. 그래도 육아에서 벗어나 숨 쉴 곳이 절실했고, 어린이책을 함께 읽고 이야기 나누는 모임이 간절했다. 그래서 궁리 끝에 잡은 일정이 3주에 한 번씩이라도 보는 것이었다.

우리는 인계동에 있던 전교조 수원초등지회 사무실에 모였다. 교과서에 실린 작품을 온전히 읽어 보는 일부터 시작했다. 1학년 1학기부터

6학년 2학기 국어 교과서의 뒤에 실린 책 목록 가운데 문학책을 함께 읽어 갔다. 읽다 보니 굳이 이런 책으로 수업을 해야 하나 싶은 책들이 많았다. 읽다가 덮어 버리고 싶은 책도 있었지만 미련스럽게 꾸역꾸역 읽었다. 덕분에 우리는 분명하게 결론을 내릴 수 있었다. 교과서에 실린 작품이라도 그것이 재미없고 의미를 찾기 힘든 책이라면 아이들에게 읽어 줄 다른 책을 교사가 찾아 읽어야 한다는 것이었다.

선생님들과 전국초등국어교과모임에 등록하는 일에 대해 이야기를 나누었다. 모임을 만드는 과정에서 수원까지 강의하러 오기를 마다하지 않았던 초등국어교과모임 선생님들에 대한 고마움도 컸다. 2008년 4월, 드디어 지역모임 신청서를 제출했다. 동화 평론집*을 정해서 책에서 소개하는 동화를 함께 읽고 이야기를 나누기로 했다. 서너 살 된 아이들을 데리고 모여야 했기 때문에 우리 집에서 모였다. 그렇게 3주에 한 번씩 짜장, 짬뽕, 탕수육 시대가 열렸다.

처음에는 글쓴이의 생각을 좇아가기도 바빴고, 글쓴이와 다른 생각이 들면 왠지 내가 작품을 잘 이해하지 못하고 있나 주눅이 들었다. 하지만 차츰 어린이 문학의 독자이자 교사인 우리만의 시선으로 작품을 이야기하기 시작했다. 비평가의 견해에 의존하는 것이 아니라 자기 생각을 말할 수 있게 되었다. 때론 글쓴이뿐만 아니라 우리끼리도 서로 다

★『숲에서 어린이에게 길을 묻다』와 『우리 동화 바로 읽기』

른 생각을 하게 되고 그 다름을 주제로 이야기 나누는 모습이 자연스러워졌다.

그림책, 서로 읽어 주다

우리는 교실에서 꾸준히 그림책을 읽어 주고 있었고, 아이들과 나눈 이야기들을 모임에서 함께 나누어 왔다. 그래서 2009년에는 그림책 공부를 좀 더 깊이 있게 해 보기로 했다. 2주에 한 번으로 모임 횟수도 늘렸다. 이번에도 평론집 한 권을 정해 거기 나온 그림책을 읽고 이야기를 나누기로 했다. 『나의 즐거운 그림책 읽기』였다. 육아휴직 중이던 전혜원 선생님이 모임에 함께하기로 했다. 쌍둥이 아이들 둘이 늘어 모임은 어린이집을 방불케 했지만, 그래도 함께 이야기를 나누는 시간 자체가 주는 즐거움이 컸다.

어렴풋이 알았던 그림책의 구조도 알게 되고, 표지의 중요성, 면지의 중요성, 작가 이야기, 그림책의 이면에 존재하는 생각할 거리를 통해 그림책 읽기가 훨씬 풍부해졌다. 반 아이들에게 그림책을 읽어 줄 때도 바로 서사로 들어가기보다 표지 이야기, 면지 이야기를 나누는 일이 참 의미 있는 일이라는 것을 확실하게 알게 되었다. 그림책을 새로 사서 읽는 일이 더욱 잦아졌고, 그림책을 읽어 내는 나 자신이 뿌듯했고, 함께 읽으며 해석하는 즐거움이 커졌다.

2010년이 되었다. 그림책 공부를 계속하기로 했는데 이왕이면 우리의 옛이야기 그림책 공부를 해 보자고 해서 『옛이야기와 어린이책』을 선택했다. 가평에서 수원으로 들어온 신수경 선생님도 같이 공부하기로 했다. 옛이야기 그림책은 다양한 이본이 존재하고 전집류부터 단행본까지 시중에 나와 있는 것이 많았다. 그래서 지역 도서관에서 10여종이 넘는 그림책을 빌려 와서 읽고 비교하며 공부했다.

그러다가 우리 모임에서도 아이들에게 읽어 주며 이야기를 나누듯이 서로에게 그림책을 읽어 주게 된 계기가 생겼다. 그동안에는 다들 그림책을 빌려서 미리 읽어 와 책을 살피며 이야기를 나누었다. 각자 그림책을 한아름 가지고 오기 때문에 모임에서는 따로 혹은 둘이 같이 책을 보며 이야기를 나눌 수 있었다. 그런데 그림책이 딱 한 권만 있는 날이 있었다. 다들 책을 빌리지 못한 것이다. 당연히 미리 읽고 온 사람도 없었다. 결국 책을 빌려 온 전재임 선생님이 우리에게 그림책을 읽어 주셨다. 우리가 늘 아이들에게 해 주었듯이 말이다.

그런데 선생님이 읽어 주는 그림책을 함께 보며 이야기를 나누는 동안 익숙하지만 낯선 경험을 하게 됐다. 아이들에게 읽어 줄 그림책은 그림도 꼼꼼히 본다고 보았고, 아이들의 반응도 숱하게 들어 왔다. 그리고 그림책은 눈으로 읽는 책이 아니라 누군가가 읽어 주는 내용을 들으며 그림을 함께 보는 것이 중요한 특징이라고 귀에 딱지가 앉도록 말해 왔다. 하지만 정작 어린이 책을 읽는 교사인 우리에겐 아무도 그림책을 읽어 준 적이 없다는 것을 그때서야 깨달았다.

그렇게 우연히 온전하게 그림책을 즐긴다는 것이 무엇인지 경험하게 됐다. 지금 우리 모임에서 그림책 읽어 주는 것을 당연하게 여기는 것은 그날의 감동이 있었기 때문이다. 그림책은 아이들에게만 읽어 주는 것이 아니다. 교사인 우리도 누군가가 읽어 주는 그림책을 듣고 보며 그림책이 주는 맛을 누리고 즐기는 일이 꼭 필요하다. 그날 우리는 모두 한목소리로 말했다. "아이들은 이렇게 좋은 경험을 하고 있었구나! 우리가 그림책을 읽어 주는 것은 정말 좋은 일이었구나!"라고 말이다. 그림책을 읽어 주는 일에 자신감을 갖게 된 시간이었다.

우리들의 책 사랑이 자라듯 아이들도 함께 자랐다. 책을 발췌하고 있는데 기어와서 엉덩이를 들이밀고 엄마 앞에 앉겠다고 떼쓰던 아이들, 둘러앉아 공부하고 있는 책상 주위를 뛰어다니고 여기저기 돌아다니며 놀던 아이들이 어느 때부턴가 자리에 앉아 놀기 시작했다. 자기들끼리 그림도 그리고 장난감으로 함께 놀이를 하니 소란스러움이 사라졌다. 그러다 가끔은 동화 같은 순간들이 찾아왔다.

첫 순간은 지금도 가슴이 뭉클하다. 겨울을 앞둔 어느 날이었던 것으로 기억한다. 찬 기운이 으슬으슬 스며들어 와 참 힘든 날이었다. 전혜원 선생님 집 식탁에 앉아 이야기를 나누다가 잠시 허리를 폈다. 그 순간이었다. 19세기 인상파 화가들의 그림 같은 풍경이 눈에 들어왔다. 불 꺼진 안방에는 침대맡에 스탠드가 켜져 있었다. 그 옆에는 이제 곧 4학년이 될 제일 큰 아이가 그림책을 읽어 주는지 동생들이 침대에 엎드려 턱을 괴고 그림책을 보고 있었다. 그림처럼 아름답다는 말이 절로 나올 것 같았다.

"쟤들 좀 봐요."

세월이 그새 이렇게 지났나 싶었다. 공부하겠다고 모여 북새통 속에서 책을 읽으며 지나온 시간이 언제였나 싶었다. 아이들은 그 후로도 우리가 책을 읽고 있으면 와서 같이 보기도 하고, 자기들끼리 읽어 주기도 하며 지냈다. 그 아이들이 지금도 책을 좋아하는지에 대해서는 자신 있게 말할 수 없다는 점이 참 아쉽다. 사진 한 장 남기지 못한 게 그래서 더 안타깝다.

2011년에는 본격적으로 교육과정을 재구성해 보기로 했다. 수업 시간에 교과서가 아니라 그림책, 동화책, 시집을 함께 읽고 수업한 이야기를 기록해 가기로 했다. 아직 학교마다 중간고사나 기말고사 같은 일제고사가 남아 있었고, 수업협의는 교사 품평회가 되기 일쑤였던 때였다. 수업을 하고 모임에서 이야기를 나누다 보면 참으로 답답한 현실이 그대로 드러났다.

공개수업 시간 내내 동화책을 읽어 준 전재임 선생님은 교감 선생님으로부터 이런 이야기를 들었다.

"선생님 수업은 읽기 수업인가요? 학생들이 읽지 않고 왜 선생님이 읽으세요? 그것도 공개수업 내내. 이런 수업이 어디 있어요?"

교감 선생님의 눈에는 선생님이 읽어 주는 것을 들으며 이야기에 빠져들고, 선생님이 멈추는 순간, 질문하는 순간에 반응하는 아이들이 보이지 않았던 것이다.

나는 공간적·시대적 배경이 인물에게 미치는 영향에 대한 수업과 도덕의 인권 수업을 통합해서 교과서에 나오지 않는 『사라, 버스를 타다』로 수업을 했다가 문제 제기를 받았다. 협의 시간에 "왜 교과서에 없는 책으로 수업을 하세요? 전문적인 사람들이 충분히 고민하고 만든 게 교과서인데 이런 행동이 자칫 민원으로 이어질 수 있어요."라는 말을 들은 것이다. 논쟁을 마다할 수 없었다. 신규 선생님들이 수업을 많이 보러 왔기 때문이다.

이미 6학년 아이들의 일제고사를 앞둔 3월에 교과서로 문학 수업을 하지 않았다는 이유로 한 6학년 선생님에게 민원이 들어온 터라 더 민감한 시기이긴 했다. 그렇다 하더라도 참 답답했다. 더구나 그다음 5학년의 개정 교과서에 『사라, 버스를 타다』가 그대로 실렸다. 마치 '교과서가 절대적인 것이 아니야.'라는 말을 증명하듯 말이다. 아이러니한 현실이다. '한 학기 한 권 읽기'가 들어온 2015 개정 교육과정 시기에 들자면 말도 안 되는 이야기이지만 2011년 우리 모임 선생님들은 시대를 앞서갔다는(?) 이유로 지탄받으면서도 참 꿋꿋하게 온작품읽기 수업을 해 왔다. 함께 공부하고, 수업에 대한 길을 찾고, 서로를 위로할 수 있는 모임이라는 울타리가 있었기 때문이다.

길이 끝난 곳에서 길은 다시 이어지고

어느 모임이든 사람들의 처지가 모임을 흔드는 시기가 온다. 우리에게는 2012년이 그랬다. 아이를 키우느라, 지역이 멀어져서, 다른 영역의 모임을 찾아서, 몸이 힘들어서⋯⋯. 결국 모임은 이름만 남고 잠정 휴지기로 들어갔다. 모임이 없어지자 뭔가 꼭 해야 할 일을 하지 않고 사는 듯한 답답함, 봐야 할 사람을 보지 못하고 살아가는 안타까움 같은 것이 마음 한편에 자리 잡았다.

하지만 답답함을 견디지 못한 누군가가 깃발을 드는 시기가 또 온다. 2013년, 용인 모임 회장을 오래도록 했던 진현 선생님과 군포 의왕 모임에 있던 이유진 선생님, 그리고 수원 모임을 하던 내가 다시 모였다. '이렇게는 살 수 없다. 뭐라도 읽고 책 이야기 나누는 일을 놓지 말자.'라는 절절함이 우리 셋을 뭉치게 했다. 하지만 여전히 육아에서 자유롭지 못했다. 아이가 아프기라도 하면 모임은 연기되기 일쑤였다. 2012년과 2013년은 그렇게 몸과 마음이 참 힘든 시기였다.

세 명이 모여서 궁리를 했다. 우선 함께 모임에 참여할 사람을 늘리는 일이 급했다. 그래야 한두 명이 사정이 생겨도 모임이 안정적으로 유지될 것 같았다. 생각 끝에 교육청 학습동아리로 등록하고 자신이 다니고 있는 학교 선생님들을 적극적으로 데리고 나오기로 했다. 신수경 선생님도 같은 학교 선생님들과 나오기로 했고, 가평에서 수원으로 들어온 국찬석 선생님도 가급적 함께하기로 했다.

모임, 이름을 갖다 – '책과 노니는 교실'

어느 때부턴가 셋이 모여 모임에 새 이름을 붙여 볼 것을 고민했다. 그동안 수원초등국어교과모임이라는 단순한 이름으로 지내 왔는데 뭔가 새로운 변화가 필요했기 때문이다. 『책과 노니는 집』을 다들 좋아했던 터라 자연스럽게 '책과 노니는 교실'이 좋겠다고 의견이 모였고, 드디어 '책과 노니는 교실' 밴드를 만들었다.

그리고 2014년 3월 첫 모임에 11명이 모였다. 그 후로도 몇 사람이 더 들어왔다. 진현, 정화선, 박준형, 조연수, 전인숙, 이유진, 길지현, 고아라, 신수경, 서해진, 유영길, 김은정, 전수연, 국찬석, 채송아! 언제나 반갑고 그리운 이름들이다. 아이들 앞에 선 지 1년도 안 된 선생님부터 2~3년 경력의 선생님들이 반이 넘었다.

선생님들과 학급 이야기나 국어 수업 이야기를 나누며 1년을 살았다. 선배들은 뭔가를 새롭게 배우는 일을 접고 그동안의 경험을 후배들과 함께 나누기로 했다. 하지만 이를 위해 수업 이야기를 정리하고 고민하는 시간들이 또 다른 배움이 되었다. 수업을 나눌 때는 되도록 우리 모두 학생들의 입장이 되어 문학을 겪고 이야기 나누는 경험을 해 볼 수 있도록 했다. 후배들은 함께 읽고 배우며 우리가 먼저 간 길로 발을 내디뎠다.

그렇게 선배들의 수업 나누기가 시작됐다. 국찬석 선생님이 소개해 준 그림책 『여우』는 이야기 자체의 놀라움도 컸지만 읽어 주는 그림책을 보면서 이야기 듣는 즐거움을 다시 한번 느끼게 해 주었다. 우리 반에서 당시 비슷한 일로 고민이 있었던 터라 뒷이야기 써 보기를 해 볼까 했더니 여러 선생님들이 앞의 이야기도 써 보면 의미 있을 것 같다는 의견을 보태 주었다.

결국 10차시에 걸쳐 읽어 주고, 이야기를 나누고, 앞뒤의 이야기를 만들고, 자기 작품 발표회까지 하면서 수업이 이어졌다. 등장인물을 선택해서 그 인물의 시점으로 이야기의 앞부분과 뒷부분을 상상해 재구성하는 '이야기 바꾸어 쓰기'였던 셈인데, 아이들은 이야기 창작에 푹 빠졌다. 마치 작가가 된 기분이라고 했다. 이야기를 쓰려니 책을 다시 읽게 되고, 이해 안 되던 것이 이해가 되면서 생각이 많아진다고 했다. 책교실 선생님들과 아이들이 쓴 글을 돌려 읽으며 그림책 수업에 대해 새로운 고민을 할 수 있었다.

시집, 책모임으로 들어오다

반 아이들과 하던 여러 권의 시집으로 수업하기 사례를 모임에서 나누었다. 아이들과 함께하며 정말 좋았던 것이라 선생님들과 함께하는 것도 좋을 것이라고 기대는 했지만 생각보다 울림이 더 컸다. 학교에서 챙겨 간 시집을 한 권씩 소개했다. 다섯 장의 책갈피 붙임쪽지와 옮겨 쓸 종이를 나누어 주고 시집 읽기를 시작했다. 금세 여기저기서 웃음소리와 소곤거리는 소리가 들렸다. 붙임쪽지를 붙이며 옆 선생님에게 시를 읽어 주는 모습도 보였다.

아이들과 다르지 않았다. 아니 오히려 아이들보다 훨씬 진지하고 즐겁게 시를 고르고 이야기를 나누었다. 시를 옮겨 적고 고른 이유를 적은 후 낭송회를 시작했다. 동그랗게 앉은 자리 한쪽에 선생님이 직접 나와 낭송을 해야 한다고 강조했다. 너무 떨린다며 자리에 조심스럽게 앉는 모습도, 낭송하는 내내 숨소리조차 조심하게 만드는 가느다란 떨림도, 낭송하다가 혹은 고른 이유를 말하다가 콧방울이 빨개지는 모습도 우리에게 너무나 소중하게 남았다. 그렇게 시집이 책모임으로 들어왔다. 그리고 이 시집들은 선생님들을 따라 아이들이 있는 교실로 퍼져 나갔다.

2014년에 시작한 시집 수업은 지금까지 책교실에서 꾸준히 이어지고 있다. 그림책이나 동화와 달리 시집 읽기 모임을 하고 나면 한 편 한 편에 책교실 선생님들의 이야기가 대롱대롱 달려 나온다. 웃음과 울음이 공간에 가득 차오른다. 시 한 편에 생각나는 아이가 있듯이 시 한 편에 떠오르는 우리 모임 선생님들의 얼굴이 하나둘 늘어 간다.

2학기에는 동시 그림책 『시리동동 거미동동』 수업 나눔에 이어 이안 동시 작가와의 만남을 가졌다. 그동안은 교육부 예산으로 지역 선생님들과 연수를 몇 차례 함께했지만 우리 모임의 이름으로 모임 선생님들

▲ 우리 모임의 이름으로 진행한 이안 동시 작가와의 만남

끼리 작가와의 만남을 가진 것은 처음이었다. 작가와의 만남을 준비하기 위해 당연한 일이었지만 작가의 동시집 세 권을 함께 읽고, 시를 골라 이야기를 나누고 평론집을 읽었다. 작가와의 만남이 처음인 선생님들은 마치 연예인을 만나는 것 같다며 설레어했다. 작가의 세 번째 동시집 『글자동물원』의 「른자동롬원」을 거의 1년 전에 미리 만나는 호사도 누릴 수 있었다.

작품은 작가의 손을 떠나 독자의 몫이 되지만, 작품을 대하는 작가의 모습과 작품 이면의 이야기를 알면 작품에 더 가깝고 깊이 있게 다가갈 수 있음을 알게 되었다. 게다가 작가의 작품을 공동체가 함께 읽고 이야기 나눌 때 공유할 수 있는 '그 무엇'의 힘을 자연스럽게 즐기게 되었다. 그렇게 우리는 더 깊이 있는 문학적 체험을 통해 문학 수업의 의미를 몸과 마음으로 새길 수 있었다.

모임은 항상 간단한 저녁을 먹으며 그동안 지낸 이야기를 나누는 것으로 시작된다. 난 이 시간이 참 좋다. 선생님들께서 내 이야기를 귀 기울여 들어주시고 진심으로 공감해 주시니 다른 사람에게는 쉽게 털어놓지 못하는 학교생활 이야기도 자연스럽게 하게 된다. 그러고 나서는 선배 선생님들의 국어 수업 이야기를 듣거나 실제로 학생이 되어 수업을 해 보곤 한다. 실제 수업을 해 보면 얼마 전까지도 학생이었던 그때 그 마음이 다시 떠오른다. 그림책 『여우』 읽기, 시집을 돌려 읽고 인상 깊은 시 고르기 같은 수업을 했는데, 서로 인상적인 부분을 이야기하고 나누다 보니 자연스럽게 문학을 나의 삶과 연관 지어 생각하게 되고, 문학 작품에 대한 감수성도 풍부해지는 것을 느꼈다. 모임에 참여하면서 문학이 주는 재미와 감동이 이렇게 크다는 것을 정말 많이 느꼈다. 그리고 이로 인해 문학을 어떻게 수업과 우리들의 일상에 녹여 낼까 고민하는 씨앗이 내 마음에 자리 잡은 것 같다.

-『2014 책과 노니는 교실 자료집』 고아라

    2018년 여름, 강마을산마을 연수에서 만난 진형민 작가는 엄기호가 쓴 책 내용을 빌려 우리에게 필요한 것은 '동료'와 '아지트'라는 말을 전했다. 그래서 우리 아이들에게 필요한 것은 친구와 놀이 공간이라고 말하기도 했다. 그럼 교사인 내게 필요한 것은 무엇일까? 우리에게 필요한 것은 나와 함께할 동료였고 모임이었다. 수원초등국어교과모임 '책과 노니는 교실'은 우리 모두에게 그런 공간이다. 올해에는 모임에서 책을 함께 만들기로 해서 더 고생이다. 하지만 걱정 없다. 무얼 하든 포기하고 주저앉지 않으면 다시 일어서서 나아갈 수 있다는 사실을 경험을 통해 알았기 때문이다. 내가 지치고 힘들면 나를 대신해서 또 모임을 떠밀고 나아가는 동료가 있을 거라는 믿음이 있기 때문이다.

#조연수

차곡차곡
쌓여 가는 이야기

(2015~2016년)

"이거 잘 까는 사람?"

"우아! 우리 반에 요구르트 껍질 잘 까는 친구들이 이렇게 많네! 자, 윤성이가 도와줘."

급식에 요구르트가 나오는 날, 흔한 우리 반 풍경이다. 2년 차 햇병아리 교사였던 나는 처음 1학년을 맡게 되었을 때 걱정이 참 많았다. 주변에서 전해 주는 온갖 1학년 괴담들 때문이었다. 그러나 걱정한 것과는 달리 5월쯤 되니 이런 기술도 생기고 아이들과 나름 즐겁게 하루하루를 보내고 있었다. 하지만 수업은 늘 어렵기만 했다. 잘하고 싶은 욕심에 열심히 하긴 하는데, 문득문득 내가 잘하고 있는 걸까, 교과서 속 지식만 앵무새처럼 반복하는 것은 아닐까 하는 불안한 기분이 들기도 했다. 그러던 어느 날, 옆 반 이유진 선생님의 "오늘 국어모임 하는데, 한번 와 볼래?" 라는 말에 '책과 노니는 교실'과의 인연이 시작되었다.

따뜻한 삶 나누기

2015년 우리는 한 달에 두 번, 화요일마다 내가 근무하는 영덕초등학교에서 모였다. 바로 옆 교실에서 모임이 있었기에 볼펜 하나, 종이 한 장 달랑 들고 가벼운 마음으로 옆 교실로 향했다. 따뜻한 차와 함께 김밥을 하나씩 집어 먹고 있다 보면 하나둘 자리가 채워졌다.

모임의 시작은 늘 사는 이야기였다. "그동안 어떻게 지내셨어요? 잘 지내셨어요?"라는 회장님의 말로 시작하여 한 사람씩 쭉 돌아가며 지난 이야기를 했다. 학교와 학급에서 있었던 힘들거나 즐거웠던 일부터 개인적인 일까지 이런저런 이야기들을 풀어놓았다. 다른 선생님들의 이야기를 들으며 '아, 나도 그런 일 있었는데.' 하며 공감하기도 하고 '우리 교실만 특별한 건 아니고 나만 힘든 건 아니구나.' 하며 위로받기도 했다.

모임 중에 사는 이야기를 나누는 시간이 참 좋았다. 도저히 어떻게 풀어야 할지 갈피가 잡히지 않던 심각한 고민들이 그저 누군가에게 말하는 것만으로 풀리기도 했고, 서로 위로받고 위로해 주는 시간이 참 따뜻하게 느껴졌다. 때로는 '다른 선생님들은 이런 생각을 하시는구나.', '세상에 저런 학교도 있구나!' 하며 놀라기도 했다. 특히 신규였던 나에게 선배 선생님들의 진심 어린 조언은 단비 같았다.

어떤 날은 사는 이야기만 하다가 두 시간이 훌쩍 가기도 했다. "안 되겠다. 오늘은 차 마시면서 위로라도 해 줘야지." 하거나 "우리 오늘 사는 이야기만 너무 길게 한 거 아니야?" 하기도 했다. 모임의 규모가 점점 커지고 우리들의 공부 욕심도 더 커지면서 예전보다는 짧아졌지만, 그래도 꾸준히 삶 나누기 시간을 갖고 있다. "그래도 삶이 곧 이야기니까." 하고 서로의 삶을 토닥였던 그 시간이 바로 '책과 노니는 교실'을 지금까지 끈끈히 이어지게 한 힘이 아닐까?

함께 읽었을 때 보이는 것들

삶 나누기가 끝나면 책을 읽는다. 2015년에는 함께 읽을 만한 좋은 동화들을 각자 몇 권씩 추천하기로 했다. 여러 선생님들이 밴드에 올려 주신 그림책, 동시집, 동화를 학년군별로 정리하여 추천도서 목록을 만들었다. 어느 정도 책 목록이 완성되고 나서 함께 읽을 책을 골랐다. 시작은 그림책부터였다.

그림책은 모두 돌아가며 읽어 주기로 했다. 각자 한 권씩을 정해 들고 교실에서 아이들에게 하듯 그림책을 읽어 주셨다. 아이들에게 그림책을 읽어 주기만 하다 누군가가 나에게 그림책을 들려주니 정말 낯설었다. 생경했지만 동시에 매력적이었다. 혼자 읽을 때는 그냥 '재미있네. 그림 귀엽네. 어, 이건 좀 느낌이 으스스하군.' 정도로 생각하며 쭉

훑고 덮어 버리게 되는데, 읽어 주는 선생님과 함께 표지와 면지도 살펴보고 선생님의 실감 나는 읽어 주기를 통해 그림에 집중하게 되니 그림책의 묘미를 더 잘 느낄 수 있었다. 우리 모두 아이들이 된 것처럼 장면별로 함께 웃기도 하고 탄식하기도 하는 것이 신기했다.

동화가 단편일 때는 한 장씩 또는 챕터별로 돌아가며 읽고, 장편일 경우에는 집에서 숙제로 읽어 오기로 하는 경우도 있었다. 그림책이든 동화든 책 읽기가 끝난 후에는 그 책에 대해서 각자가 느낀 점을 공유하고 발전시켰다. 작품에 대한 선생님들의 느낌을 들으면서 나와 다른 시선이 흥미로웠고, 혼자 읽었을 때는 발견하지 못했던 작품 속 깨알 같은 재미들도 함께 이야기하며 찾아낼 수 있었다. 동화 『레인 레인』을 할 때였던 것 같다. 한 선생님께서 "사실 나 숙제(책 읽어 오기) 못 했는데 여기 와서 (다른 선생님들이 하는) 얘기만 들었는데도 꼭 읽은 것 같아. 심지어 나 혼자 읽을 때보다 더 잘 이해한 것 같아."라고 했다. 그만큼 함께 읽고 이야기를 나누었을 때 작품에 대한 이해가 훨씬 깊어지는 것 같다.

그다음은 진현 선생님께서 요즘 뜨거운 동화인 『돌 씹어 먹는 아이』를 소개해 주셨다. 먼저 그중 「혀를 사 왔지」라는 단편을 읽어 주셨는데, 너무도 신선하고 재미있는 이야기라 푹 빠지고 말았다. 처음에 귀, 꼬리, 뼈, 혀를 파는 시장부터 시작해 뭔가 잔혹 동화 같은 느낌도 났지만, 읽으면 읽을수록 흥미로운 스토리에 빠져들었고 우리 시대의 고민을 제대로 건드려 준다는 느낌을 받았다.

읽은 후 아이들과 함께 "마지막에 주인공은 왜 혀를 되팔았을까?"라는 주제로 이야기해 보면 좋을 것 같다는 의견이 많았다. 또 책을 읽는 사람에게 "너도 이 혀가 필요하지 않니?"라고 질문을 던지는 것 같다는 이유진 선생님의 말에 공감했다. 이렇게 모임을 하다 보면 좋은 책을 알게 되는 것과 더불어 책을 해석하는 선생님들의 안목에 더욱 놀라곤 한다.

- 2015년 7월 모임일기, 서해진

▶ **함께 읽은 동화**

2015년	• 송미경, 『돌 씹어 먹는 아이』 • 천효정, 『삼백이의 칠일장1~2』 • 김리리, 『감정종합선물세트』
2016년	• 진형민, 『꼴뚜기』·『기호 3번 안석뽕』·『소리 질러, 운동장』 • 송언, 『마법사 똥맨』 • 유은실, 『멀쩡한 이유정』·『만국기 소년』·『드림 하우스』 • 이현, 『장수 만세!』·『푸른 사자 와니니』 • 김남중, 『불량한 자전거 여행』 • 앤 M. 마틴, 『레인 레인』

심장이 쿵! 서평 쓰기

장편 동화를 함께 읽기로 정하면 미리 각자 책을 읽고 그 책에 대한 소감문이나 서평을 써서 밴드에 공유한다. 모임에서 다 같이 소리 내어 읽기에는 읽는 데에만 시간이 너무 오래 걸리기 때문이다. 각자 책을 미리 읽고 밴드에 올라온 여러 선생님의 서평까지 읽은 후에 모이면 작품에 대한 더 깊이 있는 대화가 가능하다. 서평을 써야 하기에 어쩔 수 없이 책을 미리 읽게 되는 효과도 있다.

사실 처음 서평 쓰기 숙제가 있다는 말을 들었을 때는 (과장을 조금 보태어) 심장이 '쿵' 내려앉았다. 초등학생 때부터 책 읽기는 좋아했어도 독후감 쓰기는 끔찍이도 싫어했기 때문이다. 그래도 서평 쓰기는 꾸준히 해 두는 것이 좋다. 아이들과 함께 교실에서 온작품읽기를 하기 위해서는 교사가 먼저 작품을 읽고 이해해야 하기 때문이다. 작품을 읽은 후 서평을 쓰면서 나의 감상을 정리할 수 있고 다른 선생님들의 서평을 읽으면서 내 생각과 비교해 보고 다른 관점에서도 작품을 볼 수 있어 좋다. 작품에 대한 여러 관점을 파악해 두면 교실에서 아이들의 다양한 감상을 이해하는 데에도 도움이 된다.

수업 계획 세우기

이전까지는 먼저 온작품읽기 수업을 해 본 선생님들의 수업 사례 나눔이 중심이었다면, 2015년부터는 좋은 책을 읽고 이야기를 나누는 것을 넘어 수업 계획도 함께 세워 보기로 했다. 장면별로 수업 시간에 할 수 있을 만한 발문과 활동들을 함께 생각하고, 어떤 시기에 어떤 아이들에게 읽어 주면 좋을지도 함께 논의했다. 우리가 주로 사용하는 방법은 붙임쪽지이다. 붙임쪽지에 쪽수와 함께 의미 있는 발문과 활동을 적어 읽기 전·중·후의 단계별로 칠판에 붙인다. 그 후 붙임쪽지를 쭉 함께 살펴보며 비슷한 것끼리 묶거나 수정, 보완하여 수업 시간에 활용할 수 있도록 한다.

읽기 전 단계에서는 표지를 보고 이야기를 나누거나 작품 속에서 다루는 주제에 대한 배경지식을 활성화시키는 활동들이 많았다. 『꼴뚜기』라는 작품을 할 때는 "표지 그림에서 왜 아이들이 꼴뚜기에게 묶여서 끌려가고 있을까요?", "꼴뚜기를 보거나 먹어 본 적이 있나요?, '꼴뚜기'라는 말을 들었을 때 어떤 느낌이 드나요?" 같은 질문들을 해 보는 식이다.

읽기 중 단계에서는 읽어 주면서 각 쪽이나 단락에서 아이들에게 던질 만한 발문을 추려 본다. 『꼴뚜기』에서 담임이 국수에 국물을 넣어 주는 장면을 읽어 주며 "국물 맛의 비결이 무엇일까?"라고 묻는 등이다.

읽은 후 단계에서는 작품에 대한 이해를 점검하고 확장시키는 발문이나 활동이 많다. 1대부터 5대까지 꼴뚜기가 누구였는지, 꼴뚜기가 된 계기가 무엇인지 정리하고 시간의 흐름대로 사건을 나열한다. 인물의 말과 행동에 대한 생각을 나누고 자신이라면 어땠을지 생각해 본다. '뒷이야기 쓰기'나 '우리 반 이야기로 패러디하기' 등의 아이디어도 나왔다.

이렇게 함께 수업 시간에 할 수 있는 발문이나 활동들을 생각해 두면 우리 교실의 수업을 계획할 때 수업을 준비하기가 더 수월해지고 자신감이 생긴다. 먼저 수업을 해 본 선생님들의 "이건 이런 아이들이 특히 좋아하더라.", "우리 교실에서 읽어 주었는데 그때 여기서 이런 얘기가 나왔었어."와 같은 경험담들 역시 큰 도움이 된다.

허리 디스크와 김밥 한 줄

2016년이 되어 우리는 모임 장소를 옮겼다. 남수원초등학교 근처에 있는 모아재 작은도서관이었다. 우리 모임 선생님들 중 몇 분이 힘을 모아 만드신 곳이다. 모아재 작은도서관으로 옮기면서 우리의 공

▲ 모아재 작은도서관에서 공부 열기를 불태우는 우리들

부 열기는 더욱 불타올랐다. 공부를 더 하고 싶다는 선생님들이 많아 모임 횟수도 2주에 한 번에서 1주에 한 번으로 늘렸다. 회원들도 점점 늘어나 도서관 마루가 비좁아졌다. 어떤 날은 김밥 한 줄만 먹고 10시가 넘어서까지 책 읽고 이야기를 나누느라 녹초가 되어 집으로 돌아가기도 했다. 도서관이 좌식이었던 터라 "우리 이러다 단체로 허리 디스크 걸리겠어요.", "김밥 한 줄 먹고 이렇게 오래 해도 되는 거야, 이거?"라고 말하기도 했다. 괜스레 "우리 너무 열심히 해서 탈이야. 너무 열심히 하지 말자." 했지만 집에 돌아가는 길이면 뿌듯함이 느껴졌고, 그래서인지 힘들다, 힘들다 하면서도 모임의 열기는 식지 않았다.

똘똘 뭉쳐 프로젝트 수업

영덕초등학교에서 보낸 2015년이 서로의 삶을 이야기하고 책으로 보듬으며 연결되는 한 해였다면, 2016년은 불타는 공부 열기와 함께 그간 모임에서 쌓은 것들을 학교에서, 교실에서 펼친 해였다. 먼저 여러

선생님이 학교와 학년에서 다른 선생님들을 모임으로 많이 끌어오시면서 토대를 만들었다. 같은 학교와 학년의 선생님들이 모임에서 함께 공부하다 보니 똘똘 뭉쳐 프로젝트 수업을 구상하고 실천할 수 있었다.

학교에서 프로젝트 수업을 끝내고 나면 수업 사례 나눔을 한다. 영덕초등학교에서는 『글자동물원』으로, 가온초등학교에서는 『최기봉을 찾아라』와 『마법사 똥맨』으로 프로젝트 수업을 한 후 모임에서 공유해 주셨다. 어느 과목과 연관 지어 어떻게 수업을 했는지, 아이들의 반응은 어땠는지 등을 듣다 보면 부럽기도 하고, '우리 반에서도 한번 해 보고 싶다.'라는 생각이 마구마구 든다. 이런 것을 통해 서로에게 좋은 자극이 되면서 모임의 열정이 더 불타오르게 되지 않나 싶다.

모임에서 수업 구상을 하면서 "이렇게 해 보면 어떨까요?" 했던 것이 수업 이후 다시 모임에서 "이렇게 해 봤어요."로 공유되고, "우리는(다음엔) 이렇게 해 봐도 좋겠어."로 발전되는 그 과정들이 참 좋았다.

오늘은 가온초등학교 3학년의 수업 사례 발표가 있었다. 학년 선생님들이 함께 책을 읽고, 아이들과 어떻게 나눌지 함께 고민하고, 함께 실천한 이야기를 들려주셨다. 이야기를 들으며 나는 가슴이 쿵쿵 뛰고 뜨거워졌다. 선생님이 읽어 주는 책 이야기에 흠뻑 빠져든 아이들의 모습과 그런 아이들을 바라보며 신명 나게 수업을 이끌어 가는 선생님들의 모습을 떠올렸다. 선생님도 아이들도 정말 행복했을 거다. '책과 노니는 교실'에서 함께 공부한 책들은 하나의 책꽂이에 모아야겠다. 대상

학년을 책등에 표시해 두어 잊지 않고 아이들과 함께 읽고 싶다. 선생님들과 함께 나눈 이야기들을 열심히 정리해 두고 복직해서 곶감 빼 먹듯이 꺼내 써먹을 테다. 하나둘 빼 먹다가 어느 순간에는 나 스스로 하나둘 새 곶감을 끼워 넣을 수 있겠지. 그러니, 결석하지 말자.

- 가온초등학교 프로젝트 수업 사례 나눔이 있던 날 모임일기, 박미정

오늘 날적이는 누가 하실까요?

모임을 여는 진현 선생님의 한마디!

"오늘 날적이는 누가 하실까요?"

우리 모임에는 '날적이'가 있다. 모임을 시작할 때 정해지는 날적이는 모임의 시작인 삶 나누기부터 책을 읽은 후 한마디씩 내놓은 감상평, 읽기 전·중·후의 발문 구상 및 수업 아이디어들, 개인적으로 배운 점과 느낀 점, 이외에도 숙제나 다음 모임 일정까지 그날의 모든 이야기를 기록한다. 기록한 내용은 모임이 있는 당일 또는 늦어도 그다음 날까지 밴드에 올려 공유한다.

이렇게 모인 '모임일기'들을 보면 나중에라도 그때 우리가 어떤 이야기들을 했는지 기억을 떠올릴 수 있고 바로 써먹을 수 있다. 모임에서 배운 것을 학교에 가서 같은 학년 선생님들과 나누려고 할 때도 중간중간 깜빡한 것들이 있으면 바로 밴드에 올라와 있는 모임일기를 참고해서 얘기하면 되니 큰 도움이 된다. 때로는 댓글 창에서 "아니, 내가 저런 멋진 얘기를 했어?", "오늘 나만 말 많이 했나 봐." 하는 자기 성찰의

글을 보기도 한다. 덤으로 선생님마다 다른 '날적이 스타일'을 보는 재미도 있다.

또 다른 삶은 가능하다

2016년 11월 29일, 쌀쌀했던 11월의 마지막 화요일, 선행초등학교에서 진형민 작가와의 만남이 있었다. 올 한 해 『기호 3번 안석뽕』, 『꼴뚜기』, 『소리 질러, 운동장』 등 작가의 여러 책을 읽고 함께 수업을 구상하여 해 보기도 했던 터라 몇 달 전부터 손꼽아 기다려 온 날이다.

작가와의 만남이 있기 전 주, 우리는 진형민 작가에 대한 짧은 이야기를 나누었다. '진형민'이라는 이름도 그렇고, 동화 속에서 남자아이들의 행동과 심리를 기가 막히게 잘 표현해 내는 분이라 남성 작가일 거라고 생각했기에 의외로 여성 작가라는 사실에 놀라는 분들이 많았다. 작가를 만나 우리 대부분 남성 작가일 것이란 얘기를 했다고 하니 그런 오해를 받는 일이 익숙하다고 하셨다. 그 말에 고개를 끄덕이며 첫인사를 나누었다.

진형민 작가는 자신의 책 세 권과 몇 권의 다른 책을 엮어서 세 가지 이야기를 해 주셨다. 자신이 바라보는 어린이의 삶은 어떤 것인지, 좋은 어린이책은 어떤 것인지에 대한 이야기도 들려주셨다. 작품 속 인상 깊었던 인물과 그 인물이 나오게 된 배경은 무엇인지, 무엇에 모티브를 얻어 글을 쓰셨는지, 어떤 메시지를 전달하고 싶으셨는지 등 책에 대해 궁금했던 점들을 묻고 답하는 시간도 가졌다.

작가의 이야기를 들으며 인간적으로 참 따뜻한 분, 좋은 어른이라는 생각이 들었다. 대안학교에서 일하신 일, 세 딸과 함께한 1년간의 동남아시아 여행, 어린이 그림책과 작가가 없는 미얀마의 아이들을 위해 권정생 선생님의『강아지똥』을 번역하고 꾸준히 미얀마의 열악한 교육 환경 개선을 위해 힘쓰신다는 말씀 등이 기억에 남는다.

꼭 화요일이 아니더라도

2016년 9월에는 그림책 전시회에 갔다. 일요일 아침, 가까이 사는 선생님들끼리 삼삼오오 모여 버스를 타고 서울 강남의 국립어린이청소년도서관에서 만났다. 전시회는 '그림책을 펼치다―한국 창작 그림책전'이라는 제목으로 '1부, 0세부터 100세까지 국내 창작 그림책', '2부, 한국 그림책 어제와 오늘', '3부, 해외로 나간 우리나라 그림책', '4부, 우리가 사랑한 작가'로 나뉘어 구성되어 있었다.

전시실 입구부터 봉제 인형, 바느질로 만든 액자 같은 것으로 그림책의 한 장면처럼 아기자기하게 꾸며져 있어 무척 기대가 되었다. 전시실 내부에는 우리나라 창작 그림책 150여 권이 전시되어 있었고, 벽면에는 그림책의 장면, 장면이 액자로 만들어져 걸려 있었다. 비치된 그림책들은 자유롭게 읽어 볼 수 있어 각자 책을 골라 읽기도 하

▲ 전시실에 있는 그림책 골라 읽기

고, 다른 선생님이 고른 책을 함께 읽거나 바꿔 보기도 했다. 옛날 그림책이나 스케치 본도 볼 수 있었고, 색종이를 찢어서 만든 그림책, 바느질로 만든 그림책 등 다양한 형태의 그림책들도 볼 수 있었다.

평소 모임에서 계속 그림책을 다루고 읽어 왔던 터라 "어, 이거 우리 저번에 같이 읽었던 책이잖아요.", "아, 이게 그때 추천해 주셨던 그 책 아닌가?", "이 책 봐 봐. 되게 독특해." 하며 서로 그림책 수다를 마음껏 떨었다. 전시를 다 본 후에는 그냥 집에 돌아가기 아쉬워 카페에서 2차도 했다. 모임 밖 좋은 전시회에서 만나는 일도 색다른 즐거움이었다.

한번은 전혜원 선생님이 집을 다 지은 기념으로 우리를 초대해 주셨다. 우리는 멋진 주택과 집 안에 꾸민 아이들과 가족을 위한 매력적인 공간들을 보며 '나도 어렸을 때 이런 집을 꿈꿨는데.' 하고 생각하기도 하고 "나도 이런 집 짓고 살고 싶다." 하고 마음껏 부러워하기도 했다. 이날만큼은 김밥도 공부도 잊고 그동안 못다 한 이야기들을 나누며 우리들만의 추억을 또 하나 만들었다.

끝나지 않은 이야기

벌써 2015년이 저물어 간다. 이런저런 일들이 많았지만 1학년 아이들과 함께한 일과 '책과 노니는 교실' 모임을 하게 된 것이 가장 기억에 남는다. 올해 처음 '책과 노니는 교실' 모임을 함께하게 되었는데, 정말 잘한 일이라는 생각이 든다. 여러 선생님을 만나 이야기를 나누면서 나만 이런 고민을 하는 것이 아니라는 사실에 위로를 받았고, 늘 고민하고 공부하시는 모습에 자극도 받았다. 그리고 무엇보다 모임에서 알게 된 그림책을 아이들에게 읽어 주면 몰입이 엄청나서 나도 신명이 난다. 올해는 아무래도 처음이라 많이 읽어 주지 못한 것이 아쉬움으로 남는다. 내년에는 좀 더 부지런해져서 책도 더 찾아 읽고, 모임에서 배운 아이디어들을 수업에도 적용해 봐야겠다.

2016년 새해에는 또 새로운 아이들을 만난다. 아직도 모든 것이 서툴고 어설프기에 잘할 수 있을까 걱정이 된다. 그래도 옆에 모임 선생님들이 계셔서 참 다행이다. 올해도 더 많이 기웃거리고, 열심히 질문하고, 배워야겠다는 다짐을 해 본다.

－『2015 책과 노니는 교실 자료집』, 권혜민

이 소감을 쓴 게 엊그제 같은데 벌써 '책과 노니는 교실'에서 함께한 지도 4년째이다. 매주 화요일마다 퇴근 후 공부하기가 쉽진 않다. 학교 일이나 개인적인 일로 고되어 공부고 뭐고 그냥 집에 가서 눕고만 싶을 때도 있다. 그런데도 아직까지 모임을 하는 것은 '함께 읽기의 힘' 그리고 '사람' 때문인 것 같다. 처음에는 그림책, 동화를 통해서 아이들의 삶을 보듬어 주고 싶었는데, 사실 가장 보듬어진 건 바로 나였다.

때로는 학교 일이나 삶에 지치지만, 그림책과 동화, 시집을 읽고 내 느낌을 꺼내 놓으면서 위로를 받고, 여러 선생님이 함께 같은 길을 가고 있다는 사실에 힘을 얻는다. 작품 하나를 두고 이렇게 많은 대화를 할 수 있다는 점, 모임에서 공부한 것을 기반으로 우리 반을 이야기 넘치는 교실로 만들어 나갈 수 있다는 점도 참 좋다. 앞으로도 지금처럼 또 우리들만의 이야기들을 차곡차곡 쌓아 가면 좋겠다.

#권혜민

지금처럼,
우리 함께

(2017~2018년)

유난히도 바쁘고 정신없었던 겨울, 2017년 한해살이를 고민하던 그때 나의 책모임도 시작되었다.

"함께 책을 읽자. 작품 읽기와 수업 구상을 함께하자. 시집도 함께 읽자. 그림책 당번을 정해서 읽어 주자."

짧은 시간 동안 나눈 수많은 이야기는 너무도 낯설었다. 한편으로는 이런 계획들이 어떻게 펼쳐질지 궁금하고 기대되어 설레기도 했다. 이렇게 나는 '책과 노니는 교실'과 함께하게 되었다.

그림책 읽어 주는 선생님

매주 화요일 저녁 6시, 책교실의 시작은 늘 그림책과 함께이다. 그림책 당번은 소개하고 싶은 그림책을 모두 앞에서 읽어 준다. 개인의 경험과 관심 분야가 달라서 다양한 종류의 그림책들을 만날 수 있다. 그림책을 읽고 난 뒤에는 그림책이 주는 느낌, 분위기 등을 함께 나눈다. 모임이 있을 때마다 3~4권의 그림책을 만나다 보니 1년에 40~50권의 그림책을 함께 읽고 있다.

책교실에서 함께 읽었던 그림책 중 유난히 내 마음에 남은 책은 『꽃할머니』와 『내 목소리가 들리나요』이다. 두 권의 그림책은 한국, 중국, 일본의 작가들이 마음을 모아 만든 '평화그림책' 시리즈의 일부이다.

▲ 모두에게 소개하고 싶은 그림책을 읽어 주는 선생님

『꽃할머니』는 한국의 권윤덕 작가가 일본군 성노예제 피해자의 이야기를 그림책으로 펴낸 것이다. 아이들과 일제 강점기를 공부하면서 이 그림책을 읽고 가슴 아픈 역사에 대해 이야기를 나눈 기억이 있다. 다시 만난 『꽃할머니』는 이전보다 더 큰 울림으로 내게 다가왔다. 담담한 목소리로 전해진 『꽃할머니』는 읽는 사람의 마음은 물론 듣는 사람의 마음까지 먹먹하고 숙연해지게 했다. 『꽃할머니』에 이어 읽게 된 『내 목소리가 들리나요』는 일본의 다시마 세이조 작가가 일본인의 관점에서 전쟁을 바라본 그림책이다. 강렬한 색채와 그림을 통해 이제까지 접하기 어려웠던 전쟁 가해자의 이야기를 하고 있지만, 결국 전하고자 하는 메시지는 전쟁으로 인한 아픔과 평화에 대한 내용이었다.

혼자 『꽃할머니』를 읽었을 때는 아직도 해결되지 못한 일본군 성노예 문제에 공감하고 분노하는 데 생각이 머물렀던 것 같다. '그림책 읽어 주기' 덕분에 두 작품을 같이 만나게 되었고, 읽은 후 책모임 선생님들과 생각을 나누는 과정이 나에게는 무척 의미 있었다. 전쟁에 대한 고민과 슬픔 그리고 평화에 대한 생각까지 함께 나눌 수 있었다. 다시 아이들과 이 그림책을 만나게 된다면 이전보다 균형 있는 관점으로 소개할 수 있을 것 같다.

요즘은 자투리 시간에 도서관에 들러 그림책을 쌓아 두고 실컷 보기도 한다. 책교실 선생님들이 읽어 주신 재미있고 따뜻한 그림책들을 아이들과 함께 나누고 싶은 마음도 생겼다. 어른 독자인 나와 아이들의 감성이 늘 일치하지는 않지만 "오늘 그림책 읽어 줄게."라는 말에 쪼르르 앞에 나와 앉는 아이들을 보면 흐뭇한 마음이 든다. 선생님들과 내가 그림책과 함께했던 것처럼 아이들과 내가 그림책과 함께하고 있다.

동화를 함께 읽자

2017년 책교실의 방향을 정하면서 가장 먼저 논의된 내용은 "동화를 함께 읽자."였다. 고전이나 신간 가릴 것 없이 요즘 아이들에게 읽어 줄 만한 재미있는 동화로 말이다. 나는 어린이 문학을 제대로 접해 본 적이 없을뿐더러 그동안의 경험이라고는 아이들에게 소개할 추천도서를 한두 권 읽어 보는 정도가 전부였다. "선생님들과 함께 읽자."라는 말도, "동화를 아이들에게 읽어 준다."라는 말도 참 낯설었다.

동화 읽기의 첫날은 모아재 작은도서관의 마루에 둥그렇게 앉아 김밥 한 줄과 함께 시작되었다. 『우리 동네 전설은』을 미리 읽고 온 후 각자 책 속에서 마음에 와닿은 지점, 관련된 자신의 경험 또는 아이들과 함께 나눌 수 있는 이야기 등을 돌아가며 나누었다. 사실 나는 책을 반 정도만 읽었기 때문에 숙제를 덜 끝낸 아이처럼 구석에 조용히 앉아 있었지만, 다양한 시선들의 이야기를 듣고 있자니 저절로 한 권을 꼭꼭 씹어 읽은 것 같은 신기한 경험을 하게 되었다.

장편 동화를 읽을 때는 각자 미리 읽고 와서 같이 생각을 나누는 시간을 충분히 가졌다. 단편이나 중편 동화를 읽을 때는 함께 모여 돌아가며 소리 내어 읽기도 했다. 내가 함께 읽기의 매력을 느낀 지점이 바로 동화를 함께 소리 내어 읽었을 때였다. 『신호등 특공대』를 한 쪽씩 돌아가며 읽기로 했다. 처음에는 '아이들과 교과서를 읽는 것처럼 읽는 거겠지.' 하고 생각했는데 웬일인지 읽는 중간중간 '피식.' 하고 웃음이 터졌다. 나만 그런 것이 아니라 같은 공간에서 함께 읽던 선생님들까지 말이다. 특히 '상구'가 삐걱거리며 등장하는 장면에서는 그 부분을 읽어 주시던 선생님의 목소리가 너무 실감 나서 웃음소리가 더욱 커졌다. 같은 공간에 있으면서 동시에 같은 감정을 느끼는 일은 참 특별한 경험이 었다. 혼자서 책을 읽을 때는 느낄 수 없었던 '우리는 함께야.'라는 끈끈한 무언가가 생기는 시간이었다. 이 순간의 행복했던 기억 덕분에 교실에서 온작품을 읽을 때 주로 아이들과 소리 내어 돌아가며 읽기를 하고 있다. 함께 동화를 읽는 시간이 아이들에게도 즐거운 추억이 되었으면 하는 바람이다.

동화를 읽고 난 후에는 작품을 수업과 어떻게 연결할 수 있을지 고민한다. 동화와 관련된 활동이나 아이의 삶과 연결할 수 있는 질문들을 함께 생각해 본다. 각자 떠올린 수업 아이디어를 붙임쪽지에 적어 칠판에 붙인 후 비슷한 내용끼리 묶는다. 그리고 모두 앞에 모여서 그 책으로 아이들과 할 수 있는 활동의 큰 흐름을 잡는다. 단순히 읽기 전 · 중 · 후 활동으로 나누는 것이 아니라 어떤 방향성을 가지고 아이들이 동화를 만나게 할 것인지, 어떤 가치를 담아 읽을 것인지를 고민하고 나눈다.

김선정 작가의 『방학 탐구 생활』은 주인공의 모험이 현실적으로 그려진 동화이다. 하지만 모험보다는 안전이 중요시되는 요즘 세상에서 과연 이 동화를 통해 아이들에게 어떤 메시지를 전할 수 있을지 고민하게 되었다. 일단 선생님들의 수업 아이디어를 모아 이야기를 나누어 보기로 했다. 방학에 관한 이야기, 부모님과 협상하기, 인물 탐구하기, 자연에서 할 수 있는 놀이 찾기 등 다양하고 재미있을 법한 아이디어들이 나왔다. 그래도 '아이들에게 어떤 메시지를 전할 수 있을까?'에 대한 답을 찾는 일은 어려웠다. 우리는 가치가 적혀 있는 낱말 카드를 꺼내 이 동화에 어떠한 가치들이 담겨 있을지 함께 고민했다. 우리가 찾아낸 것은 '도움·지지, 자유·자율성, 자신감, 도전, 신뢰, 재미'라는 가치였다. 이 여섯 개의 가치를 보고 나니 뿌옇던 머릿속이 맑아지는 느낌이었다. 책과 노니는 교실 선생님들과 함께했기 때문에 답을 찾을 수 있었던, '우리'가 빛나는 순간이었다.

> 오늘 이렇게 선생님들과 함께 붙임쪽지로 읽기 전·중·후에 할 수 있는 활동에 대해서 생각해 보고 그 생각을 나누니 내가 혼자 읽었을 때는 하지 못했던 생각이나 활동들을 알 수 있었다. 생각을 나누는 과정에서 더 좋은 활동을 찾기도 하고 새로운 생각을 이야기하는 것도 좋은 경험이었다.
>
> – 2017년 3월 모임일기, 권유영

함께 읽은 동화 중에는 수업으로 연결 지은 작품도 있고 다음에 만날 아이들을 위해 아껴 둔 작품도 있다. 아이들보다 한 걸음 앞서서 경험해 본 것을 조금씩 아이들과 나누는 중이다. 누군가와 동화를 함께 읽는 건 참 멋진 일이다.

▶ **함께 읽은 동화**

2017년	• 한윤섭, 『우리 동네 전설은』·『봉주르, 뚜르』 • 김리리, 『만복이네 떡집』·『감정종합선물세트』 • 김남중, 『불량한 자전거 여행』 • C. S. 루이스, 『나니아 연대기』 중 「사자와 마녀와 옷장」 • 진형민, 『우리는 돈 벌러 갑니다』
2018년	• 차영아, 『쿵푸 아니고 똥푸』 • 김태호, 『신호등 특공대』 • 주미경, 『와우의 첫 책』 • 김선정, 『방학 탐구 생활』

한 권의 동시집 맛있게 읽기

한두 편의 시가 아닌 한 권의 동시집을 통째로 만나는 시간을 가졌다. 한 권의 동시집을 선정하고 일정 시간 동안 각자의 속도에 맞게 읽으면서 자기 마음에 남는 시를 다섯 편 고른다. "시집을 처음부터 끝까지 읽고 다섯 편을 골라 봅시다."라는 이야기를 듣고, '동시집에서 과연 내가 고를 만한 시가 있을까?'라는 의문이 생겼다. 그런데 시집을 읽다 보니 맘에 드는 시가 왜 이렇게 많은지, 시집을 뒤적이며 붙임쪽지를 '떼었다, 붙였다'를 반복하게 됐다. 앞에서 고른 시보다 더 마음에 드는 시가 뒤에 나오고, 뒤에 있는 시를 고르자니 앞에서 골랐던 시가 눈에 밟혔다. 동시집, 가볍고 유치하게 볼 책이 아니었다.

처음부터 한 편씩 넘기며 자신이 고른 시를 낭독하고, 시를 고른 이유나 자기에게 와닿은 부분을 서로 나누었다. 한 권의 시집에서 각자의 마음에 의미 있게 다가온 시는 참 다양했다. 한 편의 시라도 서로 가진 생각들이 달랐다. 『까불고 싶은 날』에 수록된 「거룩한 밥」이라는 시를 읽고 난 후 우리는 조건 없는 사랑을 주시는 따뜻한 할머니의 모습을 떠올렸고, 할머니에 대한 애틋함을 가지지 못하는 요즘 아이들을 안타까워했고, 편찮으신 시어머니를 걱정했다. 할머니를 주제로 한 시들을 모아서 소개해도 좋겠다는 수업 아이디어도 떠올렸다.

아이들과 일상적으로 만나는 직업 때문인지 나에게는 아이들과 관련된 시가 마음에 많이 남았다. 읽다 보면 문득 떠오르는 우리 반 그 아이가 있고, 어린 시절의 나, 지금의 내가 보였다. 「비밀」은 좋으면서 괜스레 퉁퉁거리는 우리 반 그 아이가 떠올라 미소가 지어졌고, 「두기」라는 시는 '지금의 나는 아이들에게 좋은 선생님일까? 앞으로 어떤 선생님이 되어야 할까?'를 고민하게 했다.

시 수업이 어려웠던 나도 아이들과 함께 읽고 싶은 시가 생겼다. 『알아서 해가 떴습니다』는 아이들의 마음을 재치 있게 표현한 시들이 많아 읽는 내내 미소가 지어진 시집이었다. 「초등학생을 위한 뽀뽀 지침서」를 아이들과 함께 읽었는데 각자 떠올리는 다양한 상황들이 재미있었다. 기분 좋게 술에 취해 들어온 아빠의 뽀뽀를 피할 수 없어 몰래 쓱 닦았다는 아이부터 뽀뽀하기 싫다고 했다가 진심으로 삐진 아빠의 이야기까지, 평소 시에 관심 없어 한 아이들도 친구들이 풀어 내는 가족의 이야기에 눈을 반짝이며 듣고 한바탕 웃었다.

시를 읽으면서 떠올린 개인의 경험과 마음을 나누면서 사람을 좀 더 깊게 이해하게 된다. 시를 통해 마음을 드러내고 함께 이야기한다는 것이 얼마나 특별한 경험인가. 선생님들과도 아이들과도 함께 읽으니 참 좋았다.

▶ 함께 읽은 동시집

2017년	• 정유경, 『까불고 싶은 날』·『까만 밤』 • 신민규, 『Z교시』 • 문현식, 『팝콘 교실』
2018년	• 송찬호, 『초록 토끼를 만났다』 • 정연철, 『알아서 해가 떴습니다』

작가를 직접 만나다

2017년 김리리 동화 작가와 문현식 동시 작가와의 만남이 있었다. 5월부터 김리리 작가의 동화인 『만복이네 떡집』, 『감정종합선물세트』를 함께 읽고 나누었다. 동화를 읽고 떠오르는 교실 속 아이들에 대한 이야기를 나누고 어떤 수업을 할 수 있을지 아이디어를 모았다. 작품으로 수업을 진행한 선생님들의 사례도 함께 나누었다. 1학기를 마무리하는 7월, 김리리 작가를 만났다.

'김리리'라는 이름이 아버지께서 지어 주신 본명이라는 이야기부터 어린 시절을 어떻게 보냈는지, 동화 작가가 될 수 있었던 계기와 작가가 될 때 도움이 된 습관까지 동화만 읽어서는 알 수 없었던 작가의 인생 이야기를 들을 수 있었다. 작품에 얽힌 소소한 뒷이야기들과 작품이 작가에게 어떤 의미가 있는지도 알게 되었다.

『감정종합선물세트』에 실린 단편 동화 「연우가 연우에게」는 작가의 고등학교 시절을 소재로 쓴 이야기라고 한다. 여러 가지 상황으로 힘겨웠던 고등학교 시절, 일기에 먼 훗날 친구와 내가 어떤 모습으로 만나게 될지 써 두었고 신기하게도 일기의 내용대로 살아가고 있다고 한다. 지금의 내가 지난날의 나에게 말해 주고 싶은 이야기가 「연우가 연우에게」에 들어 있다고 했다. 동화에 담긴 작가의 이야기와 작가가 아이들에게 전하고 싶은 메시지를 듣고 나니 동화가 주는 감동이 더욱 커졌다. '지금의 나는 그때의 나에게 어떤 말을 해 줄 수 있을까?' 생각해 보게 되었고, 아이들과도 함께 나누어 보고 싶었다.

12월에는 문현식 작가를 만났다. 『팝콘 교실』에는 아이들의 마음을 알아주고 이해해 주는 시가 많다. 선생님들과 함께 『팝콘 교실』을 읽은 후 우리 반 아이들과 나눈 경험이 있던 터라 작가와의 만남이 더욱 기대되었다.

따뜻하고 달콤한 차와 함께 문현식 작가와의 만남이 시작되었다. 아이들을 중심으로 소통하려는 마음으로 동시를 쓰게 되었고, 학교에서 만나는 아이들의 모습을 있는 그대로 시에 담고자 한다고 했다. 동시를 쓸 때 중요하게 생각하는 점은 아이들의 눈높이에서 즐거움을 주는 것이라고 한다. 작가의 애정이 담긴 시 이야기, 시에 관련된 작가의 경험

▲ 문현식 작가와의 만남으로 상기된 우리들

들, 아이들과 선생님들에게 부탁하고 싶은 이야기 등을 나누었다.

　시집을 읽으면서 의문이 든 부분에 대한 작가의 이야기를 들으니 시인과의 만남이 더욱 특별해졌다. 『팝콘 교실』의 「눈사람」을 책모임 선생님들과 함께 읽을 때, 시와 삽화에 대한 열띤 토론이 있었다. "삽화에 땅에 누워 있는 사람이 있어 눈사람인지 누운 사람인지 헷갈린다.", "그림이 너무 직설적이다."라는 이야기가 나왔고, 작가와의 만남을 통해 시에 대한 해석과 작가의 의도를 생생하게 들을 수 있었다. 「눈사람」은 눈 쌓인 운동장을 보고 떠올린 시라고 한다. 눈사람이 아직 만들어지지 않았고, '눈사람은 아직은 눈 밑에 누워 있는 사람이 아닌가?'라는 생각으로 작가가 직접 삽화의 내용을 요청했다고 한다. 아직은 태어나지 않았기 때문에 점선으로 그려진 것이라는 작가의 이야기를 들으니 시가 조금 더 마음에 다가왔다.

마지막에는 『팝콘 교실』을 만나게 될 아이들에게 전할 메시지를 영상으로 남겨 주셨다. 시인을 만난 이야기를 들려주고 남긴 영상을 보여 주었을 때 나보다 더 설레어하던 아이들의 모습이 아직도 눈에 선하다.

이론서 한번 읽어 볼까

그림책, 동화, 동시와 같은 어린이 문학을 계속 만나다 보니 어린이 문학의 이론적 배경에 대한 궁금증도 가지게 되었다. 2018년 계획을 세우면서 "어린이 문학의 이론서도 읽으면 어떨까?"라는 의견이 나왔다. 그래서 어린이 문학 평론집 『어린이, 세 번째 사람』을 함께 읽기로 했다.

우선 『어린이, 세 번째 사람』의 1부를 한 주제씩 나누어 발제하고 내용에 관한 이야기를 나누어 보기로 했다. 발제하는 사람이 누구인지에 따라 발제의 방법과 형식이 달라지는 모습이 흥미로웠다. 평론집에 실린 동화책을 가져와 직접 보여 주기도 했고, 교육연극을 접목해 연극 활동을 하기도 했다.

이론서 읽기는 해 보고 싶은 일이긴 하지만 참 힘든 일이다. 책교실에서도 여러 번 시도했었지만 한 권을 꼼꼼히 읽어 내는 것이 어려웠다고 한다. 이번에 함께 읽는 평론집은 나에게는 어렵고 생소한 내용이었고, 단순히 내용을 요약하는 것으로는 이해하기가 어려웠다. 주제별로 평론가가 제시한 동화는 적게는 5~6권, 많게는 10권 이상인 경우도 있었다. 이론서에 나온 동화를 모두 읽지 않고는 내용을 온전히 이해하기 어려웠고, 동화를 모두 읽을 수 있는 시간적 여유도 없었다. 충분한 시간을 가지고 동화를 한 편 한 편 읽으면서 살펴본다면 더욱 효과적인 평론집 읽기가 될 것 같다.

우리 같이 놀아요

매주 화요일 저녁을 함께하며 쉬지 않고 달려온 우리. 진지하고 깊이 있는 공부로 새롭게 배우고 함께 느끼는 점들이 많았지만, 서로의 삶을 나누는 시간이 줄어들면서 자연스레 서로에 대한 끈끈함도 줄어들고 있었다.

2017년 6월의 마지막 날, 우리의 첫 번째 모꼬지인 '그러니까 왠지 여름의 늦은 밤엔 책교실 모꼬지'가 열렸다. 모임의 영덕초등학교 선생님들이 알차게 준비한 이 모꼬지는 화성행궁에서 시작되었다. 아름다운 사람들과 함께 맛있는 저녁 식사를 하며 그동안 못다 한 담소를 나누었다. 저녁 식사 후에는 '책교실'답게 같은 동화 작가의 작품을 뽑은 사람과 짝을 이루어 한 시간 정도 둘만의 달빛 데이트가 이루어졌다. 여름밤 도란도란 이야기를 나누며 화성 성곽길을 걷기도 하고, 숙소 주변을 산책하거나 잠깐 사이에 쇼핑을 다녀오기도 했다. 서로 다른 일을 했지만 둘만의 시간을 가지면서 조금 더 가까워지는 시간이었다. 야식으로 맛있는 치킨을 먹으며 달빛 데이트에서 서로에 대해 알게 된 점을 나누고

▲ 즐겁고 뜻깊었던 책교실 모꼬지

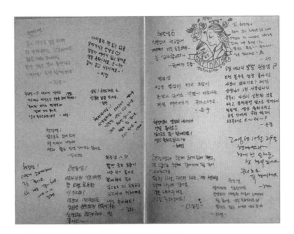

▲ 축하의 메시지를 담은 생일 선물 그림책

우리 모임이 앞으로 나아갈 방향을 이야기하며 하루를 마무리했다.

첫 번째 모꼬지 이후 친목을 위한 시간도 필요하다는 점에 모두 공감했고, 모임 후에 간단히 야식을 먹는 자리에서 '화요주식회사'가 탄생했다. 대표부터 이사, 사원, 인턴까지 농담으로 웃으며 한 이야기들이 현실이 되어 모임의 친목을 담당하게 되었다. 2018년 여름 '화요주식회사'의 준비로 두 번째 모꼬지인 '다시 돌아온 2018 모꼬지'가 열렸다. 근교 게스트하우스에 모여 파티 장식을 하고 손수 준비한 맛있는 요리들에 센스 있는 테이블세팅까지 더했다. 화요주식회사의 노력이 빛을 발한 저녁이었다. 모두와 함께 유쾌한 저녁 시간을 보내고 시 읽는 밤을 맞이했다. 형광등 대신 초를 켜고 잔잔한 음악을 배경으로 다양한 시집 중 한 권을 골라 읽고 지금 나의 마음에 닿는 시를 돌아가며 나누었다. 시와 함께한 따뜻한 밤, 분위기에 취한 건지 맥주에 취한 건지 정확히 알 수 없지만 모두가 행복한 시간이었다.

'화요주식회사'의 활발한 활동으로 모임 선생님들의 생일에 그림책을 선물하기로 했다. 생일을 맞은 선생님들에게 축하의 메시지를 담은 『열두 달 나무아이』를 선물했다. 서로의 생일을 챙겨 주는 것도 좋았지만 그 안에 담긴 따뜻한 이야기들과 마음들이 더 좋았다. 그림책 선물 외에도 소소한 재미가 있는 다양한 이벤트로 우리들의 즐거운 시간을 채워 가고 있다.

마음에 쓰는 우리 이야기

2018년을 시작하면서 책 출판 이야기가 시작되었다. 우리가 실천하고 있는 온작품읽기에 대한 내용을 책모임 선생님들과 함께 책에 담아 보기로 했다. 모임에 참여한 지 얼마 되지 않은 나에게 책을 쓰는 일은 설렘보다는 걱정이 앞섰다.

'출판 준비위원회'가 구성되고 유난히도 뜨거웠던 8월부터 본격적인 준비가 시작되었다. 여름방학 동안 몇몇 선생님들이 모여 출판의 방향성을 논의했다. 2학기부터는 모임 전체 선생님들과 함께 온작품읽기에 대한 개인의 생각을 공유하는 일부터 시작하여 긴 토론의 시간을 가졌다. 매주 화요일 저녁 6시부터 10시까지 열띤 이야기가 오고 갔고, 한 번 빠지는 것이 어색할 정도의 높은 출석률로 모임이 진행되었다.

> 피곤해서 '쉴까?' 하고 꾀를 내다가도 결국 오게 되는 모임
>
> 어떻게든 오기만 하면 '오길 잘했다' 하게 되는 모임
>
> 머리를 채우러 왔다가 마음을 채우고 돌아가는 모임
>
> 혼자보다 '함께'가 좋다는 걸 매번 다시 깨닫는, 참 좋은 만남이 가득한 모임
>
> ― 2017년 9월 모임일기, 박미정

서로의 생각이 달라 오해가 생기기도 했지만 길고 긴 회의 이후에는 우리가 함께 걸어갈 방향이 정해졌다. 본격적으로 글을 쓰기 시작하면

서 모두가 느끼는 어려움을 공유하고 공감하다 보니 우리의 관계는 더욱 끈끈해지고 애틋해졌다. 21명이 각자의 글을 쓰고 있었지만 이런 치열한 과정을 통해 어느 정도 책의 형태가 보이기 시작했다. 생각을 모으는 일도, 글을 쓰는 일도 고되고 힘들지만 다시는 하지 못할 특별한 경험을 하고 있다. 우리가 함께한다면 이 정도의 어려움은 충분히 헤쳐나갈 수 있을 것이다. 앞으로도 더욱 빛날 우리의 모습을 기대해 본다. 지금처럼, 우리 함께.

#권예진

4장

내 인생의
어린이책

이 세상에
어린이만 읽어야 할 책은 없습니다.
어린이책에 기대어
지금 여기서 나를 만납니다.

그래도 괜찮아
『아름다운 실수』

코리나 루켄, 김세실 옮김, 나는별, 2018

앗, 실수! (3쪽)

이번에는 다른 쪽 눈을 더 크게 그리는
실수를 했네요. (5쪽)

동그란 안경을 씌웠어요.
음~ 괜찮은데요! (7쪽)

짝짝이 눈에는 동그란 안경을 씌우고, 툭 하고 떨어뜨린 잉크는 모자가 되고, 정체불명의 동물은 수풀이 되는 멋진 그림책을 만났다. 면지에 떨어진 잉크 자국부터 시작해 한 장, 한 장을 넘길 때마다 내 입에서는 "우아!" 하고 감탄사가 터져 나왔다. 다음에는 어떤 장면이 펼쳐질지 기대가 되어 빨리 책장을 넘기고 싶었지만, 또 한편으론 한 부분도 놓치고 싶지 않아 천천히 들여다보았다. 읽는 내내 미소가 지어지고 마음 한구석이 따뜻해졌다.

고등학교 3학년 겨울, 나는 원하던 대학에 진학하지 못해 재수를 하게 되었다. 학창 시절을 어려움 없이 평범하고 순탄하게 지냈던 내가 처음 겪게 된 큰 실패였다. 그때의 나는 나 자신에게 실망했고, 그래서 아팠고, 앞으로의 삶이 두려웠다. 한바탕 울고 나서 멍하니 있는 나를 보고 건넨 엄마의 첫마디는 "괜찮아. 같이 영화나 보러 가자."였다. 그다지 멋진 말도 아니고 명쾌한 해결 방법을 일러 준 것도 아니었지만 그말이 참 위로가 되었다. "괜찮아." 이 세 글자가 나를 안심시키고 기댈 수 있게 했다. 그날 무슨 영화를 보았는지, 어떤 음식을 먹었는지 전혀 기억이 나지 않지만 "괜찮아."라는 말은 나의 마음 한편에 남았다. 코리나 루켄의 『아름다운 실수』는 그때의 나를 떠올리게 했다. "그래도 괜찮아."라고 말해 주는 위로가 되는 그림책이었다.

그래요, 실수는 시작이기도 해요. (48쪽)

지난날 크고 무겁게 다가왔던 시간들을 돌이켜 생각해 보면, 그 시간들은 삶의 작은 부분일 뿐이었다. 오히려 나름대로 삶을 열심히 살아낸 때였고 나를 더욱 단단해지게 한 시간이었다. 아직도 나는 서툴고, 크고 작은 실수들을 반복하며 살아가고 있다. 그것들을 통해 많은 것을 배우고 조금씩 성장해 나가는 중이다. 그리고 주변에는 나를 지지해 주고 "그래도 괜찮아."라고 말해 줄 수 있는 따뜻한 사람들이 있다. 이 정도면 내 삶을 잘 가꾸며 살아가고 있는 거겠지? 앞으로의 나는 누군가에게 "그래도 괜찮아."라는 말을 건넬 수 있는 멋진 사람이 되었으면 좋겠다.

#권예진

시! 재미없어?
『까불고 싶은 날』

정유경, 창비, 2010

나는 시를 그다지 좋아하지 않는다. 어쩌면 싫어한다는 표현이 더 맞을 것 같다. 초등학교 시절 처음 접한 시는 감동도 재미도 느낄 수 없었고, 중고등학교를 거치며 만난 수많은 시는 나에게 공부할 것, 외워야 할 것으로 다가올 뿐이었다. 특히 고전 시가에 시달렸던 그 긴 시간들. 내가 접한 시라고는 수능 공부를 하며 지문으로 만나는 시들이었고, 그 시들은 감동이나 재미를 느낄 새도 없이 시간에 쫓기며 분석해야 할 대상 그 이상도 이하도 아니었다. 당연히 나에게 시는 남지 않았고, 중요한 것은 나의 분석이 정답인가, 배점이 얼마인가 하는 것이었다.

이런 내가 교사가 되어 초등학교 아이들에게 시를 가르치게 되었다. 나는 여전히 시를 좋아하지 않았고, 수업 준비를 하기 위해 살펴본 교과서 속의 시 역시 재미도 감동도 없었다. 그런 시들을 보며 아이들과 함께 "무슨 이야기일까?", "글쓴이의 마음을 생각해 보며 느낀 점을 이야기해 봅시다." 이런 이야기를 할 생각을 하니 시가 더 싫어졌다.

그러던 중 책교실에서 선생님들과 정유경 작가의 『까불고 싶은 날』을 함께 읽었다. 한 번씩 읽어 보고 오기가 숙제였지만 별로 좋아하지도 않는 시집을, 그것도 동시집을 읽고 싶다는 생각이 들지 않아 책을 사서 그대로 방치해 둔 지 일주일. 모임이 있기 전날이 되어서야 '아, 그래도 한 번은 봐야 하지 않나?' 하는 의무감에 목차를 뒤적여 보았다. 그러다가 눈에 띈 시가 「열성 교사 이 선생님」이었다. 첫 발령을 받고 한창 열정에 휩싸여 있던 나의 눈에 딱 들어왔다.

올해 새로 오신 이 선생님 이야기 들어 봤니? 똑똑하고 예쁘고 친절하고 맛있는 것도 잘 사 주신대. 아이들을 정말 예뻐하셔서 아이들을 위해 기도도 많이 해 주신대. 그 반 아이들은 참 좋겠지? 그런데 그 반 아이들이 이 선생님을 그렇게 좋아하는 것 같지가 않더라. 자기 반 선생님은 다 좋은데 딱 한 가지 흠이 있다나. 그게 뭐냐고 했더니 글쎄, 이런 말을 하더라. (66쪽)

뭐야 내 얘기잖아? 혼자 미소 지으면서 읽어 나간 시는 굉장히 재미

있었다. 아이들끼리 조잘조잘 이야기하는 것을 훔쳐 들은 것 같은 간질
거림과 함께 나의 행동을 반성하게 되는 시였다. 생각해 보면 나도 그
랬다. 어릴 적 선생님께 조잘조잘 이야기한 소소한 이야기들은 명쾌한
해답을 바라거나 꾸지람을 들으려고 한 것이 아니었다. 그저 공감과 위
로를 기대하며 더 이야기 나누고자 한 것이었다. 그런데 선생님이 된
나도 아이들에게 위로와 공감보다는 바른말만 하고 있었던 것 같다. 아
이들에게 미안한 마음이 들며 앞으로는 아이들의 마음에 공감해 주는
선생님이 되어 더 사랑받으리라 다짐했다.

이 시를 읽고 나니 다른 시도 읽어 보고 싶었다. 그래서 또 목차로 돌
아가 재미있어 보이는 시부터 읽기 시작했다. 아이들의 마음에 공감하
기도 하고, 아이들의 시선 속 선생님의 마음에 공감하기도 하다 보니
어느새 시집을 다 읽었다. 지금껏 보고 접해 온 시들과는 다른 동시집
을 보며 처음으로 시가 재미있다고 생각했다. 한편으로는 동시집으로
즐거워하는 나를 보며 나는 초등학생 수준이었던 건가 하는 자괴감도
들었지만, 이 책을 계기로 다른 동시집들도 찾아보고 성인을 위한 시에
도 관심을 가지며 늦었지만 문학소녀의 길에 한 발짝 들어선 것 같다.

#권유영

『불량한 자전거 여행』

김남중, 창비, 2009

"물 너무 많이 마시면 안 됩니다. 조금씩 자주 드세요. 물병 버리지 마세요. 계속 쓸 겁니다." (47쪽)

"우리는 여기 천안 터미널을 출발해서 대구 시청까지 걸어갑니다. 지금부터 개인 돈은 사용할 수 없습니다. 물 한 병씩 받으세요. 물병은 계속 써야 하니까 버리지 마시고요."

2011년 여름, 대학교 2학년이었던 나는 친한 동기 언니들과 함께 '여행에 미친 사람들(줄여서 여미사)'이라는 동아리에 들어 도보 여행길에

올랐다. 7월 말, 찜통더위가 한창일 때였다. 천안에서 대구까지 가는 데 꼬박 13박 14일이 걸렸다. 『불량한 자전거 여행』을 읽는 내내 그때 추억이 새록새록 떠올랐다.

우리 여행의 참가비는 15만 원 남짓이었고, 고작 그 정도의 돈에 우리를 뒤따라오는 트럭 같은 건 기대할 수 없었다. 자기 배낭을 스스로 메고 걸어야 하는 것은 물론, 밥을 해 먹을 코펠, 연료, 쌀 따위도 나누어 짊어져야 했다. 메뉴는 오직 한 가지, '간장 밥'이었다. 코펠로 밥을 하고, 간장, 참기름 쪼록쪼록하면 끝이다. 집에서 한두 개씩 가져온 참치 캔, 통조림 햄 등을 넣어 먹는 사치는 사흘 만에 끝났다. 물을 쓸 수 있는 곳이면 어디든 우리의 식당이 되었다. 학교 운동장, 파출소 뒷마당, 마을 회관 앞마당 등이 단골이었다. 가끔은 몰골이 말이 아닌 우리를 가엾이 여긴 분들이 호의로 김치 등의 반찬을 가져다주시기도 했다.

"가장 느린 사람의 속도가 그 단체의 속도가 되는 거다." (80쪽)

'이때 아니면 언제 해 봐?' 하고 호기롭게 떠난 여행이었지만 출발한 지 이틀 만에 내가 가장 느린 사람이 되었다. 평소 운동과는 거리가 멀었기에 몸이 덜 풀린 것도 몰랐던 게 화근이었다. 오른쪽 고관절에서 한 번 '뚝' 소리가 나더니 점점 아파 왔다. 절뚝거리다가 나중에는 더 이상 걸을 수 없을 것 같았다. 짐을 다른 사람들에게 맡겨 놓고 부축을 받아 트럭을 얻어 타고 읍내 병원으로 갔다. 무조건 쉬어야 한단다. 이 상태로 더 걷는 것은 무리라고 했다. 일단은 소염 진통제를 처방받고 물리치료를 받았다.

나 하나 때문에 다른 사람들에게 민폐를 끼쳤다는 미안함도 컸고, 계속 아프면 어떻게 하나 걱정도 되었다. 한쪽 다리가 성치 않으니 자연스레 반대쪽 다리에 힘이 많이 실려 곧 양쪽 고관절이 모두 미친 듯이 아파 왔다. 몇 번이나 '여기서 그만둘까? 집에 갈까?' 생각했지만 괜한 오기가 생겼다. 약을 먹으면 그래도 버틸 만했다. 매일 아침 출발 전에 진통제 한 알. 걷다가 죽을 듯이 아파지기 직전에 점심시간이 오면 또 진통제 한 알. 좀 지나니 하나둘 환자 동지가 늘어났다. 발바닥 전체가 물집으로 뒤덮여 피부가 다 까진 사람, 발목을 삐끗한 사람 등등. 어느 날은 시골 한의원 침대 일곱 개를 우리가 다 차지한 적도 있었다.

다들 싸우고 있었다. 나도 싸우는 중이다. 처음에는 싸움 상대가 가지산인 줄 알았다. 하지만 높이 오를수록 알 수 있었다. 산은 그냥 가만히 있을 뿐이다. 나와 싸우는 거다. 내 속에 있는 나, 포기하고 싶은 나와 싸우는 거다. (130쪽)

진통제를 먹고 물집을 터뜨려 가며 하는 고된 여행이었지만, 모두 묵묵히 걸었다. 평지에서는 노래를 크게 틀고 누가 보든 말든 떼창을 하면 신이 났다. 오르막길을 오를 때는 호진이처럼 나도 숫자를 참 많이 세었다. "하나, 둘, 셋, 넷⋯⋯." 100까지 세면 다시 "하나, 둘, 셋,

넷······." 그렇게 걷다 보면 아무 생각도 안 나서 좋기도 했다. 오로지 올라가야 한다는 생각뿐, 복잡한 인생의 고민이나 상념은 끼어들 자리가 없었다.

'와, 죽을 것 같네. 이 오르막길 언제 끝나지?'

'더워 죽겠다. 아이스크림 하나만 먹었으면.'

'으, 내 땀 냄새 장난 아니다.'

이런 쓸데없는 생각을 하다 보면 어느새 끝이 보였다.

"하루에 백 킬로씩만 가면 돼. 힘들면 오십 킬로만 가도 되고. 더 힘들면 십 킬로만 가는 거야. 멈추지만 않으면 돼."(208쪽)

처음에는 앞서가는 사람을 놓치지 않으려고, 뒤처지지 않으려고 부단히 애를 썼다. 하지만 빨리 가는 것은 중요하지 않다는 사실을 곧 깨달았다. 중요한 것은 나의 속도를 찾는 것과 멈추지 않는 것이다. 어차피 넘어야 할 산이라면, 피할 수 없는 일이라면 포기하지만 않으면 된다. 즐기면서 하는 위인까지는 못 되어도 된다. 아무리 높아 보이는 오르막길이나 험한 터널도 걷다 보면 끝이 난다. 느리게 걷든, 빠르게 걷든, 뛰어가든, 멈추지만 않으면 목적지에 다다를 수 있다.

#권혜민

멀쩡하지 않기로 했다
『멀쩡한 이유정』

유은실, 푸른숲주니어, 2008

한두 마디 짧은 대답에도 순식간에 얼굴이 달아오르는 아이들을 볼 때면 꼭 어린 시절의 나를 만난 것만 같다. 잔뜩 얼어 있는 모습에서 긴장된 그 마음이 고스란히 전해져 온다. 곤혹스러워 어쩔 줄 모르는 그 아이처럼 나 또한 그랬다. 스스로 손을 들고 발표하는 일은 상상할 수도 없었고, 그저 이름이 불린 것인데도 제대로 대답하지 못했다. 몇 마디를 말하는 데에도 수십 번은 되뇌고 곱씹어야 했다. 겨우 말하고 나서도 여전히 속이 울렁거리고 귀가 먹먹했다. 다른 사람의 스쳐간 표정, 말 한마디가 잊히지 않아 그 순간에 한참을 머물러 있었다.

그때보다야 나아졌지만 지금도 사람들 앞에서 긴장하기는 마찬가지다. 나에게 집중된 시선이 불편하고 어떤 말을 해야 할지 막막한 때가 부지기수이다. 속을 터놓고 내 이야기를 하기까지 아주 오랜 시간이 걸리고, 막상 내 이야기를 하고서도 '하지 말걸.' 하는 후회가 더 많이 남는다.

이런 나에게 유은실 작가의 『멀쩡한 이유정』은 든든한 뒷배로 다가왔다. 멀쩡해 보이려고 애쓰지 말라고, 그냥 있는 그대로 괜찮다고 말해 주는 것 같아 고마웠다. 이 동화집에는 남들처럼 하지 못하거나 갖지 못해서 애쓰는 아이들이 나온다. 누군가의 눈에는 딱해 보이고 짠할 법도 했으나 기죽기는커녕 외려 자기다운 제 목소리를 내고 있었다.

표제작 「멀쩡한 이유정」에는 오른쪽, 왼쪽을 잘 구분하지 못하고, 집에서 학교까지 가는 길을 찾아가지 못하는 길치 '유정이'가 있다. 오른손, 왼손도 잘 구별하지 못해서 어쩌나 싶지만, 이야기를 자세히 들여다보면 꽤 멋진 구석이 있는 유정이를 만나게 된다. 동생의 도움 없이 혼자서 집까지 가 보려고 하고, 길을 찾기 위해 여러 사람에게 물어 가며 도움을 구한다. 알고 보면 달리기도 잘하고, 게다가 3학년 때는 학급에서 회장도 했단다.

이런 유정이는 과연 멀쩡한 걸까, 멀쩡하지 않은 걸까? 어떤 답도 개운치 않다. 누군가를 멀쩡한지, 멀쩡하지 않은지 구분하는 기준은 무엇일까? 멀쩡한 사람이 있을 수나 있나? 꼬리에 꼬리를 문 질문 때문에 결국 나는 인정했다. 나 역시 멀쩡하려고 부단히 애써 왔지만 그럴 수도, 그럴 필요도 없다는 사실을 말이다. 더구나 물건도 아닌 사람에게 멀쩡하다느니, 멀쩡하지 않다느니 하는 말들은 모두 헛소리일 뿐이다. 나도, '유정이'도 그냥 이대로, 지금 이대로 충분하다. 그래서 애쓰지 않기로 했다. 멀쩡하지 않기로 했다.

#길지현

『엄마의 마흔 번째 생일』

최나미, 사계절, 2012

마흔이라는 나이가 되니 당혹스러웠다. 불혹은커녕 지나치게 유혹당하고 흔들렸다. 단어가 주는 힘은 생각보다 커서 '마흔'이란 단어가 들어간 책에 자꾸 손이 갔다. 그러던 중 제목에 끌려 읽게 된 어린이책이 있다. 『엄마의 마흔 번째 생일』이다. 이 책은 엄마인 나, 어른인 나를 위로하는 책이었다. 울컥울컥하는 마음으로 두 번을 다시 읽으며 나를 들여다보게 되었다.

6학년인 가영이와 중학생인 가희, 아빠와 엄마는 할머니와 함께 살고 있다. 할머니가 치매에 걸린 이후로 집안 분위기는 험악해지고 아빠와 엄마의 사이는 점점 나빠진다. 아빠는 일방적으로 엄마의 극진한 간호와 희생을 요구하고, 치매에 걸려서도 젊은 시절을 후회하는 할머니를 보며 엄마는 큰 결심을 한다. 더 이상 이렇게 살아서는 안 되겠다고. 시어머니의 모습에서 자신의 불행을 미리 보아 버린 것 같아서 더 늦기 전에 자신의 인생을 찾기 위해 엄마는 세상 밖으로 나가기로 한다.

나도 모르게 자꾸 가영이 엄마의 자리에 나를 넣어 놓고 읽고 있었다. 주변의 도움 없이 워킹맘으로 살면서 많이 지쳤다. 학교에서 힘을 다 쏟고 퇴근하면 무기력했다. 몸이 지치니 점점 마음도 지쳐 갔다. 언제부턴가 나는 없어지고 교사인 나, 엄마인 나만 남았다. 더 이상은 안 되겠다는 생각이 들었을 때 휴직을 신청했다. 2014년이었다. 뭘 하면서 시간을 보낼지 고민하는 순간마저도 좋았다. 평일 오전 도서관에서 누리는 시간은 무엇과도 비교할 수 없을 만큼 달콤했고, 온전히 나에게만 집중할 수 있는 시간은 묘한 쾌감을 주었다. 간식을 준비해 놓고 기다리는 엄마, 놀이터에서 함께 놀아 주는 엄마의 모습에 둘째의 분리불안 증상도 사라졌다. 내 감성은 다시 말랑해지기 시작했다. 아, 바로 이런 시간이 필요했던 거구나.

행복한 3, 4월이 눈 깜짝할 새 지나갔다. 그러나 꿀같이 달콤한 나의 시간은 오래가지 못했다. 결코 잊을 수 없는 2014년 5월 1일. 휴일이라 즐거운 마음으로 등산을 가셨던 시어머니는 갑자기 우리 곁을 떠나셨다. 급성 심근경색이었다. 마침 고향 집에 가 있던 남편은 그날이 우리 아들의 생일이기도 해서 어머니가 끓여 주신 미역국으로 함께 아침을 먹고 등산길을 배웅까지 했었다. 어머니가 급체한 것 같으니 병원으로 간다는 이야기까지 들었는데, 오후에 병원에서 전화를 해 온 남편은 "엄마가, 돌아, 가셨어⋯⋯."라고 했다. 그 모든 게 거짓말 같았다. 환갑밖에 안 되신 어머니. 이렇게 어느 날 갑자기 사라져 버린 시어머니와 제대로 작별도 하지 못했다.

불행은 혼자 오지 않는다고 했던가. 어머님의 장례를 치르고 시아버님과 함께 살아야 하는 생활이 시작되면서 진정한 내 휴직 기간은 두 달 만에 끝났다. 사십 대 중반부터 편찮으셨던 아버님은 혼자서 정상적인 생활을 하기가 불가능한 상태였기 때문에 다른 선택지가 없었다. 살가운 며느리는 못 되어도 내 나름의 도리를 하려고 애를 썼다. 그러나 억지로 애쓰는 시간들이 나를 소진시켰고, 그럴수록 나는 점점 말이 없어지고 자주 멍해졌다. 참기 힘든 순간마다 가영 엄마는 화장실에 들어가 몇 시간이나 나오지 않고 화장실 바닥을 문질러 대며 청소를 한다. 나는 그 행동의 의미를 백번 이해한다. 내가 밤마다 늦게까지 혼자 책을 읽으며 버티던 순간들처럼 그렇게라도 견디려는 몸부림인 것이다. 흘러넘치는 슬픔과 눈물 꼭지를 그렇게라도 막기 위해서.

아픈 아버님과 단둘이 집 안에 있을 때면 무겁게 내려앉아 깔린 슬픔의 공기가 내 눈에 보이는 것 같았다. 한 번씩 숨이 막혔다. 어쩌면 어머님은 오랜 기간 동안 남편 몫까지 감당해야 했던 피로감과 아픔이 쌓이고 쌓여 일찍 돌아가신 게 아닐까 하는 생각까지 드니 아버님을 보는 게 더 힘들었다. 실질적인 고단함도 컸다. 아이를 어린이집에 보내듯

주간 보호센터 차량의 시간에 맞춰 아침저녁으로 나가야 했고, 끼니마다 반찬이 신경 쓰였고, 노인 아이를 모시고 사는 생활에 점점 신경이 날카로워졌다. 그런 감정을 느끼는 나 자신이 나쁜 며느리 같아서 그 죄책감까지 보태지면 스스로 비난의 화살을 쏘았다.

이 모든 상황이 내가 남편을 만났기 때문이라는 생각이 들자 아버님뿐 아니라 남편까지 미워지기 시작했다. 이젠 가영 아빠의 모습에 내가 겹쳐 보였다. 치매는 낫는 병이 아님에도 모두 아내의 취업 탓으로 돌리는 가영 아빠의 부당한 태도를 보게 되었다. 잘못을 전가하고 화를 풀 대상을 찾는 모습이 나와 같았다. 결국 그 화살은 더 크고 날카로워져 다시 나에게로 돌아오리란 것을 알면서도 그럴 수밖에 없었다. 그렇게라도 나 자신을 달래고 싶었다.

1년간 아버님을 모시고 살았지만 증세가 심각해져서 지금은 요양원에 계신다. 함께 사는 것만이 능사는 아니기에 죄책감은 이제 내려놓기로 했다. 어머니의 일생이 같은 여자로서 늘 마음이 아팠다. 여전히 어딘가에 살아 계실 것만 같은 걸 보니 아직도 마음에서 제대로 보내 드리지 못했나 보다. 사람 일은 한 치 앞을 알 수 없다는 걸 직접 겪고 나니 알게 되었다. '다음'은, '나중'은, '좀 더 좋을 때'는 영영 오지 않을 수도 있다는 것을. 이제는 나를 위한 시간을 찾기로 했다. 아이들은 커 갈 것이고 내 손길은 점점 덜 필요할 테니 지금 하고 싶은 것들을 시작하는 게 맞는 것 같다. 한동안은 여기저기 빈틈이 생겨 아이들과 남편이 내 탓을 할지도 모르겠다.

"엄마가 예전만큼 신경 쓰지 못하는 건 인정해. 하지만 엄마가 애쓰고 있다는 건 너도 잘 알잖아. 그런데 이런 말을 다 하는 걸 보니 우리 딸도 어느새 다 컸네. 그럼 너도 곧 엄마 말을 이해하게 될 거야."

나도 곧 이런 말을 하게 되겠지. 아이들은 나를 이해하게 될까? 이해받지 못한다 해도 어쩔 수 없다. 그건 각자의 몫으로 남겨 두려고 한다. 유난 떤다 할지 모르지만 '별 게 다 서러운 마흔'이다. 나 자신을 자꾸 찾아 헤매게 되는 '사십춘기'를 심하게 겪고 있다. 가영이 외할머니는 "세상에서 가장 무서운 건 시간"이라고, "시간 이기는 놈은 없다."라고 했다. 그러니 자꾸 시간에 맞서려고 하지 말고 다독이며 내 시간과 사이좋게 잘 지내야겠다. 만 나이로 진짜 마흔은 내년이니까 어쩌면 그때는 유혹에 덜 흔들리는 좀 더 단단한 내가 되어 있을지도 모르겠다. 진정한 나의 마흔 번째 생일을 기다리며.

#김진향

『아나톨의 작은 냄비』

이자벨 카리에, 권지현 옮김, 씨드북, 2014

『아나톨의 작은 냄비』.

처음 봤을 때 '장애 이해 교육에 딱 맞는 책'이라고 지극히 교사의 입장에서 읽고 생각했다. 하지만 깊은 밤 혼자 아나톨을 다시 만나면서 나 자신이 보이기 시작했다. 교사로서, 어른으로서 잘 살아가고 있는 듯 보이지만, 문득문득 내 발밑에 매달려 달그락거리면서 진짜 내 모습보다 어쩌면 더 눈에 띄고 나를 힘들게 하는 나의 냄비는 무엇일까 생각해 보게 되었다.

아나톨은 작은 냄비를 달그락달그락 끌고 다녀요.

냄비 때문에 아나톨은 힘들어요.

나름 경력이 쌓인 지금도 수업을 공개하는 것은 부담스러운 일이지만 초임 교사 시절의 수업 공개는 특히나 엄청나게 부담스럽고 힘든 일이었다. 수업도 수업이지만 수업 후에 이루어지는 수업 후 협의회는 더 큰 부담이었다. 내 부족한 점이 도마 위에 오르기 때문이다.

"김현정 선생님, 교사는 표준어 발음을 하셔야 합니다. 사투리 억양이 교육적으로 그다지 좋지 못해요."

"김현정 선생님, 목소리가 너무 크네요. 작은 목소리로도 아이들을 쥐락펴락할 수 있어야 해요. 진짜 수업을 잘하는 선생님은 나직한 목소리로 수업을 이끌어요."

교감 선생님은 그날 보신 나의 수업 내용이나 방법이 아니라 고향의 사투리 억양이 남아 있는 내 발음과 큰 목소리에 대해 한참을 이야기하셨다.

아나톨은 냄비가 없어졌으면 정말 좋겠어요.

하지만 냄비는 떨어지지 않아요.

그날 이후 나는 매번 공개수업 전이나 공개적인 자리에서 말할 일이 생기면 '목소리가 너무 크지는 않나?', '발음은 괜찮은가?' 하고 생각하게 되었다. 걱정되어 일이 손에 잡히지 않았다. 나도 모르게 아나톨처럼 점점 작아지고 위축되고 있었다.

그 사람은
아나톨이 냄비를 가지고 살아가는 방법을 알려 주었어요.

그 사람은 아나톨의 작은 냄비를 없어지게 하지 않았다. 아니, 그 사람도 없어지게 하는 방법은 몰랐을 것이다. 다만 아나톨이 작은 냄비와 함께 세상을 살아가는 방법을 알려 주었다. 나도 나의 냄비를 떠올렸다. 그림책 『아나톨의 작은 냄비』는 나의 작은 냄비를 가지고 잘 살아갈 수 있도록 나를 응원하고 있었다. 또, 아나톨이 있는 그대로 충분히 멋진 아이라는 사실을 알려 준 그 사람처럼 나에게 "당신도 있는 그대로 멋진 사람이다."라고 위로를 건네고 있었다. 나의 작은 냄비가 지닌 좋은 점도 찾아보게 했다.

이제 잘 보이지 않아요.
어디에 걸리지도 않고요!
아나톨은 예전과 똑같은 아나톨이랍니다.

나는 아나톨처럼 예전의 나와 같은 나이다. 여전히 사투리 억양으로 말을 하고, 교실을 쩌렁쩌렁 울리며 수업을 한다. 또 나는 직원 회의나 많은 사람들 앞에서 말할 기회를 앞두면 늘 떨리고 두렵다. 하지만 나의 사투리 억양은 내가 그림책이나 동화책을 읽을 때면 책 속 주인공의 사투리를 실감 나게 읽어 줄 수 있는 빛나는 능력이 된다.

"아지매, 와 그카노? 이리 주 보소!"

크고 우렁찬 목소리로 교실 곳곳에 다 들리게 아이들에게 책을 읽어 준다.

"선생님이 책을 읽어 주시면, 사자가 포효하는 소리도 완전 실감 나요. 혼자 읽는 것보다 훨씬 좋아요."

나의 작은 냄비는 아이들이 이야기의 세계로 찾아들 수 있도록 인도하는 소리 등대의 역할을 하고 있다. 그전에도 갖고 있었고 앞으로도 갖고 있을 나의 작은 냄비를 인정하고, 있는 그대로의 나를 사랑하라고 『아나톨의 작은 냄비』는 이야기하고 있다.

#김현정

세상에 온기를 더할 용기를 준 어린이책
『해리엇』

한윤섭, 문학동네어린이, 2011

숲에서 엄마와 함께 잡혀 온 새끼 원숭이 찰리는 동물원의 작은 상자에 갇힌다. 마침 찾아온 동물원 주인의 아들이 찰리를 탐내며 안아 올리자 찰리는 어쩔 줄 몰라 하며 아이의 시선을 피한다. 그러자 아이는 눈을 피하는 찰리를 일그러진 표정으로 바라보며 무섭게 이야기한다.

"내 눈을 봐야지. 친구끼리는 눈을 보며 이야기하는 거야." (24쪽)

얼핏 듣기에는 따뜻한 말 같지만 그 속에 도사려 있는 차가움에 온

몸이 얼어붙는 듯하다. 가볍게 읽기 시작한 어린이책으로 인해 내 안의 잔인함이 들켜 버린 것 같아 진땀이 다 난다.

작년 우리 반에 친구들에게 자주 화를 내는 아이가 있었다. 처음에는 소리만 지르더니 나중에는 아이들을 밀치거나, 손이나 발이 나가기도 했다. 그 아이가 왜 화가 났는지, 어떤 마음 상태인지 물어보지 않고 나는 상대 아이가 다치거나 상처 입지 않았는지만 걱정했다.

"싸우지 말고 친구와 잘 지내야지. 폭력은 나쁜 거야!"

눈을 부릅뜨지도 않고 소리를 지르지도 않았지만, 노기가 섞여 아이의 마음에 닿을 수도 없었던 이런 '바른말'을 나는 교육 현장에서 얼마나 많이 했던가. 당연하게도 이 말은 아이를 변화시키지 못했다.

이 책의 앞부분에는 그런 나의 모습을 돌아보게 하는 아픈 장면이 꽤 많다. 이성을 잃지 않고 이야기하는 게 나의 최선이라 여겼고, 아이가 행동 규범을 받아들이도록 강압적으로 밀어붙였다. 거기에는 인간의 존엄에 대한 존중은 없었다. 공포, 불안, 폭력은 항상 한 줄에 꿰어져 있다고 하는데 나는 아이에게서도 나에게서도 그걸 보려고 하지 않았다. 그저 그 상황이 싫었다.

해리엇은 어릴 적 갈라파고스 제도에서 비글호에 실려 와 호주의 한 동물원에 갇혀 사는 175살이나 된 바다거북이다. 찰리가 극심한 공포에 휩싸여 동물원의 우리에 갇힌 첫날 밤, 그가 전해 준 따뜻한 말은 오랫동안 가슴에 남는다.

"처음이라 쉽지 않을 거야. 그리고 외로울 거야. 난 네 마음을 안다. 하지만 걱정하지 마라. 여기는 너 혼자가 아니다. 그걸 알려 주러 온 거야." (60쪽)

내 안의 폭력성을 걷어 내고 아이들을 온전한 존재로서 바라볼 수 있는 따뜻한 진짜 어른이 되고 싶어지게 한 문장이다. 존중은 그 불안한 마음을 알아주고 가만히 옆에 있어 주는 일에서 시작하는 것일지도 모르겠다. 그러나 그 아이가 친구를 때리고 소리를 지르면 나는 옆에 있어 주는 대신 그 아이의 엄마를 불렀다. 아이는 다음 날 더 나빠져 있었다. 그렇게 1년을 보냈다. 해리엇과 같은 따뜻한 어른이 옆에 있었다면 그 아이는 변할 수 있지 않았을까? 스미스처럼.

자신을 잔인하게 괴롭히던 개코원숭이 대장 스미스의 새끼 목숨을 함께 살려 낸 찰리를 보며 해리엇은 그의 용기를 칭찬한다. 그러자 찰리는 이렇게 말한다.

"당신이 가르쳐 준 거예요." (95쪽)

그 후로 스미스도 달라진다. 동물원에서 서로 의지하고 힘이 되어 주며 지낸 이 동물들의 이야기는 우리 인간들의 이야기이기도 하다. 선한 영향력만이 아이를 변화시키고 세상을 변화시킬 수 있다는 점을 이 책의 해리엇을 만나며 다시 느낀다.

무질서한 교실에서 나는 하루에도 몇 번이나 욱하고, 아직도 껍데기 뿐인 '바른말'을 꽤 자주 하지만 그 말을 자꾸 걷어 내 보려고 애쓴다. 잔소리를 걷어 내고 그 자리에 다른 것을 채우리라 다짐한다. 온기를 더해서.

책 속에서 인간의 잔혹성으로 인해 벌어지는 동물 학대 장면은 꽤 오랫동안 내 마음을 아프게 했다. 현실에서도 이런 장면은 어렵지 않게 찾을 수 있다. 인간들이 무심코 써 대는 플라스틱이 어느 사이에 한반도보다 넓은 플라스틱 섬을 만들고 동물들은 괴로워하며 목숨을 잃는다. 유튜브에서 화제였던, 코에 플라스틱 빨대가 박혀 괴로워하던 바다거북의 얼굴이 자꾸 해리엇의 얼굴과 겹쳐 눈물이 난다. 내 탓인 것만 같아 눈물을 그렇게 흘리고도 테이크아웃 잔에 플라스틱 빨대를 꽂은 차가운 커피를 아무렇지도 않게 들고 나서는 나를 보고 또다시 부끄러워진다. 괴로워하는 바다거북을 건져 코에서 빨대를 뽑아 주는 동물 보호 운동가들의 모습을 떠올리며 '일회용품 사용 진짜 줄여야지. 조그만 노력이라도 해야지.' 생각한다. 우리는 마음속의 폭력성과 잔인함을 늘 경계해야 한다.

찰스 다윈은 저서 『인간의 유래』에서 인간이 처음부터 생물계의 가장 높은 자리를 차지한 것은 아니라고 했다. 열악한 신체 구조를 가지고도 비천하거나 보잘것없는 하등동물에게도 확장할 수 있는 연민의 마음과 따뜻함을 잃지 않으려는 도덕성이 삶으로 터득되고 전해진 덕분에 주변을 지켜 내고 나아가 인류를 지켜 낸 것이라고 했다.

이 책에서 나는 따뜻한 진짜 어른을 만난 듯 든든했다. 내 안의 선함을 믿고 우리의 선함을 믿으며 작은 한 걸음을 뗄 용기를 내어 본다.

#나윤주

마침내 푸른 개가 이긴다
『푸른 개』

나자, 최윤정 옮김, 주니어파랑새, 1998

"엄마가, 무, 서, 워요……."

마주 앉은 아이 눈에서 왈칵 눈물이 쏟아졌다. 나는 멍하니 그 모습을 바라보았다. 엄마가 무서워요. 엄마가 미워요. 나는 불행해요. 미처 하지 못한 말들이 눈물에 박혀 손등으로 툭툭 떨어졌다. 이제 막 아홉 살 된 아이가 서러움에 복받쳐 울었다. 얕은 하소연이나 짧은 투정이 아니다. 어둡고 깊은 울음이다. 아이는 아프게 울었다. 나와 눈을 맞추지도 못한 채 어깨를 들썩이며.

나는 그럴 리가 없다며 고개를 세게 저었다. 내 아이가 이토록 불행한 모습이라니 믿을 수 없었다. 우는 아이의 얼굴 위로 지난 내 모습이 스쳐 지나갔다. 어린아이를 베이비시터 집에 데려다주느라 땀에 흠뻑 젖어 출근하던 아침, 밤새 고열로 앓는 아이를 간호하느라 뜬눈으로 지새웠던 밤, 아토피가 심한 아이의 몸을 녹차를 우린 물로 씻기던 어느 저녁. 나는 좋은 엄마가 되려고 최선을 다했다. 내 딸, 너는 당연히 행복한 아이여야 했다.

어디서부터 잘못된 걸까? 어두운 거실 한쪽에 앉아 기억을 더듬어 보았다. 아이가 일곱 살이 될 때까지 유치원과 베이비시터에게 맡겨 키웠다. 초등학교에 입학할 때는 내가 휴직을 했다. 어렵게 내린 결정이었다. 더 이상 다른 사람에게 맡길 수 없었고, 학원을 돌며 자라게 하기 싫었다. 휴직하면서 아이를 위해 내 모든 시간을 쓰리라 다짐했다. 각종 교육 서적을 읽으며 아이 잘 키우는 법을 공부했다. 그때부터였을까? 아이의 얼굴에 그늘이 드리워지기 시작한 것이.

"다시 써."

너의 손에서 알림장을 빼앗아 부—욱 찢는다. 너는 알림장을 다시 쓴다. 떨리는 손으로 꾹꾹 힘주어 쓴다.

"교실에 가서 필통 가져와. 당장."

학교에 필통을 두고 왔다는 너를 어두워진 학교로 돌려보낸다. 너는 멈칫거리며 자꾸 뒤를 돌아보다가 터덜터덜 혼자 교문으로 들어간다.

"그건 몸에 안 좋아. 이거 먹어."

사탕 앞에서 망부석처럼 서 있는 너에게 큰 소리로 말한다. 너는 말없이 내가 건넨 말린 과일 봉지를 들고 마트를 나온다.

두서없이 떠오르는 장면들 속에서 아이는 아무 말이 없다. 그때 아이는 어떤 표정이었는지 생각나지 않았다. 내 굳은 표정과 차가운 목소리만 선명하게 떠올랐다. 무엇이든 잘하고 인성도 훌륭한 아이로 자라길 바랐다. TV와 핸드폰은 모두 치우고 거실을 책으로 채웠다. 매일 시간 계획을 빈틈없이 세우고 어떻게든 지키게 했다. 엄마가 선생님인데 아이가 왜 이러냐는 소리를 듣기 싫었다. 나는 선생님이었다. 모든 것을 들여다보며 내가 원하는 모습으로 아이를 키울 수 있다고 믿었다. 하지만 그건 잘못된 생각이었다.

엄마가 무섭다며 우는 아이를 보면서 정신이 번쩍 들었다. 아이는 눈에 띄게 의기소침해져 있었다. 남들 앞에 나서는 것을 힘들어했고, 무엇이든 결정해야 할 일이 있으면 엄마의 허락을 구했다. 엄마가 고개를 끄덕여 주어야 안심했다. 다른 사람의 말이나 행동을 지나치게 신경 썼고, 날이 갈수록 감정 기복이 심해졌다. 웃는 날보다 우는 날이 더 많았다. 엄마가 무섭다는 말을 하기까지 얼마나 힘들었을까? 얼마나 숨이 막혔을까? 잠든 아이의 얼굴을 손으로 쓸어 주며 나는 뜨거운 눈물을 삼켰다.

푸른 개와 검은 표범은 날카로운 이빨로 서로 물어뜯으면서 밤새도록 싸웠다. 검은 표범은 정말 지독하게 힘이 세었다. 푸른 개는 아주 용감하게 싸웠지만 점점 힘이 빠졌다.

나자가 쓰고 그린 『푸른 개』의 한 장면이다. 선명한 청색을 띤 푸른 개와 짙은 검은색의 표범이 날카로운 이빨을 드러내며 싸운다. 검은 표범이 소녀 샤를로뜨를 덮치려 하자 푸른 개가 필사적으로 막는다. 검은 표범은 앞 장면에서 검은 옷을 입고 샤를로뜨를 씻기며 계속 "안 돼."라고 말하던 샤를로뜨의 엄마 같다. 엄마는 샤를로뜨를 자기 뜻대로 키우려 한다. 샤를로뜨의 자아인 푸른 개가 이렇게 힘이 세고 멋지게 자란 걸 모른 채. 결국 검은 표범과 푸른 개는(엄마와 샤를로뜨는) 죽일 듯이 싸우게 된다.

이 책을 읽을 때마다 검은 옷 입은 엄마가, 검은 표범이 꼭 나인 것 같아 가슴이 쿵 내려앉는다. 샤를로뜨의 초점 없는 눈동자와 생기 잃은 얼굴, 축 처진 어깨를 덤덤히 볼 수 없다. 내가 '잘난 부모' 노릇을 하는 동안 우리 아이에게도 푸른 개가 찾아왔을 것이다. 그 개는 검은 표범과의 한판 승부를 벌이려고 힘을 키웠을 터이다. 아이가 내 앞에서 와르르 무너지는 모습을 본 후에야 나는 깨달았다. "내가 졌어. 나, 그냥 가게 해 줘……." 하며 검은 표범이 물러섰듯이, 나 역시 그래야 한다는 걸.

올해 열세 살. 아이는 엄마 키를 훌쩍 넘겨 자랐고 가슴이 봉긋 솟아오르기 시작했다. 매일 쑥쑥 자라 어제와 다른 사람이 되어 간다. 나는 이제 "너는 어떻게 생각해?", "너는 어떻게 하고 싶어?" 하고 자주 묻는다. 한 걸음씩 아이에게서 멀어지는 연습을 한다. 아이의 푸른 개가 잘 자라고 있나 살핀다. 하지만 지금도 불쑥 내 안의 검은 표범이 발톱을 세우며 뛰쳐나올 때가 있다. 아이의 등 뒤에 날카로운 말을 쏟아 내고 내 안의 화를 약한 아이에게 푼다.

　그럴 때 나는 화들짝 놀라며 『푸른 개』를 다시 펼친다. 검은 표범과 푸른 개가 뒤엉켜 싸우는 장면과 샤를로뜨가 푸른 개와 함께 집으로 돌아오는 장면을 읽는다. 푸른 개에 올라탄 샤를로뜨의 쫙 편 어깨와 다부진 눈빛을 한참 바라본다. 그러고는 힘주어 다짐한다. 내 안의 검은 표범에게 더 이상 먹이를 주지 않겠다고. 아이가 '지독히 힘센' 검은 표범과 용감하게 맞서 싸워야 할 때 덜 힘들게 해 주겠다고 말이다. 그래, 마침내 푸른 개가 이긴다. 아이는 나를 넘어 드넓은 세계로 나아갈 것이다.

#박미정

내 안의 여우
『여우』

마거릿 와일드, 강도은 옮김, 파랑새, 2012

자기방어 기제는 다양한 모습으로 나타난다. 나의 경우에는 '이상화'라는 모습으로 드러난다. 현실을 이상적으로 꾸며 사실상 현실을 부정하는 것이다. 그것이 사건이든 사람이든 말이다. '긍정'이라는 자기 위안으로 이 세상을 아름답게 왜곡했다. 그게 마음이 편했다. 부정적인 모습을 보는 일 자체가 나에게는 고통이기 때문이다. 그러나 그러면 현실 문제를 제대로 보지 못하게 된다. 마치 어린아이가 무섭다고 이불 속으로 숨어 버리는 것과 별반 다르지 않다. 이불 속으로 숨어 봤자 이불 밖 현실은 그대로이다. 그동안 나는 낙천주의자를 가장한 겁쟁이였다.

그러다 보니 인간의 다층적인 모습을 이해하지 못했다. 질투, 분노, 이기심 등 부정적으로 여겨지는 감정들을 외면해 왔기 때문이다. 도덕책에 나오는 인간상만을 기대했으니, 상대방이 왜 그렇게 행동하는지 이해하지 못하는 경우가 많았다. 인간의 욕망과 양가적 마음을 인정하지 않았기에 상대와 나 자신을 제대로 보지 못한 것이다. 한마디로 솔직하지 못했다.

『여우』라는 그림책을 보며 자기기만 속에 있는 나를 발견하게 되었다. 책 속 주인공들은 어떠한 도덕적 관념에도 얽매이지 않고 자신의 욕망에 충실했다. 적어도 그들은 솔직했고 자신이 무엇을 원하는지 명확히 알았다. 까치는 날개가 타 버려 날 수 없게 되자 비참함에 생을 포기하려고 하면서도 끝까지 자존심을 버리지 못한다. 그리고 멋지게 날고 싶은 욕망에 자신의 목숨을 구해 준 소중한 친구 곁을 떠난다.

여우는 행복하게 사는 개와 까치에게 질투가 나서 그 둘 사이를 갈라놓는다. 마지막 여우의 행동은 충격적이었다. 그 무리에 합류해 함께 사랑하고 도와주며 사는 모습을 상상했지만, 여우는 둘에게 지독한 외로움을 주기로 했다. 그 선택을 알고 다시 한번 책장을 넘겨 보니 분노와 질투, 외로움에 가득 찬 여우의 냄새를 느낄 수 있었다.

책을 덮고 다시 처음으로 돌아가 표지를 보았다. 표지 속 여우의 매섭고 깊은 눈동자가 조용히 나를 응시한다. 여우는 나에게 무언가를 이야기하려는 것 같지만 끝까지 침묵한다. 가만히 그 눈을 보다 보면 나의 깊숙한 곳에 숨겨진 내면의 소리가 들리는 듯하다. 더구나 철사와 같은 날카로운 재료로 긁어서 표현한 거칠고 붉은 털은 강렬해서 모든 것이 생생하게 느껴진다.『여우』를 통해 다시 한번 나의 욕망과 인간관계를 생각해 보게 된다.

#손은주

그날, 나의 개 이야기

『어느 개 이야기』

가브리엘 뱅상, 열린책들, 2009

하얀색 표지에 개 한 마리가 뒤를 돌아보고 있다. 한쪽 눈은 가려져 있고 다른 한쪽 눈은 나를 바라보고 있다. 두려움과 원망이 뒤섞인 눈빛. 개의 눈을 잠시 바라보다 얼른 표지를 넘긴다. 마른 모래 빛의 면지가 보인다. 아무것도 없다. 아무것도 없는 종이 한 장을 넘기고 제목이 쓰여 있는 또 한 장을 넘기면 속표지가 나온다. 간신히 앞으로 디딘 한쪽 발이 보인다. 개의 뒤쪽으로 걸어온 발자국들이 점점이 보이고 개는 금방이라도 쓰러질 듯 지쳐 보인다.

첫 장면을 펼치면 "텅!" 소리가 들릴 것 같다. 차 문이 열려 있고, 손인지 발인지 알 수 없는 신체 부위가 문밖으로 보이고, 던져진 개의 몸은 활처럼 휘어 있다. 마치 총을 맞고 펄쩍 뛰어오른 모습처럼 보인다. 두 번째, 세 번째, 네 번째, 다섯 번째 장면 모두 멀어져 가는 자동차를 향해 미친 듯이 뛰어가는 개의 모습이다. 차가 사라진 쪽을 멍하니 바라보다 남아 있는 주인의 냄새라도 맡으려는 듯 땅에 코를 박고 있다. 바로 옆 장면으로 넘어가기까지 얼마의 시간이 경과했는지는 알 수 없다. 아마도 꽤 오랜 시간이 흘렀을 것이다. 황망한 표정으로 한곳을 바라보고 있는 개의 모습을 오래 보지 못하고 책을 덮는다.

그날, 중학교 3학년 교실에 엎드려 하루 종일 울고 있던 내 모습이 떠오른다. 집으로 돌아왔지만 언제나처럼 꼬리를 흔들며 뛰어나오는 강아지의 모습은 보이지 않았다. 이불을 뒤집어쓰고 울었다. 내가 울고 있으면 내 곁에 다가와 눈물을 핥아 주던 강아지의 모습도 볼 수 없었다. 어쩌면 그날, 우리 집이 아닌 다른 곳에서 강아지는 사라져 버린 주인을 기다리며 '어느 개'와 같은 모습으로 앉아 있었을지도 모르겠다.

초등학교 3학년 크리스마스 때 아빠의 외투 속에서 태어난 지 한 달 된 순아가 나왔다. 작은 쥐 같기도 하고 대머리에 툭 튀어나온 눈이 개구리 같기도 했던 순아는 우리가 깔아 준 이불 위에서 오돌오돌 떨었었다. 아빠는 그 강아지가 '치와와'라고 했다. 우리는 치와와에게 '순아'라는 이름을 지어 주었다. 그때부터 순아는 우리와 함께 살았다.

개는 도로변에 앉아 지나가는 차들을 바라본다. 개가 도로를 건너려고 하면 운전자들은 빵빵거리며 클랙슨을 울려 댄다. 도로를 가로지르는 개를 피하려다 교통사고가 나고 개는 당황하여 돌아본다. 모여든 사람들을 보며 개가 짖는다. 아무도 눈길을 주지 않는다. 사고 때문에 꽉 막힌 도로 위에 정차된 차 바퀴에 개는 오줌을 눈다. 사고가 난 곳을 벗어나 길을 걷다가 비석처럼 생긴 표지판에도 오줌을 눈다. 마치 주인이 자신의 흔적을 발견하고 자신을 찾아와 주기를 바라는 것처럼. 멀리 사람의 그림자가 보이지만 이내 멀어져 간다. 개는 하늘을 향해 컹컹 짖는다.

그날, 우리는 순아를 다른 집에 보내기로 했다. 아빠가 아픈 뒤부터 그토록 사랑하던 순아의 짖는 소리를 못 견뎌 했기 때문이다. 순아가 짖으면 소리를 지르셨고 아빠 곁으로 다가가면 손사래를 치며 쫓아냈다. 엄마는 아무래도 순아를 엄마 친구 집에 보내야겠다고 했다. 우리는 울며불며 절대 그럴 수 없다고 했지만 엄마는 완강했다.

순아를 엄마 친구 집에 보낸 뒤 엄마는 가끔 그 친구분과 통화를 했다. 순아가 일주일 동안 먹지도 자지도 않고 문밖만 바라보며 조그만 소리에도 달려나가 짖는다고 했다. 순아는 끝까지 우리를 믿었을 것이다. 하룻밤만 자고 나면 자신을 데리러 올 거라고 믿으며 희망으로 시작하여 절망으로 끝나는 매일매일을 형벌처럼 견뎠을 것이다.

3, 4년 뒤의 어느 날, 엄마 친구분이 전화를 하셨다. 순아가 사라졌다고. 큰애가 들어오면서 현관문을 열어 두었는지 어딘가로 사라져 버렸다고. 아무리 찾아봐도 찾을 수가 없다고. 개들은 죽을 때가 되면 죽을 자리를 찾아 떠난다고 하던데 아마도 그런가 보다고.

나는 순아의 모습을 상상해 보려 애썼다. 어떤 표정과 어떤 마음으로 그 집을 나섰을까? 어디를 향해 가려고 했을까? 어쩌면 마지막까지 자신을 찾으러 오지 않은 가족들을 만나기 위해 어딘지도 알 수 없는 집을 찾아 나선 것은 아니었을까?

　사람들이 사는 마을을 헤매며 쫓겨 다니다가 개는 한 아이를 만난다. 아이의 발치에는 가방이 놓여 있다. 아이가 다가오자 개의 고개는 오른쪽으로 갸웃거린다. 아이는 처음엔 웃으면서 다가온다. 개에게 가까이 다가온 아이의 얼굴은 시무룩해 보이기도 하고 슬퍼 보이기도 한다. 금방 울 것 같은 표정의 아이가 개 앞에 서 있다. 개는 꼬리를 흔들며 아이에게 몸을 비빈다.

　나는 이 아이가 개를 버린 가족들이 탔던 차 안 뒤쪽에 머리만 보였던 그 아이였기를 간절히 바란다. 부모님을 졸라 혹시 그 자리에 있을지도 모를 개를 찾아 다시 와 주었기를 바란다. 그래서 개의 기다림이 결코 헛된 일이 아니었기를 간절히, 간절히 바라 본다.

　언젠가 엄마에게 물어보았다.

　"엄마, 우리가 순아를 버린 거야?"

　"버리긴. 아빠가 아프니까 아는 사람 집에 잠깐 맡긴 거지."

　과연 순아도 그렇게 생각했을까? 어쩌면 그동안 나는 나 스스로를 연민하며 그토록 많은 눈물을 흘렸는지도 모르겠다. 순아를 위해서가 아니라 더 이상 순아를 볼 수 없는 내가 불쌍하고 안쓰러워서 말이다.

　가브리엘 뱅상의 『어느 개 이야기』를 읽고 난 후, 아주 오랫동안 전해지지 못했던 순아의 마음이 비로소 나에게 도착했다. 순아가 느꼈을 두려움과 외로움, 가족에 대한 그리움이 고스란히 나에게 전해져 왔다. 걷잡을 수 없이 눈물이 흘러내렸다. 어쩌면 아이에게 몸을 비비며 꼬리를 흔드는 어느 개의 모습은 낯선 곳에서 외롭게 마지막 순간을 맞이했을 순아가 꾸었던 슬프지만 행복한 꿈이었을지도 모르겠다.

#신수경

메리가 나에게 건넨 위로
『메리』

안녕달, 사계절, 2017

서른이 되었다. 결혼도 하고 학교도 처음으로 옮겨 보았고, 삼십 대에는 더 성숙해지고 여유로워질 것이라 기대했다. 하지만 기대는 컸던 만큼 와장창 무너졌다. 막 시작한 결혼 생활은 생각대로 되지 않았고, 여유가 생길 거라 기대한 교직 생활은 해를 거듭할수록 더 어려워졌다. 누군가를 가르친다는 것은 너무나 부담스럽고 무거운 일이었다. 뒤늦게 사춘기라도 찾아온 양 마음이 끊임없이 흔들렸다.

『메리』를 만나게 된 건 우연이었다. 반 아이들과 그림책을 찾아볼 겸 도서관을 갔다가 신간으로 들어온 『메리』를 보았다. 책교실 선생님께서 얼핏 소개해 주신 것이 생각나 읽기 시작했다. 독특한 질감이 좋았고 따뜻한 그림이 좋았다. 흰 강아지가 할머니와 함께 웃고 있는 표지 덕분에 어린 시절 할머니 집에 있었던 뽀삐가 생각났다. 하얀 똥개 뽀삐.

목줄에 묶여 밤새 낑낑거리는 메리를 보니 뽀삐의 목줄이 불편해 보였던 기억이 난다. 평소에 잊고 있었던 어린 시절이 떠오르면서 이제는 부서져 버린 할머니 집 마당에 다시 서 있는 기분이 들었다. 마치 그림 속으로 빨려 들어가 뽀삐를 보러 달려가던 아홉 살 때로 시간 이동이라도 한 것처럼. 하지만 메리를 보고 있는 나는 더 이상 아홉 살이 아니다. 그립고 쓸쓸한 마음이 들었다.

그러다 문득 아버지가 어릴 적 나에게 이야기를 들려주시던 장면이 떠올랐다. 아버지는 종종 퇴근 후에 서점에 들러 이야기를 읽고 외운 다음 나에게 들려주셨다. 『해의 동쪽 달의 서쪽』을 듣고 싶어 잠을 자지 않고 기다린 일이 생각난다.

나도 그렇게 해 보고 싶었다.

메리를 빌려 부모님 댁으로 가져갔다. 부모님께 책을 보여 드리고 펼쳐서 한 장 한 장 함께 읽었다. 조그맣던 메리가 엄마랑 헤어져 낑낑대는 장면, 다 자란 메리가 서서 웃고 있는 그림이 좋아서 함께 보았다.

할머니 집에는 이제 다 자란 메리가 있어. (9쪽)

명절을 보낸 가족이 다시 떠나고 혼자 남은 할머니와 마당에 혼자 있는 메리. 할머니에게 맡겨진 아이가 강아지를 소중히 품에 안고 있는 모습, 새끼와 헤어져 밤새 낑낑거리는 메리를 보고 나는 코가 찡했다.

이제 다시 할머니 집에는 다 자란 메리만 있어. (36쪽)

내가 좋아하는 장면을 천천히 읽었다. 부모님도 "어머!", "아이고!" 하시며 그림 속에 빠져들었다. 그리고 내가 책장을 넘기길 기다리셨다. 나는 좋아하는 노래는 산책하며 계속 듣는 습관이 있다. 그러면 나중에 들어도 그 음악을 들을 때의 날씨, 걸을 때 맡았던 내음이 떠올라 숨겨 둔 사탕을 꺼내 먹듯 언제든지 다시 그 순간을 느낄 수 있어 좋다.

부모님과 함께 『메리』를 읽으며 나는 언제든지 다시 들을 수 있는 소중한 노래 하나를 우리 가족이 가지게 되었다는 생각이 들었다. 그리고 위로를 받았다. 그림책이 나에게 위로가 될 거라고는 생각하지 못했는데, 함께 저녁을 나누어 먹는 할머니와 메리처럼 그림책을 통해서 사랑하는 사람과 함께하는 느낌은 참 행복했다.

그림 속으로 함께 걸어 들어갈 수 있다는 점이 그림책이 주는 기쁨일까? 그림책을 다시 만나게 되어서 기쁘다. 그림책과 함께한다고 생각하니 나의 서른 살도 조금은 편하게 느껴진다.

#신아영

『나에게도 사랑을 주세요』

미야니시 타츠야, 허경실 옮김, 달리, 2011

"이모, 책 읽어 주세요."

조카들과 놀아 주다 힘에 부쳐 잠깐 멍하니 앉아 있었더니 셋째가 양반다리 가운데로 쏙 들어와 앉으며 말한다. 그래, 몸으로 놀아 주는 것보다는 책 읽어 주는 게 편하지. 책꽂이에 가지런히 꽂혀 있는 책등을 쓸며 책을 고른다. 『나에게도 사랑을 주세요』라는 제목이 마음에 들어 책을 뽑아 들었더니 이런, 표지는 전혀 사랑스럽지 않다. 커다란 공룡이 자그마한 공룡을 위협하듯이 바라보고 있다. 탐탁지 않지만 그래도 큰 목소리로 책을 읽어 나간다. 그러다 그만, 눈물이 팡. 뒷장은 거의 엉망진창으로 울먹이며 읽었다.

　나는 반 아이가 미운 마음이 들 때면 죄책감으로 나 자신을 몇 번이나 다그치곤 한다. 사랑과 미움은 숨길 수가 없다는데, 내 마음속 미움이 아이를 가시처럼 찔렀을까? 아이는 아프니까 아프다고 말한 건데 혼만 냈던 걸까? 선생님이니까, 모든 아이들을 자연스럽게 사랑해 주고 싶은데 그게 나에겐 너무 어렵고 힘들다. 그래서 스스로를 탓하며 사랑도 노력해서 한다. '사랑도 받아 본 사람이 줄 줄 안다고 하니까 내가 아이들을 더 많이 사랑해 줘야지.' 하고 생각하면서. 그런데 어쩌다 듣게 되는 학부모의 말 한마디가 나를 무엇보다도 힘 빠지게 한다.

　"선생님이 애를 미워하지 말고 좀 더 사랑으로 보듬어 주세요."

　그렇다면 지금껏 내가 아이들에게 준 것은 사랑이 아니었단 말인가?

　사랑을 알게 된 티라노사우루스는 자신의 몸을 다치면서 어린 트리케라톱스들을 보호한다. 그 모습을 보고 자란 트리케라톱스는 그처럼 제 몸을 돌보지 않고 어린 자식들을 보호하려 한다. 그림책을 덮으면 한 줄의 문장이 눈에 띈다.

"Please, Show me the way to love."

　나는 아이들에게 어떤 사랑법을 알려 주어야 할까? 이제 어른이 된 나는 나를 혼내고 다그치면서 훨씬 마음 아팠을 사람들을 안다. 나를 억압하고 구속하려 한 행동들이 사실은 나를 아껴서 보호하려 한 것임을 이제는 안다. 아이들의 일로 힘겨워하고 있으면 일벗 선생님들께 이런 위로를 받을 때가 있다.

"애들에게 너무 마음 주지 마요. 선생님만 상처받아요."

내 사랑이 보답을 받기 어렵다는 걸 안다. 그래도 계속 행동하고 싶다. 말로, 마음으로, 잘 전해지지 않아도 아이들에게 많이 보여 주고 싶다. 내가 보고 배운 사랑법이 이것뿐이니 어쩔 수 없다. 힘들고 상처받으며 가야 할 길이 구만리 같아도 교직에 있는 동안은 받은 만큼 주지 못한 걸 안타까워하는 사람으로 남고 싶다.

#신은영

우리 마음속에는 각자의 똥푸맨이 있다

『쿵푸 아니고 똥푸』

차영아, 문학동네어린이, 2017

"똥이다!"

똥만 봐도 뭐가 그리 즐거운지 곳곳에서 웃음이 터져 나왔다. 망토를 휘두른 사람처럼 생긴 똥이 우스운 건지, 아니면 똥이라는 소재 자체가 즐거운 건지 『쿵푸 아니고 똥푸』표지를 보자마자 아이들에게서 즉각적인 반응이 온다. 똥을 싸서 당황스러운 탄이에게 슈퍼 히어로 영화에서 보아 온 영웅처럼 똥푸맨이 등장하는 순간, 그게 뭐냐며 유치하다고 말하는 아이들도 있었지만 대개는 똥푸맨을 보며 키득키득 즐거워했다. 똥이 영웅처럼 살아 움직이며 탄이를 도와주는 장면에서는 다들 깔깔 웃었다. "똥~~~푸!" 하고 외치며 똥푸 권법을 따라 하는 아이들도 꽤 있었다. 학교에서 최고 연장자이며 나름 가장 권위(?) 있다고 생각하는 6학년 아이들도 이 책을 재미있게 읽었다.

나에게도 이 책은 '똥'이라는 말만 꺼내도 "꺄!" 하고 폭발적인 반응을 이끌어 내거나, 똥과 관련된 아이들의 다양한 경험과 이야깃거리를 꺼내게 할 수 있는 책이었다. 그런데 문득 이런 생각이 들었다.

'똥푸맨. 탄이에게는 위로와 힘이 되어 준 존재였어. 나에게 그런 존재는 누구일까? 가족? 친구? 동료 선생님?'

생각이 꼬리에 꼬리를 물다가 나는 '나의 똥푸맨'을 찾았다. 그건 바로 '나 자신'이었다. 탄이에게 똥푸맨이 어려운 순간에 나타나 탄이를 위로해 주고 힘이 되어 주는 존재였던 것처럼 나에게 있어 똥푸맨은 늘 내 곁에 있으며 언제나 내 편인 바로 나 자신이었으니까.

근래에 나에게는 여러 가지 일들이 있었다. 교사 생활을 하며 "이런 일이 있을 수 있구나." 하고 아이들을 보듬는 내 자리의 무게감을 느끼는 일도 있었고, 나의 의지와 다른 어쩔 수 없는 현실의 벽에 부딪히는 경험도 했다. 도종환 시인의 시집 중에 『흔들리지 않고 피는 꽃이 어디 있으랴』라는 제목도 있지만 내 삶의 이곳저곳에서 흔들리는 일들이 생기니 스스로 자책하기도 하고 절망하기도 하고 슬퍼하기도 하며 지냈다. 그런 와중에 아이들과 즐겁게 읽은 책에서 똥푸맨이 짜잔 하고 나타난 것이다.

솔직하게 고백하지만 나는 누군가에게 의지를 많이 하는 편이다. 특히 힘들 때나 슬플 때 다른 사람으로부터 위로받고 힘을 얻으며 그 시간을 견디는 사람이다. 하지만 힘들고 슬프고 어려운 일은 한 번 찾아오더라도 또 찾아온다. 그리고 여러 가지 일들이 한꺼번에 올 수도 있다. 힘겨운 시간을 버티며 한 해를 보내고 나서 다음 해에는 꼭 힘들지 않다고 이야기할 수도 없다. 그런 시간들이 찾아올 때마다 물론 나의 소중한 사람들로부터 격려받고 힘을 얻을 수 있겠지만 매번 그럴 수는 없겠다는 생각이 들었다. 그러면서 내게로 눈을 돌리게 되었다. 내 곁에 든든한 사람들이 많이 있지만 정작 나 자신으로부터 위로나 격려의 말을 듣지 않거나 듣지 못했던 때가 많았다는 사실을 깨달았다.

사람은 누구나 여러 모습의 '나'와 함께 살아간다. 긍정하는 나, 기쁘고 즐겁고 흥 넘치는 행복한 나, 걱정과 불안 속의 나, 슬픈 나까지. 어떤 모습도 내가 아니었던 때는 없었다. 즐겁고 행복할 때의 나는 평안하며 있는 그대로의 내 모습을 받아들이지만, 어려운 상황을 만나거나 힘들 때의 나는 불안하고 혼란에 빠진다. 이제 그럴 때 내 안의 '똥푸맨'을 먼저 불러 보기로 한다. 아니, 똥푸맨이 아니라 내 이름이자 내 안에서 반짝이는 별을 꺼내 준다는 의미에서 '별푸맨'이라 불러 볼까?

"별푸맨!"

그럼 별푸맨이 나타나 "괜찮아.", "너는 최선을 다했어.", "너는 좋은 사람이야.", "너는 이 상황을 이겨 낼 힘이 있어."라고 위로와 격려를 해 주겠지. 나의 스파이더맨이자 아이언맨이자 캡틴 아메리카인 별푸맨의 이야기는 흔들리는 나의 마음과 감정을 든든히 지켜 줄 것이다.

산다는 건 백만 사천이백팔십아홉 가지의 멋진 일을 만나게 된다는 뜻이에요. …… 때로 멋진 일은 너무나 슬픈 날 찾아온답니다. (7쪽)

교실의 삶에서도 나의 개인적인 삶에서도 슬픈 일이 연거푸 일어났을 때 나에게는 멋진 일이 찾아왔다. 걱정, 두려움, 슬픔이라는 다양한 감정과 생각 속에서 나는 나의 똥푸맨인 별푸맨을 만나게 된 것이다. 별푸맨은 나에게 "괜찮아!", "힘을 내!"라고 이야기해 주었다. 나 자신에게 힘과 용기와 격려를 건네는 내 존재의 발견. 이전에는 이렇게 나를 발견해 주지 못했다. 하지만 이제는 아니다.

나의 똥푸맨이 있기에 다시 힘을 내어 본다. 아이들과의 삶도 소중하고 나의 삶도 소중하다. 나를 선생님이라 부르며 믿어 주는 아이들을 아끼고 우리 반을 잘 꾸려 볼 것이다. 또 나의 삶을 다시 돌아보고 건강하면서도 새로운 매일을 맞이할 것이다. 똥푸맨은 탄이가 음식을 골고루 먹을 때 나타났지만 나의 별푸맨은, 우리 각자의 삶에 있는 똥푸맨들은 언제든 나타나 우리 곁에 있을 것이다. 우리의 마음속에는 각자의 똥푸맨이 존재한다.

#우미성

나비를 잡아 주고 싶은 내 안의 아이에게
『나비를 잡는 아버지』

교육문예창작회 엮음, 현덕 외, 창비, 1993

처음 교사가 된 2001년, 새내기 교사이면서도 꽤 열정적이었던 나는 『우리교육』이라는 월간 교육잡지를 구독했다. 그 잡지를 구독하는 회원은 부록으로 우리 동화를 받아 볼 수 있었다. 그렇게 현덕의 '노마'를 만났다. 예닐곱 살도 안 되는 아이들이 골목길에서 노는 모습이 눈에 선하게 그려졌다. 길지도 않은 분량에 어쩜 그리 맛깔나는 이야기로 풀어냈는지 작가가 참 대단하게 느껴졌다. 아이들이 읽는 글이라고 우습게 볼 수가 없었다. 그게 시작이었다. 어린이책에 관심을 갖게 된 것이 말이다. 고학년 담임을 맡던 시절이라 고학년 아이들에게도 동화를 알려 주고 싶어서 퇴근 후에 이 연수 저 연수를 기웃대기 시작했고, 어린이책을 읽기 시작했고, 2003년부터 모임을 꾸려 공부도 시작하게 되었다. 그래서 내게는 첫사랑 같은 동화 작가가 바로 현덕이다. 유년동화에서 단연 빛나지만, 소년소설로 불리었던 동화들도 시대를 초월하여 빼어나다. 그중 『나비를 잡는 아버지』는 여전히 내가 가장 사랑하는 작품이다.

아버지는 농립을 벗어들고 나비를 쫓아 엎드렸다 일어섰다 하며 그 똑똑지 못한 걸음으로 밭두렁을 지척지척 돌고 있다.

바우는 머리를 얻어맞은 듯 멍하니 아래를 바라보고 섰다. 그러다가 갑자기 언덕 모래 비탈을 지르르 미끄러져 내려가며 그렇게 빠른 속력으로 지금까지 잠겨 있던 어두운 마음에서 벗어나 그 아버지가 무척 불쌍하고 정답고 그리고 그 아버지를 위하여서는 어떠한 어려운 일이든지 못 할 것이 없을 것 같고, 바우는 울음이 되어 터져 나오려는 마음을 가슴 가득히 참으며 언덕 아래 모밀밭을 향해 소리쳤다.

"아버지—"

"아버지—"

"아버지—"(360쪽★)

★ 본래 이 작품은 1946년에 『집을 나간 소년』에 수록된 작품으로, 1993년 교육문예창작회에서 엮어 창비아동문고로 처음 출간되었다. 이후 김환영이 그림을 그린 '길벗어린이 작가 앨범' 시리즈(2001), 원종찬이 엮은 '창비청소년문학' 시리즈(2009) 등에 속하며 다양하게 재출간되었다. 인용한 내용은 원작에 가장 충실한 『현덕 전집』의 쪽수를 따랐다.

휘청휘청 똑똑지 못한 걸음으로 나비를 잡는 '아버지'를 바우가 부르며 끝난다. 그 마지막 장면을 읽을 때마다 이상하게 어린 시절 우리 동네의 언덕이 떠오른다. 시골에서 자라서 참외밭과 나지막한 언덕, 마을마다 흐르는 실개천 등 바우의 동네 모습이 훤하기도 하거니와 그 마지막 장면에서는 나 역시 그런 바우로 돌아가게 하는 어린 시절의 경험이 있기 때문일 것이다. 넉넉하지 못한 형편이었고, 아버지는 일찍 돌아가시고 어머니는 건강치 못하셨다. 바우의 상황이 내 상황 같아서였는지 아이들에게 읽어 줄 때마다 울음이 나와서 꾹 참느라 제대로 읽어 줄 수가 없었다. 가장 중요하고 결정적인 이 외침을 어떻게 읽어야 할지 도무지 감이 잡히지 않았다.

언젠가 6학년 아이들과 이 마지막 장면을 소리 내어 읽은 적이 있다. 어떤 아이는 "아버지"와 "아버지"의 간격을 매우 짧게 읽었고, 또 어떤 아이는 메아리처럼 "아버지"와 "아버지"의 간격을 살려 읽었다. 어떤 아이는 소리 질러 외치듯 크게 불렀고, 어떤 아이는 숨죽여 흐느끼며 불렀다. 이렇게 읽어도 저렇게 읽어도 다 좋을 법도 한데, 정작 나는 이 말을 어떻게 외쳐야 좋을지 전혀 감이 안 잡혔다. '아버지'라는 말보다는 '아빠'가 더 쉽게 나오던 나이에 아버지가 돌아가셔서 실제로 '아버지'라는 말을 소리 내어 크게 불러 본 적이 없기 때문일까.

가끔은 그 언덕에 나를 데려다 놓는 상상을 일부러 해 보곤 한다. 그러면 그 언덕에서 아들을 대신하여 나비를 잡던 바우 아버지의 자리에 내 어머니가 똑똑지 못한 걸음으로 나비를 잡고 계실 것 같다. 그런데 그토록 힘든 삶을 사신 어머니를 생각하며 읽으려고 하면 더욱 소리가 안 나온다. 한달음에 달려가 "무척 불쌍하고 정답고 그리고 그 아버지를 위하여서는 어떠한 어려운 일이든지 못 할 것이 없을 것" 같다던 바우처럼 힘껏 부르며 안아 주고 싶은데, 부끄럽게도 나는 아직도 그러지 못하고 있다.

지금도 가끔씩 상황과 처지를 비관하던 약하고 어린 내 안의 아이가 튀어나와 세상에서 내가 가장 힘든 사람인 양 투정을 부린다. 내 부모의 삶에 대한 연민과 사랑을 넘어 그 속에 있는 사회의 모순과 불합리함까지 다 껴안아 줄 바우의 단단함이 마흔이 넘은 내게는 아직 없는가 보다. 나와 달리 바우는 얼마나 대단한가. 얼마나 꿋꿋한가. 「나비를 잡는 아버지」를 읽을 때마다 오래전 시골 동네 언덕에 서서 아버지도 어머니도 부르지 못하고 서성이고만 있는 어리고 약한 내가 보인다.

가만 돌아보니 이 작품에서만 그런 게 아니었다. 『몽실 언니』를 읽을 때도, 『푸른 사자 와니니』의 아산테가 죽었을 때도, 미처 다 자라지 못한 내 안의 어리고 여린 아이가 같이 울었던 것 같다. 그림책 『알사탕』을 읽을 때는 또 얼마나 울었던가. 수없이 많은 어린 울음들이 내 울음처럼 느껴져 함께 울었다. 교실의 아이들과 수업을 하기 위해, 삶을 좀 더 잘 나누기 위해 어린이책을 읽는다고 잘난 척했지만, 어쩌면 나는 아직도 내 속의 어린아이를 위해 읽고 있는지도 모르겠다. 얼른 쑥쑥 자라야겠지만 한참이나 더디다. 아주 오랫동안 아이들과 같이 읽고 함께 커야 할지도 모르겠다. 그러면 어느 순간에는 "아버지— 아버지—

아버지—"를 바우가 부르듯 부를 수 있게 되지 않을까? 채 다 자라지 못한 내 안의 아이를 위해 오늘도 나는 어린이책을 읽는다. 똑똑지 못한 걸음으로 나비를 잡아 주려는 아버지처럼 지척지척 돌기도 하면서.

#이유진

애벌레와 번데기, 그 사이에서

『꽃들에게 희망을』

트리나 폴러스, 김석희 옮김, 시공주니어, 2017

내가 처음 이 책을 만난 것은 초등학교 4학년 때였다. 동네 서점에서 노란 표지가 마음에 들어 골랐다. 휘리릭 책을 넘겨 보니 글씨도 적고 쉬울 것 같아서 샀다. 집에 와서 읽어 보는데 도무지 이해가 가지 않았다. 줄거리는 어려울 것이 없었지만 무슨 말을 하고 싶은지 알 수 없었다. 몇 번이고 다시 읽어 보다가 이상한 책이라고 결론을 내렸다. 그러고는 가족들과 밥을 먹을 때 책을 잘못 샀다며 투덜대던 기억이 난다.

"애벌레들이 모여서 무슨 탑을 만들거든. 엄청 높게. 그것도 이상한데 갑자기 노란색 애벌레가 와서 나비가 돼. 근데 도대체 그 기둥을 왜 만들어? 꼭대기에 아무것도 없는데?"

아무것도 없는 꼭대기에 다른 애벌레들의 말만 듣고 올라가는 것이 너무 바보같이 느껴졌다. 나도 그런 애벌레 기둥 위로 기어 올라가기 전까지는.

그렇게 책꽂이 높은 곳에 박혀 있던 책을 다시 펼친 것은 중학교에 올라간 다음이다. 여느 때와 같이 방에서 의자를 돌리며 빈둥거리던 내 눈에 노란 표지의 책 한 권이 눈에 띄었다. 문득, 어릴 때 이해하지 못했던 책이라는 생각이 들었다.

'이제는 이해가 되려나?'

설레는 마음으로 책을 다시 읽어 보았다. 초등학교 시절에는 황당해하며 말도 안 된다고 생각한 애벌레 기둥 이야기가 다르게 다가왔다. 어느덧 자란 나는 애벌레 기둥 위로 올라가는 중이었기 때문이다. 중간고사와 기말고사의 끝없는 쳇바퀴 속에서 나는 밀려나지 않기 위해 애쓰는 호랑 애벌레와 같은 처지였다. 하지만 내가 기둥의 꽤 높은 부분에 있다고 착각했다. 책 속의 이야기가 별로 달갑지 않았다. 내가 애써서 올라온 곳이 고작 애벌레 기둥 같은 곳이라니, 기분이 상했다.

'아닐 수도 있지. 올라가 보지도 않았잖아?'

오해로 끝날 뻔한 이 책을 구해 준 것은 고등학교 시절이었다. 모두가 수능과 진학이라는 하나의 목표만을 향해 달리는 그곳에서 다른 가치들은 쉽게 무시당했다. 취미 생활이나 아픈 사람에 대한 위로, 친구와 고민을 함께하는 찰나의 순간들도 예외는 아니었다. 친구에 대한 관심과 존중은 모조리 딴짓으로 싸잡혀 평가절하되었다. 모의고사의 등수와 점수가 게시판에 게시되었고 등수에 따라 열람실 자리가 바뀌었다. 무한 경쟁의 쳇바퀴 속에서 나는 애벌레 기둥을 다시 떠올렸다. 호랑 애벌레처럼 나도 자꾸만 다른 친구들에게 물었다.

"우리 이거 왜 해? 이런 거 외워서 뭐 해?"

친구들은 다들 그냥 하는 거라고 했다. 그런 생각 하면 우울해지기만 하니까 그냥 하라고, 다들 하니까 너도 하라고 했다. 나는 내가 있는 곳이 애벌레 기둥이라는 생각이 들었다. 그리고 자꾸만 내려오고 싶은 마음이 커졌다. 그때 다시 한번 『꽃들에게 희망을』을 펼쳤다. 아직 나는 기둥에서 내려오지도 못했지만 나도 언젠가 나비가 되어야겠다고 다짐했다.

대학교에서 나는 나비가 되고 싶었다. 나다운 나를 만나고, 진정으로 가치 있는 일에 시간을 쏟고 싶었다. 하지만 변화하기 위해서는 우선 번데기가 되어야 했고, 번데기가 되기로 결정을 내리기는 쉽지 않았다.

"어떻게 하면 나비가 되죠?"

"날기를 간절히 원해야 해. 하나의 애벌레로 사는 것을 기꺼이 포기할 만큼 간절하게."

번데기가 되려면 큰 용기가 필요했다. 변화하고 성장하는 것은 현재의 안락함을 포기해야 하므로 두려운 일이었다. 노랑 애벌레가 처음으로 늙은 애벌레를 만났을 때처럼 말이다. 진짜 세상을 알고 싶었지만 알게 되면 부담스럽게 느껴졌다. '애벌레로도 충분히 행복하게 살 수 있지 않을까?'라는 호랑 애벌레 같은 마음도 자주 들었다. 그리고 번데기의 과정 앞에서 나는 머뭇거리며 지금의 내가 되었다.

변화에 대해서 늘 이야기하는 교사이지만, 나 또한 변화가 어렵게 느껴진다. 지금의 안락한 삶, 애벌레의 삶을 버리고 더 나은 내가 되는 일은 설레지만 두렵다. 이 책을 다시 읽으면서 나비를 향하는 여정에서 가장 중요한 것은 확신이라는 생각이 들었다. 더 나은 삶이 존재한다는 확신, 그리고 내 안에 그것을 이루어 낼 힘이 있다는 확신. 이번에는 조금 더 확신을 갖고 용기를 내어 보고 싶다. 그리고 10년 뒤, 다시 이 책을 읽었을 때 어떤 상태일지 기대해 본다.

#이지은

선생님이 동화책을 읽으면 좋겠어요
『100만 번 산 고양이』

사노 요코, 김난주 옮김, 비룡소, 2002

"아, 망했어!"

그림을 그리다가도, 글쓰기를 하다가도 습관처럼 툭툭 튀어나오는 아이들의 이 말이 거슬려서 나도 같이 짜증을 내며 말한다. 잘하면 되지, 망하긴 뭐가 망했냐고. 사실 아이들이 진짜 하고 싶은 말은 "나 정말 잘하고 싶었어. 속상해."라는 말이라는 것도, 내가 답할 말은 그저 "괜찮다." 한마디라는 것도 잘 알지만 교실에서는 그럴 만한 여유가 없다.

아이들뿐일까. "망했어!"라고 외치고 싶은 순간은 어른들에게도 많다. 인생은 멀리서 보면 희극이고 가까이서 보면 비극이라는 말이 나에게만 해당할 리 없다는 것을 알 만한 나이가 되었어도, 삶이 버겁다고 투정하고 싶은 마음은 똑같다고 느낀다. 올해도 역시 야심 차게 세워 둔 계획과 달리 일도 사람도 속수무책으로 어그러지는데, 고백하자면 속으로 "망했네!"를 수시로 외쳤다. 그럴 때마다 나에게 "괜찮다."라고 말을 걸어 준 책 한 권이 있다.

2018년 새해를 3일 앞둔 날이었다. 2017년 마지막 퇴근길이었고, 한 해 동안 여러 일로 마주쳤지만 밥 한번 같이 먹을 기회가 없던 선생님과 저녁을 먹기로 했다. 밥을 먹다 뜬금없이 읽은 동화책 중에 기억에 남는 게 있느냐는 질문을 받았다. 속으로 신데렐라와 콩쥐 팥쥐 이야기 같은 것이 두서없이 생각났지만 어쩐지 조금 부끄러워서 굴국밥을 떠 넣으며 어색하게 웃었다. 그리고 새해가 되었다. 종업식을 앞두고 어수선한 교실에 불쑥 손 하나가 들어왔다. 나는 얼떨결에 여덟 권의 동화책을 받아 들었다. 그 책들 맨 아래에 깔려 있던 얇고 하얀 그림책에서는 아주 멋진 고양이 한 마리가 나를 바라보고 있었다. 그 녀석이 바로 『100만 번 산 고양이』이다.

알고 보니 그 고양이는 99만 번도 넘게 "이번 생은 망했어!"라고 외쳤을 딱한 고양이였다. 옆에서 나라도 같이 "망했네!"라고 외쳐 주고 싶을 만큼 번번이 운이 없는 고양이였다. 100만 번 가까이 망한 고양이에 비하면 우리의 투정은 아무것도 아니었다. 그래도 고양이는 꿋꿋하게 되살아났다. 마침내 하얀 고양이를 만나 두 번 다시 깨어나지 않을 때까지 지난한 시간이 필요했지만 마지막에는 행복한 고양이였다.

어쩌면 우리도 '임금님의 고양이'이거나 '마술사의 고양이' 혹은 '도둑 고양이'처럼 행복으로 가는 길 어디쯤에 있는지도 모른다. 오늘도 "망했어!"를 외치는 아이들에게도 나에게도 이제는 좀 웃으며 답해야겠다. 또 한때 내가 만났을지 모를 '뱃사공'도, '어린 여자아이'도, '도둑'도 너무 미워하지 않으련다. 나도 누군가의 인생에 본의 아니게 그런 악역을 맡고는 모르고 스쳐 지났을 것이 분명하기 때문이다. 어쨌든 우리는 100만 번에 이르기 위해 수많은 조연을 만나고 누군가의 조연으로 남는다. 이왕이면 크게 나쁘지 않은 조연이 되어야겠다고 아이들 앞에서 다짐도 해 본다.

"선생님이 동화책을 읽으면 좋겠어요."

올해를 시작하며 뜻밖의 선물을 받았다. 고작 한 열 번쯤 망한 삶이 열한 번째에 되살아나는 순간이기도 했다. 그러니 100만 번이나 죽고 산 고양이에게도, 내게 이야기를 선물한 이에게도, 신데렐라와 콩쥐 팥쥐의 세계를 넘게 해 준 여덟 권의 동화책에게도 고마울 따름이다. 그리고 당신에게도 전한다.

선생님이 동화책을 읽으면 좋겠습니다.

#이지혜

추위를 딛고 새로이 필 목련을 기다리며

『천 개의 바람 천 개의 첼로』

이세 히데코, 김소연 옮김, 천개의바람, 2012

잊어서는 안 될 풍경은, 그릴 수 없는 것이 아니라

그려서는 안 되는 것인지도 모른다.

그림으로써 안심하게 되니까.

눈과 손이 기억한 후,

어딘가에 집어넣고 잊어버릴지도 모르니까.

맑은 날이었다. 아이들과 실컷 공을 차고 물 한잔 얻어먹으러 교무실
에 들렀다. 평소 일과 중에는 꺼 두는 TV가 웬일인지 켜져 있어 의아하

던 차에 교감 선생님이 말했다.

"이 선생, 이리 와서 뉴스 좀 봐 봐. 배가 침몰했다는데 다행히도 전원 구조됐다고 하네."

화면에는 반쯤 기울어져 침몰하고 있는 배가 나오고 있었다. 영화에서나 볼 법한 장면이었다. 다행히도 전원 구조되었다는 내용의 자막이 속보로 떠 있었다. 교무실 직원들과 서로 이야기하는 사이에 쉬는 시간 끝종이 울렸고, 오후에는 출장이 있어 대충 밥을 먹고 읍에 나갔다. 다음 날은 선생님들의 행사도 있어 미리 먹거리를 사 두고 곧장 퇴근했다.

집에 와서 TV를 켰다. TV 속 세상은 오전과는 전혀 다른 세상이 되어 있었다. 배 주위를 도는 헬기에서 찍은 영상과 항구에 나와 있는 가족들의 모습이 계속해서 방송에 나왔다. 뉴스는 쉼 없이 울렸다. 에어 포켓이 있어 3일은 살 수 있다. 잠수부 네 명은 선체 진입에 성공하고 야간 조명을 위해 어선을 동원한다. 실종자 가족 대표가 호소문을 발표하고 시신을 수습한다. 체포 영장이 발부되고 선주를 쫓고, 대통령은 눈물을 흘린다. 산 사람은 살아야 할 것 아니냐, 너희는 이기적인 사람들이야. 누가 이런 걸 해 주라고 했나요. 죄송합니다. 교사들이 무릎을 꿇고 사죄한다. 광화문 광장, 단식하는 사람들 옆에서 피자와 치킨을 시켜 먹는 사람들의 모습이 교차한다. 그리고 4년의 시간이 흘렀다. 탑승 사망자 299명, 실종자 5명. 짧은 정보만이 남아 지금은 단지 뉴스의 단신으로 가끔 보도될 따름이다.

주인공은 첼로를 배우는 평범한 학생이다. 어느 날 힘도 넘치고 어려운 곡도 술술 켜지만 왠지 화난 것 같은 연주를 하는 아이가 첼로 교습소를 찾아온다. 연습이 끝나고 아이는 주인공에게 말을 건다.

"네 첼로는 꼭 강아지 소리 같더라, 앙앙거리는 게."

주인공에게는 지금은 잃어버린 소중한 강아지 그레이가 있었다. 그레이가 사라지고 나서 날마다 울고만 있던 주인공은 첼로를 배운다. 새로 온 아이는 고베 대지진을 겪었다고 한다. 부서진 집 사이에서 사랑하던 사람들을 떠나보내고 키우던 새들을 날려 보내야만 했다. 상실감이라는 공통분모를 통해 아이와 주인공은 뜻을 모으고 마침 열리는 추모 공연에도 참가하기로 한다. 연습이 계속되면서 날카로웠던 두 아이의 선율도 어느덧 점점 부드러워진다. 공연 날, 아이들은 천 명의 사람들과 함께 첼로를 켠다. 다가왔다가 물러가는 파도 같은 첼로의 활, 바람이 되어 스치고 지나가는 첼로 소리가 긴 여운을 남긴다.

공연이 끝나고 마지막에는 고베에서 심은 목련 나무가 보인다. 강아지 같기도 하고 새 모습 같기도 한 흰 목련꽃들이 수채화처럼 아름답게 피어나 있다.

그날 이후로 매년 4월이 되면 아이들과 천 개의 바람 합주를 한다. 별것은 아니다. 학예회 때 발표하려고 음악 시간에 잠깐씩 리코더와 피아노로 연습하는 게 전부이다. 아이들에게도 이 곡이 어떤 의미인지 딱히 설명해 본 적도 없다. 그런데 학예 발표가 끝나면 아이들은 꼭 의미를 찾아와서 한마디씩 한다. 어머님, 아버님, 선생님 중에는 가끔 고맙다고 해 주시는 분들도 있었다. 그렇지만 나는 그날 일에 있어서는 항상 침묵하는 다수였다. 후원을 해 본 적도 없고 거리에 나가 본 적도 없으며 때로는 프레임에 갇혀 저 사람들은 자기들만 안다고 생각한 적도 있었다. 그럴 때 이세 히데코의 그림책을 만났다.

강아지를 잃어버린 주인공에게 아버지가 준 것은 새 강아지가 아니라 첼로였다. 연주자의 심장에 가장 가까운 악기, 인간의 모양을 하고 인간의 목소리로 노래하는 악기. 첼로를 켜는 사람의 모습은 자신의 그림자를 껴안고 있는 것처럼 보인다고 했다. 무언가라도 안아야 비로소 마음이 편해지는 거라면 그들에게는 무엇이 위로가 되었을까? 침몰하는 배를 바라보며 교사로서 내가 그 자리에 있었다면 어떻게 행동했을지, 죽은 자식을 위해 곡기를 끊은 사람 옆에서 피자와 치킨을 시켜 먹는 야만의 자리를 어떻게 바라봐야 할지, 상처받은 아이들에게는 무엇이 필요할지, 갈등의 지점들 사이에서 책은 많은 위로가 되었다. 그리고 그때부터였다. 천 개의 첼로는 되어 줄 수 없지만 상처받은 사람들의 곁에 작은 악기라도 놓아 주어야 하지 않을까 생각한 것이…….

우리는 무언가를 잃어버리면 꼭 똑같은 것으로 등가 교환해 주는 것이 옳다고 생각한다. 하지만 상처받은 사람들에게 정말 필요했던 것은 추모를 위한 최소한의 시간과 공간이 아니었을까? 절뚝거리는 다리를 붙잡고 아이들을 구하러 가고, 쏟아지는 죽음의 공포 속에서 마지막 전화를 가족이 아니라 학생들에게 걸었던 교사들, 구명조끼를 자기보다 약한 사람을 위해 기꺼이 내주고 죽음을 맞았던 의로운 이들의 삶과 이야기가 있기에. 4년여가 흘렀지만 20년, 30년, 오랜 시간이 흘러도 잊

지 않고 그날을 기억하는 사람들이 있으리라 믿으며, 이제 곧 겨울이
지나면 새로이 필 목련들을 기다린다.

#이창건

내 삶의 모든 '모모'에게

『모모』

미하엘 엔데, 한미희 옮김, 비룡소, 1999

"나 여기 있어요!"

모모의 목소리가 들렸다. 그리고 나는 다시 모모를 만났다.

조그만 사내아이 하나가 모모에게 노래를 부르려고 하지 않는 카나리아 한 마리를 가져왔다. 모모는 일주일 내내 카나리아에게 귀를 기울였고 드디어 카나리아는 즐겁게 지저귀기 시작했다. 모모는 이 세상 모든 것의 말에 귀를 기울였다. 개, 고양이, 귀뚜라미, 두꺼비,

심지어는 빗줄기와 나뭇가지 사이를 스쳐 지나가는 바람에도 귀를 기울였다.

7년 전이다. 결정을 내렸는데 어떻게 감당해야 할지 모를 때, 내가 무엇을 원하는지 정확하게 알 수 없을 때였다. 진심으로 믿었던 사람이 나에게 등을 돌렸다. 그렇게 만든 내가 원망스러웠고, 용서하기가 어려웠다. 모든 사람이 나에게 등 돌릴까 봐 내가 등을 돌렸다. 학교와 집에서 말고는 아무도 만나지 않았다. 그렇게 나를 지독히 미워했다. 그런데 모모는 가만히 앉아서 따뜻한 관심과 온 마음으로 나에게 귀 기울여 주었다. 아무 말도 하지 못하는 카나리아 같았던 나에게 귀를 기울였고, 나는 나를 미워하는 내 이야기를 하게 되었다. 모모는 그렇게 귀 기울여 들을 줄 알았다. 그리고 내 마음속에 존재했다.

시간은 삶이며, 삶은 우리 마음속에 깃들여 있는 것이다.

시간은 한 사람 한 사람에게 각기 다른 모습으로, 다른 의미로 다가온다. 그 시간 동안 어떤 일을 겪었는지에 따라 다른 삶의 모습을 나타낸다. 내 삶은 모모를 만나기 전과 모모를 만나고 난 후로 구분된다. 모모를 만나기 전에 나는 나의 목숨을 구하려고 도망쳤고, 내내 나만의 쓸쓸함과 두려움만 생각했다. 시간에 쫓기며 아등바등 살았고, 목표를 이루고, 어떤 중요한 인물이 되고, 뭔가를 손에 쥐는 것을 더 중요하다고 여겼다. 남들은 대부분 이루는 목표를 나만 이루지 못할까 봐 전전 긍긍했고, 삶을 성공과 실패로 이분했다. 그리고 항상 성공하지 못하는 나를 미워했다.

모모를 만나고 나서 나는 나와 같은 사람은 이 세상에 단 한 사람도 없으며 그렇기 때문에 나는 나만의 독특한 방식으로 이 세상에서 소중한 존재임을 깨달았다. 무슨 일을 하든 내가 필요한 만큼, 내가 원하는 만큼의 시간을 낼 수 있게 되었고, 순간순간의 과정을 즐기며 목표에 이르는 길에 대해 한 걸음씩, 한 숨씩, 다시 한 걸음씩 계속할 수 있게 되었다. 모모를 만나기 전과 후 모두 똑같은 나였지만 모모는 나 자신을 거울에 비추어 볼 수 있게 해 주었고, 그래서 부끄러운 나를 보게 해 주었고, 내 안의 사려 깊은 생각을 찾아갈 수 있게 해 주었다. 그리고 그 모든 시간을 모모는 기다려 주었다.

나의 삶의 모든 모모에게 깊은 감사를,
나의 책 『모모』, 나의 친구 모모에게 뜨거운 존경을,
나의 시간 속 모든 '나'에게 아주 찐한 사랑을 전한다.

#전혜원

어린이책에서 나를 기억하다
『우리 할아버지』

존 버닝햄, 박상희 옮김, 비룡소, 1995

"한 번도 안 본 사람은 있어도 한 번만 본 사람은 없다."라는 흔한 말은 어린이 문학책에도 그대로 적용될 듯싶다. 애들이나 읽는 책이라고 읽지 않는 어른들은 있어도, 어린이 문학을 한번 접한 어른이라면 어린이 문학에 빠지지 않기란 쉽지 않다. 어린이책 속에서 지난 시절 또는 지금의 나를 떠올릴 수 있기 때문이다.

나 역시 그랬다. 2003년 전교조 참실 연수에서 『돼지책』이라는 그림책을 알게 된 이후 그림책을 소개하는 책을 사서 읽고, 그 책에서 소개하는 그림책을 또 사서 읽기 시작한 것이 어린이 문학에 다가가기 위한 내 첫 노력이었다. 당시 내가 읽은 책은 이지유 작가가 쓴 『그림책 사냥을 떠나자』였다. 책에서 소개한 작품을 사기도 하고 빌리기도 해서 그림책을 읽어 나갔다.

그 가운데 가장 마음에 와닿은 책은 존 버닝햄이 쓰고 그린 『우리 할아버지』였다. 할아버지와 손녀의 대화만으로 이루어진 글, 현실과 아이의 상상과 할아버지의 기억을 색의 유무로 표현한 그림은 그림책의 특징이 잘 나타난 작품으로 손색이 없다. 그러나 처음 책을 접한 나에게 이 책이 특별했던 이유는 할아버지의 죽음을 암시하는 할아버지의 빈 의자가 화면 가득 눈에 들어왔기 때문이다. 그즈음 할아버지가 돌아가셔서 그랬을지도 모르겠다. 그러나 이 책이 더욱 가슴 아프게 읽힌 것은 할머니를 보낸 다음이었다. 할머니의 장례를 치르고 학교에 돌아와서 반 아이들에게 『우리 할아버지』를 읽어 주다가 이 문장을 결국 다 읽지 못했다.

"할아버지한테 그렇게 말하는 게 아니지."

우리 할머니는 할아버지와 함께 당신들의 큰아들 내외를 돕기 위해 나고 자란 무안을 떠나 쉰아홉에 서울로 올라오셨다. 갓 1학년이 된 큰손녀인 나를 비롯해 세 손녀딸을 돌보며 살림하는 일은 할머니의 몫이 되었다. 할머니를 따라 옥상에 올라가서 빨래를 널고, 나물을 말리고, 흰머리를 뽑아 드리기도 하고, 노을을 보며 할머니가 좋아하던 〈목포의 눈물〉을 함께 부르던 기억도 난다. 그러던 어느 날 무슨 심통이 났는지 나는 할머니에게 해서는 안 될 말을 했다. 2학년 여름이었나 보다.

"할머니 집으로 가. 여기 우리 집이야. 빨리 가라고!"

할머니에게 혼난 기억보다는 할머니가 서럽게 울던 모습이 뚜렷하게 기억난다. 내가 어른을 울렸다는 두려움, 할머니도 울 수 있구나 하는 당혹감과 죄스러움이 한꺼번에 밀려왔다. 할머니의 옷자락을 잡고 나도 울면서 용서를 빌었다. 책을 읽어 주다 생각하니 우리 할머니도 이렇게 말하지 않았을까 싶다.

"할머니한테 그렇게 말하는 게 아니지."

그 후로 할머니는 그냥 우리 할머니였다. 우리 집에 와서 사는 사람이 아니라 우리 집에서 함께 사는 가족이었다. 할머니는 쉰아홉에 아들 집에 와서 백 세로 요양원에서 생을 마감하셨다. 부침 있는 아들 내외의 삶 속에서 손자와 손녀가 흔들리지 않게 잡아 준 할머니는 내게 엄마보다 더 애틋한 존재이다.

나에겐 나를 든든하게 지지해 주는 특별한 감촉이 있다. 초등학교 3학년 때이다. 모기향 연기를 이리저리 막고 놀던 손으로 눈을 비벼 버린 적이 있었다. 눈두덩이 위로 불길이 닿은 것 같았다. 할머니는 나를 안고 부엌으로 내려가 물로 씻기셨다. 하지만 소용없었다. 내 울음소리는 더 커졌다. 그때 따뜻하고 부드러운 무언가가 내 눈을 핥아 주는 느낌이 들었다. 거짓말같이 아픔도 눈물도 가라앉았다. 당신의 혀로 손녀딸 눈 속을 닦아 내던 우리 할머니. 따뜻하고 보드라운 그 감촉을 지금까지 생생하게 기억하고 있다.

"할아버지는 오늘 나가서 놀 수가 없단다."

요양원에 가면 늘 지팡이를 짚고 거실로 나오시던 할머니는 더 이상 침대에서 일어나지 않으셨다. 남편과 제부들은 이제 알아보지도 못하셨다. 날이 갈수록 삶의 자리에서 죽음의 자리로 옮겨 가는 모습이 확연해지고 마지막 숨을 고르기까지 할머니는 잠만 주무셨다. 링거를 꽂았지만 먹는 것이 없으니 정말 피골이 상접하다는 말을 실감했다. 무엇보다 이러다 굶어서 돌아가시게 하는 것은 아닌지 무서웠다. 작은고모에게서 전화가 왔다. 아무래도 너희들이 와야겠다고, 이제 숨도 너무 여린데 버티시는 것이 너희들을 기다리는 것 같다고. 자정이 다 되어 요양원에 모였다. 고모는 할머니 손을 잡아 드리고 한마디씩 하라고 하셨다.

"할머니, 우리 왔어. 이제 그만 가. 이렇게 힘들게 버티지 말고 편하게 가. 고마워. 우리 이렇게 잘 자랄 수 있게 해 줘서. 할머니, 사랑해. 우리 할머니, 참 곱다."

진짜로 할머니는 다음 날 편안히 눈을 감으셨다. 장례식장이 잡히고 가족들이 모였다. 투석을 하는 막내는 투석을 마치고 한잠 자고 오겠다고 했다. 두어 시간 후 막냇동생이 문자를 보냈다.

"누나, 할머니가 꿈에 나오셨네. 어제 와 줘서 고맙다, 너희들 하는 말 내가 다 들었다, 나는 잘 갈 테니 걱정하지 마라, 하셨어."

문자를 집안 어른들에게 보여 드리며 이야기하려니 그제야 눈물이 흘렀다. 할머니에게 우리는 당신 자식들보다 더 아픈 손자 손녀들이었다.

작년에 『알사탕』을 읽었다. 내가 알사탕에 모양을 그린다면 모기향을 그려 넣고 싶다. 모기향 연기를 타고 올라가서 할머니에게 전하고 싶은 말이 있다.

"할머니, 우리 김유금 할머니. 할머니가 준 금반지, 지금도 잘 가지고 있어. 할머니, 그때 집에 가라고 해서 미안해. 그리고 할머니가 내게 준 사랑, 나도 다 기억해. 고마워. 사랑해."

글을 쓰면서 한참을 울었다. 얼마나 울었는지 속이 후련할 정도였다. 어린이책을 읽다 보면 어린이책의 힘에 기대어 스스로 이야기를 길어 올리는 나를 발견한다. 어린 시절을 지나오지 않은 사람은 없다. 그래서 나는 지금도 믿는다. 좋은 어린이책은 어른과 어린이 모두를 위한 책이라고. 오히려 어른들만을 위한 책이 있을 뿐, 어린이만 읽어야 할 책은 없다고.

#조연수

또 다른 '명혜'들에게 건네는 위로와 응원
『명혜』

김소연, 창비, 2007

"제 아버지 등골 빼 먹을 년."

대학 입학 원서를 낼 즈음에 친척들이 우리 집에 찾아와 나에게 던진 말은 그 순간 마음속에서 날카로운 생채기가 될 뻔했다. 그때, 남의 집 일에 오지랖 넓은 친척들에 맞서서 "내 딸은 내가 어떻게 해서든 공부시 킬 테니 신경 끄고 당신들 자식이나 잘 키워라." 하고 목소리 높여 싸워 준 사람은 우리 엄마였다. 딸이라서 정규 교육을 제대로 받지 못하고 자 란 우리 엄마는 자신의 딸들만큼은 자신의 서러웠던 전철을 밟지 않기 를 바랐고, 억척같은 생활력으로 딸들의 대학 공부를 뒷바라지해 주셨다. 그래서 내 마음속 한구석에는 '아버지 등골 빼 먹는 년이 아니라 부모님 호강시켜 드리는 딸이 되어야 한다.'라는 옹이가 박혀 있었다.

엄마의 뒷바라지로 대학에 들어간 후 공부에 전념했어야 했는데 그렇게 하지 못했다. 그동안 내가 받아 온 교육은 세상의 아주 일부분이었고, 진짜 알아야 할 세상을 모르고 있었음을 알게 되었다. 세상에 대해 새롭게 알게 되면서 자연스럽게 남들 앞에 서야 하는 일이 생겼다. 열심히 공부해서 교사가 되어 부모님 호강시켜 드려야 하는 나는 고민에 빠질 수밖에 없었고, 남들 앞에 나서는 일을 해야 하는데 부모님을 어떻게 설득해야 할지 걱정이 컸다. 그런 내게 엄마는 "조그만 게 별걸 다 한다."면서 "이왕 할 거 열심히 잘해라." 하시며 다시 한번 나를 믿어 주고 지지해 주는 큰 나무가 되어 주셨다.

대학을 졸업하고 교사가 된 후에 세상을 다 얻은 듯 기뻐했던 우리 엄마의 모습이 생각난다. 오지랖 넓은 친척들에게 내 자랑을 한참 하고 다니시는 건 모르는 척했다. 발령받고 몇 달 후에 그 시절에는 불법 조직이었던 전교조에 가입한다고 했을 때도 엄마는 이렇게 말하며 등 두드려 주셨다.

"좋은 선생님이 되어라. 특히 가난하고 아픈 아이들을 더 챙기는 선생님이 되어라."

엄마는 그렇게 자신이 걷지 못한 길을 가는 딸을 자랑스러워하면서 동시에 내가 선택한 길이 옳은 길이라며 잘하고 있다고 지금까지 나를 믿어 주고 있다.

우리 엄마는 자식들과 어린 손주의 뒷바라지를 다 마친 후에 그렇게 염원하던 당신의 공부를 시작하셨다. 환갑을 훌쩍 넘겨서야 평생교육 기관에 들어간 엄마는 정말 엄청난 열정으로 공부 꽃을 피우셨다. 신문 지 위에도, 시사 주간지 위에도, 어린 손주의 안 쓰는 공책 위에도 엄마 가 꾹꾹 눌러 쓴 공부 흔적이 가득했다. 엄마가 몇 년 만의 공부를 마치 고 졸업을 하던 날, 붉어진 엄마의 눈시울을 보며 내 마음속 짐도 어느 정도 내려놓게 되었다. 엄마는 공부를 시작하면서 소설과 신문을 읽을 수 있게 되었고, 시사 주간지를 읽는 재미도 알게 되었고 더불어 세상 읽기를 함께하게 되었다. 지난 촛불 집회에 몇 차례 다녀오시면서 세상 을 바꾸는 하나의 점이 되었다며 스스로를 자랑스러워하시던 엄마의 모 습이 또렷하게 기억에 남는다.

『명혜』는 일제 강점기 시대를 배경으로 하는 역사 동화이면서 '아기' 라는 이름을 거부하고 '명혜'라는 자신의 이름으로 꿈을 찾아 성장하는 한 여성의 성장기이다. 공부나 애국 그리고 세상일은 남자만 하는 것이 라는 통념에 문제의식을 품고 폐습을 깨며 새로운 공부를 위해 세상 속 으로 걸어가는 명혜를 보면서 우리 엄마를 떠올렸고 나를 떠올렸다. 일 제 강점기 시대로 떠나는 시간 여행과 수원에서 정동으로 떠나는 공간 여행에서 명혜가 가는 길을 함께 따라 걸었다. 그 길에서 우리 엄마와 나를 만날 수 있었다.

명혜가 자신의 삶을 개척해 가는 모습을 보면서 우리 엄마와 나에게 잘 살고 있다고, 앞으로도 그렇게 열심히 살아가라고 어깨를 토닥이며 격려하고 응원하는 소리를 들은 듯하다. 또 다른 명혜들에게 보내는 응원을 함께 나눈다. 명혜처럼 씩씩하게, 세상을 향해서 천천히 걸어가는 사람이 되자고 말이다.

못생겼어? 그래서 어쩌라고!
『빨간 머리 앤』

루시 모드 몽고메리, 김경미 옮김, 시공주니어, 2019

"다이애나 말예요, 전 다이애나를 아주 좋아해요. 마릴라 아주머니. 다이애나 없이는 살 수가 없어요. 하지만 다이애나가 커서 결혼을 하면 날 두고 멀리 떠날 게 뻔해요. 아, 그럼 전 어떡하죠? 전 다이애나의 남편이 미워요. 너무너무 미워요." (196쪽)

가장 친한 친구의 언제가 될지 모르는 결혼식을 떠올리며 서글프게 엉엉 울 수 있는 이 감수성이란! 분명 처음 읽을 때는 나도 따라서 앤과 함께 가장 친한 친구의 결혼식을 떠올려 보곤 했던 기억이 난다. 난 앤이랑 달라서 화장을 한 친구 얼굴을 상상하며 혼자 킬킬댄 것 같다. 앤은 나에게 책상 앞에 멍하니 앉아도 지구 반대편으로 갈 수 있도록 도와준, 나의 상상 속 선생님이자 짓궂은 친구이다. 나쁘게 말하면 현실 도피처라고나 할까.

고등학교 입학을 앞두고 우수반에 들기 위해 밤새워 공부하던 때나 수능을 앞두고 시그마로 수를 무한대로 보내는 대신 내 뇌를 무한대로 보내고 싶었을 때, 나는 주로 『빨간 머리 앤』을 읽으며 백일몽을 꾸었다. 앤과 나는 대학도 함께 갔는데, 대학 때는 밤새 벼락치기 시험공부를 하던 기숙사 책장 한편에 늘 『빨간 머리 앤』이 있었다. 시험공부를 하느니 잠을 잘까 싶은 순간에는 여지없이 손끝으로 아무 페이지나 더듬어 펼쳐 들었다.

요 빼빼 마른 여자아이는 오직 상상력만으로 꽉 끼는 잠옷을 프릴이 잔뜩 달린 드레스로 바꾼다. 거울 속 빨갛고 꼬불거리는 머리카락과 주근깨 가득한 자신의 볼에 실망하는 대신 슬쩍 눈을 감는다. 상상력만으로 검게 찰랑거리는 긴 머리에 흰 얼굴을 한 전혀 다른 자기 자신을 떠올릴 수 있는 앤은 이쯤 되면 능력자이다. 앤의 사랑스러운 기행(?)을 따라가다 보면 금세 마릴라 아주머니의 초록 지붕 집과 흐드러지게 꽃이 핀 에이번리에 가 있곤 했다.

앤의 어설픔과 못생김(이라 쓰고 사랑스러움이라고 읽는다)은 또 어떠한가. 나도 앤처럼 얼굴이 빼어나게 예쁜 것도 아니고, 키가 큰 것도 아니고, 그렇다고 요즘처럼 영재 발굴 프로그램에 나올 법한 수학이나 과학의 신동도 아니었다. 눈치가 빨라서 이것저것 빠릿빠릿하지도 못하고 단지 "공부라도 잘해야 살겠다."라는 사실을 일찍 깨달은 애늙은이였다. 앤은 이런 나에게 "그래서 뭐 어쩌라고!" 하고 말하듯 당차고 신나게 살아간다. 어린 시절의 나는 담이 작아 시험지를 낼 때 늘 마지막까지 확인하고, 규범과 기준에서 조금이라도 벗어나면 큰일이 날 것 같은 불안감을 느끼곤 했는데, 이런 밤고구마 같은 퍽퍽한 일상에 앤의 발칙함은 한 모금의 사이다가 되어 주었다. 검은 머리로 염색하려다 시금치 같은 초록 머리가 된 앤을 보며 눈물이 나도록 웃으면서 속으로 '나도 저래 보았으면.' 했던 것 같다. 앤 덕분에(?) 나는 가끔씩 엄마의 뷰러를 가지고 속눈썹을 올리다가 속눈썹을 다 뽑아 버린다든가, 먹고 싶은 초콜릿을 잔뜩 먹으려고 찬장을 뒤지다 컵을 다 깨 먹는 깨발랄한 아이로 성장할 수 있었다.

어디 앤뿐일까. 『빨간 머리 앤』 속의 모든 등장인물이 나에게는 특별했다. 특히 엄마와 싸워서 속상하거나 힘들 때는 늘 마릴라 아주머니를 떠올렸다. 동화 속에서도 딸이랑 엄마는 현실과 다를 것이 없는가 보다. 마치 마릴라 아주머니처럼, 바쁜 일로 늘 집에 안 계셨던 아빠 대신 부모의 역할을 다 하셔야 했던 엄마는 나에게 늘 엄격하고 팍팍했다. 밖에서는 친구들과 선생님들에게 깨방정을 떠는 아이였으면서도 집에만 들어오면 밤고구마같이 하고픈 말을 눌러 참은 것도 '엄마를 편하게 해 주고 싶다.'라는 생각에서 비롯된 것이라는 사실을 요즘 들어 알게 되었다.

어린 시절 나는 엄마랑 하고 싶은 게 참 많았다. 다른 친구들은 엄마랑 일기도 돌려 읽고 좀 커서는 화장품도 같이 고르러 다닌다는데. 손편지로 엄마랑 하고 싶은 것을 꾹꾹 눌러 써 보기도 했고, 엄마랑 이야기하겠다고 방문 앞에 진을 치고 앉아 있기도 했다. 엄마가 오기 전에 청소며 빨래, 설거지까지 완벽하게 끝내 놓고 기다리다가 회식이 늦어져 돌아오지 않는 엄마의 방문 앞에서 잠이 든 적도 많다.

하지만 늘 일과 육아로 바빴던 엄마는 이런 나의 요구 사항을 들어주기보다는 내 생활을 똑바로 하기를 주문하셨다. 학원을 마친 뒤 저녁 시간에 잠깐 보는 엄마의 얼굴은 늘 피곤함에 찌들어 있었고, 거실이 조용해서 나가 보면 잠든 엄마의 얼굴 위로 켜진 TV 불빛만 아른거려 나는 조용히 TV를 끄고 돌아와 잠이 들었다. 학교에서 힘들고, 공부하기 힘들고, 늘 양보하는 큰딸 하기도 힘들고, 그냥 다 힘들었던 날이면 엄마가 필요한 나는 한마디 더 이야기하려고 일부러 퉁명스럽게 딴지를 걸곤 했다. 선을 넘도록 대들어 혼날 때마다 나는 울면서 『빨간 머리 앤』을 읽었다. 엄마의 팍팍한 삶이 나 때문이라고 생각했던 걸까? 엄마를 미워할 수 없었던 나는 엄마 대신 마릴라 아주머니를 미워한 기억이 난다.

마릴라 아주머니는 앤에게 화려한 프릴이 달린 옷 대신 검소하고 단정한 검은 원피스를 만들어 준다. 늘 '의무'를 먼저 생각하도록 가르치고, 성경 구절을 가지고 상상하는 일은 있을 수 없는 일이라며 아이를 나무란다. 엄격하고 모든 행동에 한 치의 어긋남이 없는 사람. 우리 엄마 같아서 읽으면서도 숨이 막혔다. 하지만 앤의 말랑말랑한 감수성과 엉뚱한 행동은 그런 마릴라 아주머니도 변화시킨다. 앤에게 "주근깨 투성이에 빨간 머리라니. 마릴라가 너를 예뻐서 데려온 것은 아니로구나." 하고 말하는 옆집 아줌마에게 화가 난 앤이 울며 소리를 지르고 방에 들어가 있을 때 아이의 등을 토닥거리며 편들어 주는 사람. 아이가 친구와 수다를 떨다가 설거지를 30분이 넘도록 못 끝낼 때 못 이기는 척 옆에서 거들어 주는 사람. 요즘 말로 하면 마릴라는 '츤데레'이다. 집안일이며 일이며 모든 것에 대해 완벽한 어른으로 성장했어도 자기 마음을 표현하는 일은 서투른, 그래서 아이를 통해 조금씩 마음을 열어 가는 '미완성형' 어른.

분명 마릴라는 앤과 함께 성장했을 거다. 마치 모든 엄마가 아이를 통해 성장하는 것처럼. 내가 엄마에게 너무 큰 상처를 주지 않았기를, 실수 연발에 늘 눌러 참다 끝끝내 터지던 아이였지만 엄마도 그런 나 때문에 빙그레 웃은 날이 더 많았기를. 이제 엄마는 슬그머니 웃으며 "내가 그땐 좀 그랬지. 내가 너를 너무 군인처럼 키웠어." 하신다. 시간이 약이구나, 싶다.

양 갈래로 머리를 땋은 앤은 지금도 바구니를 들고 내 책상 위에 앉아 나를 내려다본다. 표지 속 주근깨 가득한 붉은 뺨과 장난기 어린 눈을 보고 있으려니 '아, 내가 또 어디로 도망가고 싶구나. 내가 지금 딴청을 피우고 싶구나.' 싶다. 우리 반 녀석들은 내가 딱 한두 살 많은 언니 같아서 좋다는데, 한두 살 많은 언니로 머물자니 끊임없는 '의무'가 팍

팍하기만 하다. 앤처럼 아무렇지 않게 개구진 미소를 지으며 영 재미없는 것들만 강조하는 어른들에게 보란 듯 큰 웃음을 선사하는 어린이이고 싶다. 내 주변의 수많은 마릴라를, 내 안에 여전히 남아 있는 소심한 밤고구마를 앤의 천진함으로 마구 흔들어 놓고 싶다. 주근깨 빼빼 마른 빨간 머리 앤과 함께 자랐으므로, 분명 나는 그럴 수 있다.

#허나겸

함께 읽으면
좋은 책

온작품읽기 수업에 활용했거나 책모임에서 함께 읽은 책들을
찾아보기 쉽도록 제목 순서대로 모았습니다.

『감정종합선물세트』, 김리리, 문학동네어린이, 2014

『강아지똥』, 권정생, 길벗어린이, 1996

『검은 비너스, 조세핀 베이커』, 패트리샤 흐루비 파월, 서석영 옮김, 산하, 2013

『걸보 만보』, 김유, 책읽는곰, 2015

『구름빵』, 백희나, 한솔수북, 2004

『그림책 사냥을 떠나자』, 이지유, 미래인, 2002

『글자동물원』, 이안, 문학동네어린이, 2015

『기호 3번 안석뽕』, 진형민, 창비, 2013

『까만 밤』, 정유경, 창비, 2013

『까불고 싶은 날』, 정유경, 창비, 2010

『께롱께롱 놀이노래』, 편해문, 보리, 2008

『꼴뚜기』, 진형민, 창비, 2013

『꽃들에게 희망을』, 트리나 폴러스, 김석희 옮김, 시공주니어, 2017

『꽃신』, 김소연, 주니어파랑새, 2008

『꽃할머니』, 권윤덕, 사계절, 2010

『나는 3학년 2반 7번 애벌레』, 김원아, 창비, 2016

『나는 비단길로 간다』, 이현, 푸른숲주니어, 2012

『나니아 연대기』, C. S. 루이스, 햇살과나무꾼 옮김, 시공주니어, 2005

『나비를 잡는 아버지』 교육문예창작회 엮음, 현덕 외, 창비, 1993

『나에게도 사랑을 주세요』 미야니시 타츠야, 허경실 옮김, 달리, 2011

『나의 라임 오렌지 나무』 J. M. 바스콘셀로스, 박동원 옮김, 동녘, 2010

『나의 즐거운 그림책 읽기』 엄혜숙, 창비, 2005

『내 목소리가 들리나요』 다시마 세이조, 황진희 옮김, 사계절, 2012

『노벨트에서 평범한 건 없어』 잭 갠토스, 이은숙 옮김, 찰리북, 2013

『돌 씹어 먹는 아이』 송미경, 문학동네, 2014

『돼지책』 앤서니 브라운, 허은미 옮김, 웅진주니어, 2001

『드림 하우스』 유은실, 문학과지성사, 2016

『딱지 따먹기』 백창우·초등학교 아이들 23명, 보리, 2002

『레인 레인』 앤 M. 마틴, 이진경 옮김, 상상의힘, 2016

『마당을 나온 암탉』 황선미, 사계절, 2002

『마법사 똥맨』 송언, 창비, 2008

『마법의 설탕 두 조각』 미하엘 엔데, 유혜자 옮김, 한길사, 2001

『마음도 복제가 되나요?』 이병승, 창비, 2018

『막스와 릴리가 사탕을 훔쳤어요』 도미니끄 드 생 마르스, 문은실 옮김, 북키앙, 2003

『만국기 소년』 유은실, 창비, 2007

『만복이네 떡집』 김리리, 비룡소, 2010

『말놀이 동시집1~5』 최승호, 비룡소, 2005~2010

『말놀이 동요집1~2』 최승호·방시혁, 비룡소, 2011~2013

『멀쩡한 이유정』 유은실, 푸른숲주니어, 2008

『멍청한 두덕 씨와 왕도둑』 김기정, 미세기, 2012

『메리』 안녕달, 사계절, 2017

『명혜』 김소연, 창비, 2007

『모모』 미하엘 엔데, 한미희 옮김, 비룡소, 1999

『몸무게는 설탕 두 숟갈』 임복순, 창비, 2016

『몽실 언니』 권정생, 창비, 2012

『뭐든 될 수 있어』 요시타케 신스케, 유문조 옮김, 스콜라, 2017

『민들레는 암만 봐도 예뻐』 단디 엮음, 삶말, 2018

『바느질 소녀』 송미경, 사계절, 2015

『방학 탐구 생활』 김선정, 문학동네어린이, 2013

『보물섬의 비밀』 유우석, 창비, 2015

『복숭아 한번 실컷 먹고 싶다』 이오덕 동요제를 만드는 사람들 엮음, 어린이 103명, 보리, 2014

『봉주르, 뚜르』 한윤섭, 문학동네어린이, 2010

『불량한 자전거 여행』 김남중, 창비, 2009

『빛을 비추면』 김윤정·최덕규, 윤에디션, 2018

『빨간 머리 앤』 루시 모드 몽고메리, 김경미 옮김, 시공주니어, 1998

『빨강 연필』 신수현, 비룡소, 2011

『뻥이오, 뻥』 김리리, 문학동네어린이, 2011

『사라, 버스를 타다』 윌리엄 밀러, 박찬석 옮김, 사계절, 2004

『사랑이 훅!』 진형민, 창비, 2018

『삼백이의 칠일장1~2』 천효정, 문학동네어린이, 2014

『생쥐와 고래』 윌리엄 스타이그, 이상경 옮김, 다산기획, 1994

『서라벌의 꿈』 배유안, 푸른숲주니어, 2012

『소리 질러, 운동장』 진형민, 창비, 2015

『숲에서 어린이에게 길을 묻다』 김상욱, 창비, 2002

『쉬는 시간 언제 오냐』 전국초등국어교과모임 엮음, 초등학교 93명 아이들, 휴먼어린이, 2012

『쉬는 시간에 똥 싸기 싫어』 김개미, 토토북, 2017

『시리동동 거미동동』 권윤덕, 창비, 2003

『시작 다음』 안느―마르고 램스타인·마티아스 아르귀, 한솔수북, 2015

『시튼 동물기』 여러 출판본이 있음.

『신호등 특공대』 김태호, 문학과지성사, 2017

『아나톨의 작은 냄비』 이자벨 카리에, 권지현 옮김, 씨드북, 2014

『아름다운 실수』 코리나 루켄, 김세실 옮김, 나는별, 2018

『아빠와 배트맨』 이병승, 북멘토, 2016

『안읽어 씨 가족과 책 요리점』 김유, 문학동네어린이, 2017

『알사탕』 백희나, 책읽는곰, 2017

『알아서 해가 떴습니다』 정연철, 사계절, 2018

『어느 개 이야기』 가브리엘 뱅상, 열린책들, 2009

『어린이, 세 번째 사람』 김지은, 창비, 2017

『엄마의 마흔 번째 생일』 최나미, 사계절, 2012

『여우』 마거릿 와일드, 강도은 옮김, 파랑새, 2012

『열두 달 나무아이』 최숙희, 책읽는곰, 2017

『옛이야기와 어린이책』 김환희, 창비, 2009

『옹주의 결혼식』 최나미, 푸른숲주니어, 2011

『와우의 첫 책』 주미경, 문학동네어린이, 2018

『왕자 융과 사라진 성』 박효미, 푸른숲주니어, 2012

『우리 동네 전설은』 한윤섭, 창비, 2012

『우리 동화 바로 읽기』 이재복, 한길사, 1995

『우리 할아버지』 존 버닝햄, 박상희 옮김, 비룡소, 1995

『우리는 돈 벌러 갑니다』 진형민, 창비, 2016

『울어도 괜찮아』 명창순, 푸른책들, 2006

『임진년의 봄』 이현, 푸른숲주니어, 2015

『장발장』 여러 출판본이 있음.

『장수 만세!』 이현, 창비, 2013

『장수탕 선녀님』 백희나, 책읽는곰, 2012

『저녁별』 송찬호, 문학동네어린이, 2011

『제후의 선택』, 김태호, 문학동네어린이, 2016

『지금이 딱 좋아』, 순무 엮음, 삶말, 2018

『참, 엄마도 참』, 유희윤, 문학과지성사, 2007

『책 읽는 도깨비』, 이상배, 좋은꿈, 2018

『책과 노니는 집』, 이영서, 문학동네어린이, 2009

『천 개의 바람 천 개의 첼로』, 이세 히데코, 김소연 옮김, 천개의바람, 2012

『천사를 미워해도 되나요?』, 최나미, 한겨레아이들, 2012

『첩자가 된 아이』, 김남중, 푸른숲주니어, 2012

『초록 토끼를 만났다』, 송찬호, 문학동네어린이, 2017

『초정리 편지』, 배유안, 창비, 2006

『최기봉을 찾아라』, 김선정, 푸른책들, 2011

『쿵푸 아니고 똥푸』, 차영아, 문학동네어린이, 2017

『팝콘 교실』, 문현식, 창비, 2015

『푸른 개』, 나자, 최윤정 옮김, 주니어파랑새, 1998

『푸른 사자 와니니』, 이현, 창비, 2015

『프레드릭』, 레오 리오니, 최순희 옮김, 시공주니어, 2013

『플레이 볼』, 이현, 한겨레아이들, 2016

『해리엇』, 한윤섭, 문학동네어린이, 2011

『해의 동쪽 달의 서쪽』, 빅토리아 포미나, 엄혜숙 옮김, 시공주니어, 2006

『현덕 전집』, 현덕, 원종찬 엮음, 역락, 2009

『화난 책』, 세드릭 라마디에, 조연진 옮김, 길벗어린이, 2017

『흔들리지 않고 피는 꽃이 어디 있으랴』, 도종환, 알에이치코리아, 2014

『100만 번 산 고양이』, 사노 요코, 김난주 옮김, 비룡소, 2002

『Z교시』, 신민규, 문학동네어린이, 2017

아이들과 통한 날

다시,
온작품읽기

1판 1쇄 발행일 2019년 6월 10일

글쓴이 전국초등국어교과모임 책과 노니는 교실 | **펴낸곳** (주)도서출판 북멘토 | **펴낸이** 김태완

편집장 이미숙 | **편집** 김민정, 김정숙, 송예슬 | **디자인** 지선 디자인연구소, 안상준 | **마케팅** 이용구, 민지원

출판등록 제6-800호(2006. 6. 13.)

주소 03990 서울시 마포구 월드컵북로 6길 69(연남동 567-11), IK빌딩 3층

전화 02-332-4885 **팩스** 02-332-4875 **이메일** bookmentorbooks@hanmail.net

페이스북 https://facebook.com/bookmentorbooks

© 전국초등국어교과모임 책과 노니는 교실 2019

ISBN 978-89-6319-304-5 03370

이 도서의 국립중앙도서관 출판예정도서목록(CIP)은 서지정보유통지원시스템 홈페이지(http://seoji.nl.go.kr)와
국가자료종합목록시스템(http://kolis-net.nl.go.kr)에서 이용하실 수 있습니다. (CIP제어번호 : CIP2019020136)